国家示范性高职院校建设项目工学结合课程教材

种子市场营销

第 2 版

王海波　高文虎　主　编

中国农业大学出版社
·北京·

内 容 简 介

本教材由种子企业营销专家和业务主管与专业教师共同编写。系统阐述了我国种业种子营销发展和运营模式，通过大量案例分享了市场营销的经验教训，明确了种子营销人员技术技能训练标准和要求，是中高职种子生产与经营专业市场营销的首选教材。

图书在版编目(CIP)数据

种子市场营销/王海波，高文虎主编. —2 版 .—北京：中国农业大学出版社，2018. 8 (2025. 9 重印)

ISBN 978-7-5655-2097-6

Ⅰ. ①种…　Ⅱ. ①王… ②高…　Ⅲ. ①种子-市场营销学-高等职业教育-教材　Ⅳ. ①F724. 72

中国版本图书馆 CIP 数据核字(2018)第 203828 号

书　名　种子市场营销　第 2 版

作　者　王海波　高文虎　主编

策划编辑　康昊婷　姚慧敏　　**责任编辑**　姚慧敏　康昊婷
封面设计　郑　川　李尘工作室
出版发行　中国农业大学出版社
社　址　北京市海淀区圆明园西路 2 号　　**邮政编码**　100193
电　话　发行部 010-62818525，8625　　读者服务部 010-62732336
编辑部 010-62732617，2618　　出　版　部 010-62733440
网　址　http://www. caupress. cn　　**E-mail** cbsszs@cau. edu. cn
经　销　新华书店
印　刷　天津鑫丰华印务有限公司
版　次　2018 年 11 月第 2 版　2025 年 9 月第 2 次印刷
规　格　787×1092　16 开本　11. 75 印张　290 千字
定　价　39. 00 元

编写人员

主　编　王海波（新疆农业职业技术学院）
　　　　　高文虎（新疆新实良种股份有限公司）

副主编　刘心雨（新疆农业职业技术学院）
　　　　　赵国华（新疆新实良种股份有限公司）

参　编　陈国强（新疆新实良种股份有限公司）
　　　　　葛　东（新疆新实良种股份有限公司）
　　　　　王嵩柏（昌吉市种子管理站）
　　　　　张顺东（昌吉市种子管理站）

前　言

“国以农为本，农以种为先”，种子是农业生产最基本的生产资料，决定着农产品的品质和产量。本教材第1版出版以来，我国种子产业和相关法规发生了巨大的变化，2016年1月1日实施的最新《中华人民共和国种子法》，随后陆续修订和出台了《主要农作物品种审定办法》《农作物种子生产经营许可管理办法》《农作物种子标签和使用说明管理办法》和《非主要农作物品种登记办法》等法律法规条文，我国种业发展更加健康和规范有序。同时，“互联网＋”背景下农村电商蓬勃发展，为种子营销提供了新的平台和模式，必将深刻影响种子市场发展。

在这种背景下，种子企业在经营管理、产品技术、产品营销和人才培养等企业核心竞争力建设方面正在发生着巨大的变化，对一线种子营销人员有了更高的要求。

教材第2版在第1版的基础上，根据种子新法规的颁布和市场变化，进一步完善内容体系，增设种子网络营销内容，按照新法规修订相关内容，同时按照专业工学结合项目化课程教学改革要求进一步突出工作任务导向学习设计。在第1版教材的基础上，继续由负责企业种子市场营销与管理的销售经理参与第2版的修订教材工作。

本教材具有以下特点：

1. 按照企业种子市场营销工作程序与职业能力要求，系统开发教学内容，学生职业能力与从业岗位能力要求相一致。

2. 使用了种子生产营销工作中的大量案例，通过案例教学启迪学生职业思维，促进经验性知识的形成。

3. 注重职业能力训练与培养，给予学生基本工作方法，锻炼学生收集和分析市场信息的能力，从不同角度训练学生市场预测决策和管理控制的能力。

按照种子市场营销学习特点，本教材共分为十章。教材第一、第九章由王海波编写；第二、第四章由高文虎编写；第三章由张顺东、王嵩柏编写；第五章由赵国华编写；第六章由葛东编写；第八章由陈国强编写；第七章、第十章由刘心雨编写。

编　者

2018年6月

目　录

第一章 我国的种子营销市场

内容提要

1. 我国种子行业的特点
2. 我国种子营销市场环境及其特征
3. 种子营销人员职业能力要求

第一节 市场营销概述

一、什么是市场

市场由一切有特定需求或欲望并且愿意和可能从事交换来使需求和欲望得到满足的潜在顾客所组成，是在特定的时空对某一类产品或者服务需求的总和。简单地说，市场是买卖双方就“物质和服务”进行交换的场所。

二、什么是市场营销

世界市场营销学者从不同角度及发展的观点对市场营销（marketing）下了不同的定义，大致可以分为宏观角度和微观角度两个层面。

（一）宏观角度的市场营销定义

杰罗姆·麦卡锡（Jerome McCarthy）把市场营销定义为一种社会经济活动过程，其目的在于满足社会或人类需要，实现社会目标。美国的菲利普·科特勒（Philip Kotler）认为：市场营销是与市场有关的人类活动，市场营销意味着和市场打交道，为了满足人类需要和欲望，去实现潜在的交换。

（二）微观角度的市场营销定义

美国市场营销协会（AMA）于1960年对市场营销下的定义是：市场营销是“引导产品或劳务从生产者流向消费者的企业营销活动”。杰罗姆·麦卡锡也对微观市场营销下了定义，认为市场营销是企业经营活动的职责，它将产品及劳务从生产者直接引向消费者或使用者以便满足顾客需求及实现公司利益。这一定义虽比美国市场营销协会的定义前进了一步，指出了满足顾客需求及实现企业盈利成为公司的经营目标，但这两种定义都说明，市场营销活动是在产品生产活动结束时开始的，中间经过一系列经营销售活动，当商品转到用户手中就结束了，因而把企业营销活动仅局限于流通领域的狭窄范围，而不是视为企业整个经营销售的全过程，即包括市场营销调研、产品开发、定价、分销广告、宣传报道、销售促进、人员推销、售后服务等。

美国市场营销协会(AMA)于1985年对市场营销下了更完整和全面的定义：市场营销是对思想、产品及劳务进行设计、定价、促销及分销的计划和实施的过程，从而产生满足个人和组织目标的交换。这一定义比前面的诸多定义更为全面和完善。主要表现是：产品概念扩大了，它不仅包括产品或劳务，还包括思想；市场营销概念扩大了，市场营销活动不仅包括营利性的经营活动，还包括非营利组织的活动；强调了交换过程；突出了市场营销计划的制订与实施。

三、营销观念变化及发展趋势

市场营销观念是企业领导人在组织和谋划企业的营销管理实践活动时所依据的指导思想和行为准则，是其对于市场的根本态度和看法，是一切经营活动的出发点，也是一种商业哲学或思维方法。简言之，市场营销观念是一种观点、态度和思维方法。市场营销观念是社会经济发展的产物。

(一)营销观念的变化

世界市场营销观念的发展大体上经历了五个阶段。

1. 生产观念阶段(19世纪末至20世纪初)

这种观念的背景是：新技术发展加快并大量采用，经济增长迅速，但国民收入还很低，产品不够丰富，市场呈现供不应求的现象。生产观念可简单概括为“我们生产什么，就卖什么”。这种观念立足于两个重要前提：第一，消费者的注意力只集中在是否买得起和价格便宜与否上；第二，消费者并不了解同类产品还有非价格差异(如品质、花色品种、造型、外观等差异)。结果是各企业将工作重点放在如何有效利用生产资源及提高劳动生产率，以获得最大产量及降低生产成本上。在这种观念的指导下，生产和销售的关系必然是“以产定销”。

2. 推销观念阶段(20世纪30年代和40年代)

由生产不足进入到生产过剩，竞争越来越激烈。推销观念可简单概括为：“我们卖什么，就让人们买什么”，就是不论消费者是否真正需要，不择手段地采取各种推销活动，把商品推销给消费者。企业管理工作全部为销货工作所淹没和代替。

3. 市场营销观念阶段(第二次世界大战后至20世纪70年代)

第二次世界大战后，科技革命进一步兴起，军工转民用，生产效率大大提高，生产规模不断扩大，社会产品供应量剧增；高工资、高福利、高消费政策导致消费者购买力大幅度提高，需求和欲望不断发生变化；企业间的竞争进一步加剧。市场营销观念提倡：“市场需要什么，就生产和推销什么”“能卖什么，就生产什么”。结果导致企业的一切行为都要以市场的需要作为出发点，而又以满足市场的需要为归宿。

4. 生态学市场观念阶段(20世纪70年代以后)

20世纪70年代以后，市场营销观念已被普遍接受，但在实践中有的企业片面强调满足消费者需要，追求企业不擅长生产的产品，导致经营上的失败。任何事物必须保持与其生存环境的协调平衡关系，才能得到生存和发展，企业应扬长避短，生产那些既是消费者需要又是自己擅长的产品。企业生产经营活动的理性化加强。

5. 当今社会市场观念阶段

在环境不断遭到破坏，资源日趋短缺，人口爆炸性增长，通货膨胀席卷全球，新的社会问题不断涌现的大环境下，现代企业的合理行为应该是满足社会发展、消费者需求、企业发展和职工利益四方面利益。社会市场观念使市场营销观念达到了一个比较完善的阶段。

(二)市场营销发展的新趋势

1. 全球营销

全球营销是企业跨国经营的最高阶段。它以全球为目标市场，将公司的资产、经验及产品集中于全球市场。全球营销是以全球文化的共同性及差异性为前提的，主要侧重于文化的共同性，实行统一的营销战略，同时也注意各国需求的差异性而实行地方化营销策略。全球营销实行以地理为中心导向，其产品战略是扩展、适应及创新的混合体。必须注意，全球营销并不意味着进入世界每个国家，进入世界多少国家主要取决于公司资源、机会及威胁的性质。如美国先锋公司及孟山都公司在 70 多个国家经营，是因为他们具有雄厚的实力，并进行国际扩张多年而具有丰富的经验。

2. 绿色营销

绿色营销是指企业营销活动中体现的社会价值观、伦理道德观充分考虑了社会效益，即自觉维护自然生态平衡，自觉抵制各种有害营销。企业在营销活动中，谋求消费者利益、企业利益与环境利益的协调，既要充分满足消费者的需求，实现企业利润目标，也要充分注意自然生态平衡。很多学者从不同角度对绿色营销进行了界定，概括有四种：一是“绿色营销指以产品对环境作为中心点的市场营销手段”；二是“绿色营销是指企业在市场营销中要保护地球生态环境，反对污染生态环境，充分利用资源以造福后代”；三是“绿色营销是实现企业自身利益、消费者需求和环境利益的统一，而对产品和服务的观念、定价、促销和分销的策划和实施过程”；四是“绿色营销是一种能辨识、预期及符合消费者与社会需求，并可带来利润及可持续性经营的管理过程”。

3. 网络营销

网络营销与传统营销有本质的区别。网络营销是伴随信息化发展的一种崭新的营销模式。网络营销基于网络传播资讯的统一性，即宣传口径的统一；网络的互动性，与客户快速开展网络信息交流和反馈；网络的目标营销，即企业营销活动围绕经营目的展开，全程营销。网络营销将传统营销理论中产品策略、定价策略、渠道策略、促销策略理论，转向顾客策略、成本策略、沟通策略、便捷策略理论。传统的营销理论核心是企业利润最大化，网络营销则要求企业考虑顾客需求和企业利润。

我国农村农资电商正处于快速发展阶段，主要有以下几种运作模式：B2C(企业对消费者)模式，如京东农资电商模式；C2C(个人对个人)第三方交易平台模式，如农村淘宝网；综合农资电商模式，如天辰云农场、诺普信田田圈等；信息技术流农资电商和农产品产销信息对接模式，如金农商城、农医生、千米网、社员网等。

4. 整合营销

企业营销从 4P(价格、销售通路、包装、促销)到 IMC(整合营销)。使公司以消费者利益为出发点，以消费者关心的逻辑推理为目标，整合传播。如空调宣传竞争中，厂家打出“健康环保”的概念牌,并使用“售后服务”等整合营销方式。不过,整合营销(IMC)不是简单的加法,而是有机的联系,贯穿其中的就是其内在逻辑链,只有这样才能保证策划的可信度和准确性,主要策略为:发展对消费者的深入了解,找出有效的整合起点;将对消费者的了解转化为有效的产品市场策略;有效地整合管理销售和分销渠道。有效地对销售人员整合管理,达到卓越的日常运作管理;有效地对销售渠道管理,建立一个有能力的本地化组织。

四、市场营销管理的工作过程

从市场营销概念和市场营销观念的含义看,市场营销管理作为一个过程,它包括分析市场营销机会,决定企业的业务发展战略,研究和选择目标市场,制定市场营销战略,制订市场营销计划,市场营销工作的组织、执行和控制六个阶段。具体过程如图 1-1 所示。

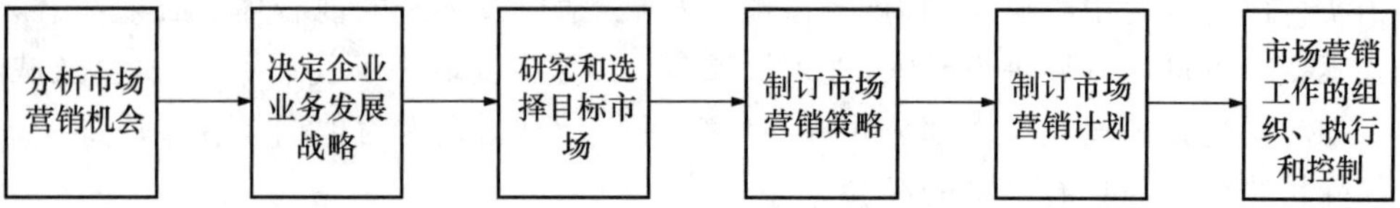

图 1-1　市场营销管理的过程

1. 分析市场营销机会

分析市场营销机会的目的是寻找企业面临的市场机会和威胁,了解企业的优势和劣势。

市场机会一般可分为环境机会和企业机会。环境机会是指由企业所处的市场环境所提供的机会。环境机会的出现是由于企业所处的外部环境的变化引起的,外部环境的变化引起的需求或需求的增加实际就是环境机会。在环境机会分析中,一般是分析企业所面临的各种环境因素,如人口因素、经济因素、自然因素、技术因素、政治法律因素、社会文化因素、竞争因素等的变化。

企业机会是指与一个具体企业内部条件相适应的环境机会。环境机会能否成为企业机会,取决于企业的内部条件,如企业的组织管理、资金、技术、生产、营销等方面的能力。同样的环境机会,对具备利用它的条件的企业就是企业的机会,而对不具备利用它的条件的企业就不构成企业机会。但是,企业机会一定是环境机会。因此,在企业机会分析中,必须首先从外部环境寻找环境机会,再通过分析企业的优势与劣势,即企业利用某种环境机会的有利和不利条件,最后才能判定这种环境机会是否是企业机会。

在市场营销机会分析中,除了关心市场机会外,还应注意分析与机会相对的方面,即威胁。所谓威胁是指由于市场环境的变化给企业所带来的挑战。威胁分析与机会分析同等重要,企业如果能预先了解可能面临的威胁,即可通过采取相应的措施使威胁对企业造成的不利影响降低或消除。

2. 决定企业的业务发展战略

根据市场营销机会的分析结果,企业就可以决定其业务发展战略。对于企业的业务发展战略,根据市场营销机会和企业现行业务的关系,可以分为密集型发展战略、一体化发展战略、多样化发展战略。密集型发展战略利用的是企业现行业务范围内出现的市场机会;一体化发展战略利用的是企业现行业务相关方面的市场机会;多样化发展战略利用的则是与企业现行业务无关方面的市场机会。

3. 研究和选择目标市场

企业在其业务发展领域中，不可能占领全部市场，所以必须对所要进入的发展领域进行进一步的分析，以确定企业所要进入的目标市场。

在目标市场决策中，企业面临的任务包括市场细分、目标市场选择和产品定位三个方面。

4. 制订市场营销策略

企业为了在所选的目标市场中能够成功地开展市场营销活动，就必须制订适合目标市场的营销策略。

市场营销策略的核心是市场营销组合策略。市场营销组合策略是指企业对于可控制的各种营销因素进行合理的组合，以达到满足目标市场的顾客需求，实现企业的营销目标。企业可控制的营销因素主要有四个，即产品、价格、促销、分销或销售渠道，即"4P"组合。市场营销组合所包括的主要内容与目标市场的关系如图 1-2 所示。

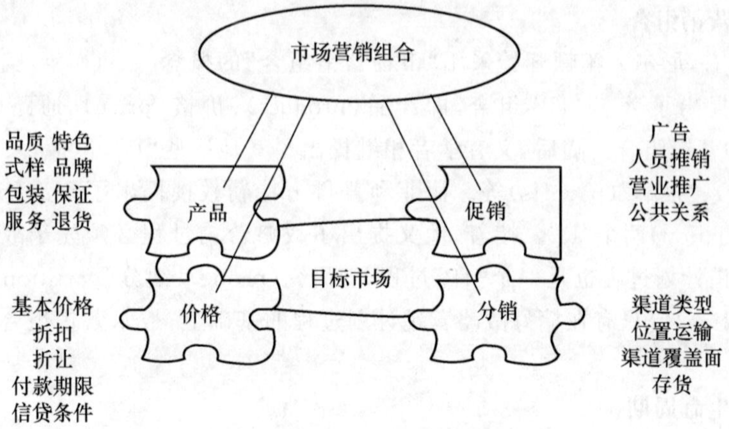

图 1-2　市场营销组合与目标市场关系

5. 制订市场营销计划

制订市场营销计划就是将市场营销管理过程进一步具体化。在市场营销计划中，需要明确企业面临的市场环境，找出企业面临的机会和企业面临的威胁、企业的优势与劣势，确定企业在计划期内所要实现的目标，制定达到计划目标的市场营销策略及其实施方案，对市场营销计划的实施结果进行预测，提出市场营销管理过程各阶段的控制计划。

市场营销计划所包含的内容，实际上就是市场营销所研究的全部内容。在市场营销计划中，并不要求将各个方面的问题都进行详细描述，但必须将企业面临的问题和解决问题的方案讲清楚。

6. 市场营销工作的组织、执行和控制

企业的市场营销计划必须落实到具体的部门去实施，因此，根据企业市场营销工作的要求，组织必要的营销资源、建立相应的组织机构是保证市场营销计划顺利实施的重要条件。对于市场营销工作的组织，不同企业有不同的组织方式，大企业需要设立若干专门的部门，小企业则由几个人专门负责营销工作即可。现在随着信息技术在企业市场营销工作中的应用，有些企业已开始设立柔性的营销组织机构，即根据营销工作的需要随时对组织进行调整。

市场营销工作的执行就是由企业的具体部门或人员实施市场营销计划的过程。在市场营销工作的执行过程中，要求将市场营销计划首先分解为各职能部门的执行计划，明确各部门在不同时间具体承担的和完成的工作，以及所要达到的目标，以确保整个市场营销计划能够按照预期的要求完成。

企业在市场营销计划的执行过程中，会因为环境条件或其他方面的因素发生预想不到的变化，影响到市场营销计划的执行结果，因而需要对市场营销计划的执行过程进行控制。市场营销控制一般包括年度计划控制、盈利能力控制、效率控制和战略控制四方面。不管哪一方面的控制，都是为了保证在市场营销计划执行的每一阶段，都能实现四方面的控制的目标。如果哪一个目标不能按预期的计划完成，就要认真分析原因，并提出相应的控制措施。

五、市场营销相关概念

(一)市场营销组合

1950 年左右，尼尔・鲍顿开始采用“市场营销组合”的概念。1960 年，美国营销学家杰罗姆・麦卡锡提出了著名“4P”组合，即产品(product)、价格(price)、通路(place)和促销(promotion)的营销组合。随后，又有学者相继提出了其他一些“P”，包括“人”(people)、“包装”(packaging)、“报酬”(payoffs)等。而菲利普科・特勒教授提出了政治(politics)和公共关系(public relation)两个“P”。接着，他又提出了战略营销过程必须先于战术营销组合的制定。战略营销计划过程也是一个“4P”过程，即研究(probe)、细分(partition)、优先(priority)、定位(position)。只有在搞好战略营销计划过程的基础上，战术营销组合的制定才能顺利进行。

(二)产品生命周期

19 世纪 50 年代，乔尔・迪安在他的关于有效定价政策的讨论中采用了“产品生命周期”的概念。迪安阐述了市场开拓期、市场扩展期和市场成熟期等。

(三)营销近视症

1961 年，西奥多・莱维特发表了著名的“营销近视症”理论。他指出，有些行业在困难期间衰退的原因在于它们所重视的是“产品”，而不是“顾客需要”。任何产品都只是满足一个持久需要的现有手段。一旦有更好的产品出现，便会取代现有产品。

(四)品牌形象

1955 年，西德尼・莱维特提出了“品牌形象”这一概念。戴维・奥吉尔非常欣赏并经常在他的讲话中引用它，从而使它得到了广泛的传播。这一概念尤其为广告人员和公关人员所偏爱。它创造了各种研究机会，扩大了就业，并证明巨额的广告费用支出对于建立品牌形象是有益的。

(五)需求

需求是指消费者生理及心理的需求，如人们为了生存，需要食物、衣服、房屋等生理需求及安全感、归属感、被尊重和自我实现等心理需求。市场营销者不能创造这种需求，而只能适应它。

(六)欲求

欲求是指消费者深层次的需求。不同背景下的消费者欲求不同,例如,中国人需求食物则欲求大米饭,法国人需求食物则欲求面包,美国人需求食物则欲求汉堡包。人的欲求受社会因素及机构因素,如职业、团体、家庭、教会等影响。因而,欲求会随着社会条件的变化而变化。市场营销者能够影响消费者的欲求,如建议消费者购买某种产品。

(七)需要

需要是指有支付能力和愿意购买某种物品的欲求。可见,消费者的欲求在有购买力作后盾时就变成需要。许多人想购买奥迪牌轿车,但只有具有支付能力的人才能购买。因此,市场营销者不仅要了解有多少消费者欲求其产品,还要了解他们是否有能力购买。

(八)产品

产品是指用来满足顾客需求和欲求的物体。产品包括有形与无形的、可触摸与不可触摸的。有形产品是为顾客提供服务的载体。无形产品或服务是通过其他载体,诸如人、地、活动、组织和观念等来提供的。当我们感到疲劳时,可以到音乐厅欣赏歌星唱歌(人),可以到公园去游玩(地),可以到室外散步(活动),可以参加俱乐部活动(组织),或者接受一种新的意识(观念)。服务也可以通过有形物体和其他载体来传递。市场营销者切记销售产品是为了满足顾客需求,如果只注意产品而忽视顾客需求,就会产生"市场营销近视症"。

(九)效用、价值和满足

消费者如何选择所需的产品,主要是根据对满足其需要的每种产品的效用进行估价而决定的。效用是消费者对满足其需要的产品的全部效能的估价。产品全部效能(或理想产品)的标准如何确定?例如,某消费者到某地去的交通工具,可以是自行车、摩托车、汽车、飞机等。这些可供选择的产品构成了产品的选择组合。又假设某消费者要求满足不同的需求,即速度、安全、舒适及节约成本,这些构成了其需求组合。这样,每种产品有不同能力来满足其不同需要,如自行车省钱,但速度慢,欠安全;汽车速度快,但成本高。消费者要选择一项最能满足其需要的产品。为此,将最能满足其需求到最不能满足其需求的产品进行排列,从中选择出最接近理想产品的产品,它对顾客效用最大,如顾客到某目的地所选择理想产品的标准是安全、快捷,他可能会选择汽车。

顾客选择所需的产品除效用因素外,产品价格高低也是因素之一。如果顾客追求效用最大化,他就不会简单地只看产品表面价格的高低,而会看每一元钱能产生的最大效用,如一部好汽车价格比自行车昂贵,但由于速度快、相对于自行车更安全,其效用可能大,从而更能满足顾客需求。

(十)交换

人们有了需求和欲求,企业亦将产品生产出来,还不能解释为市场营销,产品只有通过交换才使市场营销产生。人们通过自给自足或自我生产方式,或通过偷抢方式,或通过乞求方式获得的产品都不是市场营销,只有通过等价交换,买卖双方彼此获得所需的产品,才产生市场营销。可见,交换是市场营销的核心概念。

(十一)交易

交换是一个过程,而不是一种事件。如果双方正在洽谈并逐渐达成协议,称为在交换中。如果双方通过谈判并达成协议,交易便发生。交易是交换的基本组成部分。交易是指买卖双方价值的交换,它是以货币为媒介的,而交换不一定以货币为媒介,它可以是物物交换。

交易涉及几个方面，即两件有价值的物品，双方同意的条件、时间、地点，还有来维护和迫使交易双方执行承诺的法律制度。

(十二)关系

精明能干的市场营销者都会重视同顾客、分销商等建立长期、信任和互利的关系。而这些关系要靠不断承诺及为对方提供高品质产品、良好服务及公平价格来实现，靠双方加强经济、技术及社会联系来实现。关系营销可以减少交易费用和时间，最好的交易是使协商成为惯例化。

处理好企业同顾客关系的最终结果是建立起市场营销网络。市场营销网络是由企业同市场营销中介人建立起的牢固的业务关系。

(十三)市场营销者

市场营销者则是从事市场营销活动的人。市场营销者既可以是卖方，也可以是买方。作为买方，他力图在市场上推销自己，以获取卖者的青睐，这样买方就是在进行市场营销。当买卖双方都在积极寻求交换时，他们都可称为市场营销者，并称这种营销为互惠的市场营销。

第二节　我国种业发展特点与市场环境

开展种子市场营销工作，我们必须首先了解种业行情和市场特点。

一、我国种业发展特点

(一)我国种业发展的历史

种业在欧美发达国家已有250余年的历史，属于比较成熟的产业。相比较而言，尽管我国是农业大国，种子需求量巨大，但种业发展较晚、起点较低、投入较少，与发达国家的种子产业还有很大的差距。截至目前，我国种业发展大致经历了三个阶段。

1. 计划性阶段

第一个阶段从新中国成立后到20世纪80年代初。主要标志是创建县乡两级良种场，品种选育、种子生产、供应专业化。此阶段形成了数千(约5 000)个良种场和大量的(约3 000个)育种单位。各级政府种子管理部门行政、事业两位一体；种业资源由政府计划配置，政府主导着种子行业的发展。种子政策和生产经营特点为：由农民“家家种田、户户留种”，以粮代种、种粮不分到“四自一辅”，即自选、自繁、自留、自用，辅之以政府调剂，逐步形成以县良种繁育场为骨干，人民公社良种队(场)为桥梁，村生产专业队为基础的三级繁育和计划供种体系。良种推广在国家封闭且相对较完善的推广系统中有计划地运行。

2. 双轨制阶段

第二个阶段从20世纪80年代到90年代末。主要标志是非主要农作物种子的计划管制取消，实行市场调节，主要农作物(以玉米、水稻“两杂”作物为代表)的种子仍然实行计划供应，由国有种子公司垄断经营。此阶段形成了约3 000家县、省种子公司，并拥有经营主要农作物种子的垄断特权，实行区域内统一供种，但由于各级种子公司“三位一体”(行政、事业、企业三位一体），所以小而分散。与此同时，涉及面小，影响范围不大的小宗农作物种子放开市场经营，逐步形成了以瓜菜类种子为代表的小宗农作物全国性市场，一批以“育、繁、销一体化”为特点的瓜菜种子公司和经营实体逐步形成，品牌种子逐步引领瓜菜种子市场，如“丰乐”西瓜、“津研”黄瓜、“湘研”辣椒等。同时，一些有育种背景的（科研单位为主）跨地域种子企业迅速崛起，促进了科研成果的转化，一大批科研单位走向市场，推广自己选育的优质瓜菜种子，创造了自己的品牌。但是，由于品种在法律上没有产权，阻碍了中国种子产业市场化、规模化、产业化的进程。

3. 种子产业化和市场化阶段

第三个阶段从 2000 年 12 月以后至今，主要标志是《中华人民共和国种子法》和《中华人民共和国植物新品种保护条例》的颁布、实施。此阶段种业市场运行的基本法则是市场经济规律，各类竞争主体能够平等参与竞争，与国际接轨。政策上打破了地区封锁，逐步形成了统一、开放的全国性种子市场体系，刺激了企业的育种创新和产、学、研结合，有力地推动了“育繁推销一体化”的产业化进程。这一阶段我国种业市场竞争关系已由国内竞争转向国内和国际双重竞争关系，种子市场实行生产和经营资格准入政策，标志着我国种子行业已经渐进地从计划经济体制转变到市场经济体制，实现种业市场化，同时又要从传统种业向现代种业转变，实现种业现代化。伴随着种业市场化的来临与发展，我国种业的科研、育种水平以及产业规模和效益都有了不同程度的提高，种业经营向产业化方向发展，企业的市场主体地位日渐突出，种子企业产权多元化格局逐步形成，涌现出一批种子产业化龙头企业，同时，种子产业与资本市场的有效结合诞生了一批种业股票上市公司。目前，随着我国种业市场逐步开发，已从种业市场化初期的百家争鸣演变到目前残酷的市场竞争状态。

2016 年 1 月 1 日实施的第三次修订的《中华人民共和国种子法》进一步对品种审定简政放权，审定品种由原来的 28 种农作物减少到 5 种，将绝大多数不实行品种审定的农作物纳入了品种登记管理，进一步增强了我国种子市场的活力。

（二）我国种业发展现状与特点

根据农业部的统计，我国农业年用种量在 125 亿 kg 左右，种子市场容量在 800 亿元左右；年种子经营量在 35 亿 kg 左右，商品种子销售额在 250 亿～300 亿元，占世界种子销售额的 11%，居世界第 2 位。其中，种子市场交易量最大的是杂交玉米，2007 年用量为 10 亿 kg 左右，其次是杂交水稻，用量在 2 亿～3 亿 kg。我国主要作物品种市场结构见表 1-1。

目前，全国有各类持证种子企业 8 000 多家，其中国有企业 2 000 多家，民营企业 6 400 多家，外资企业 70 多家。从 2000 年“全国种业百强企业”到 2003 年“中国种业 50 强企业”，再到 2006 年“种业 50 强企业”，有三十几家大的龙头企业始终保持在名单中，是稳定发展的龙头企业，其中 30 家净资产在 1 亿元以上。国内注册资金在 3 000 万元以上的育、繁、销一体化企业在 100 家左右。

目前，我国专门从事农作物育种的机构有 500 家左右，数量居世界首位，主要是农业科研和教学单位，但种子企业的育种能力很低，多数种子公司没有专门的研发机构和研究人员。

据不完全统计，我国育种工作者先后选育的各类农作物品种有 6 000 余个，其中杂交水稻、杂交油菜、高油玉米等育种在国际上处于领先地位，每年通过国家区试审定的品种约 150 个，通过省区区试审定的品种约 1 000 个。

表 1-1　我国种子市场主要产品结构

作物种类	品种数量	播种面积/亿亩①	销售额/亿元	市场占有率/%	种子总产量/万 t	种子商品量/万 t	商品率/%
玉米	98	3.9	60	30	120	118	98.3
水稻	65	4.7	47	23	70	45	64.3
油菜	80	1.0	5	2	1	1	100
小麦	25	4.3	23	11	650	160	24.6
棉花	95	0.6	8	4	10	9	90
大豆	30	1.2	3		30	9	30
花卉	99		4	2			
蔬菜	70	2.0	30	15	3		
瓜类		6.3	5	3		2.5	
其他			10	5			
合计		23	200		1 250	380	

资料来源:农业部种植业管理司种子与植物检疫处。

在育种技术方面,虽然我国在某些领域(如杂交水稻)居于世界前列,但总体来看,研究设施和技术水平还比较落后,与发达国家有较大差距。

据国际种子贸易联合(ISF)对全球种子产业调查,世界种子产业处于快速集中阶段,世界10强种子经营公司[杜邦(美国)、孟山都(美国)、先正达(瑞士)、利玛格兰(法国)、圣尼斯(墨西哥)、埃德瓦塔(英国和荷兰)、道化工(美国)、KWS AG 公司(德国)、Delta 和 Pine Land 公司、Aventis(德国和法国合并)]种子销售额占到世界种子市场53%以上,并在逐年增加。从种子贸易的作物来看,玉米是市场价值最大的作物品种,约占种子市场的25%;其次是大豆,约占12%;小麦和棉花各占4%;水稻占1%左右。

我国种业在世界种子市场中竞争力不高,2007年中国种子出口额约为0.88亿美元,约占世界种子出口总额的1.4%。同年,美国种子出口额是10.2亿美元,荷兰是10亿美元。与之形成鲜明对比的是,我国有8 000多家种子企业,绝大部分是小规模生产、粗放性经营、育繁推脱节,企业竞争力不强,我国种业10强在国内市场所占份额不超过10%,只占世界种子市场0.8%的份额。

二、我国种子市场环境

(一)种子产品的特点

种子作为一种重要的农业生产要素,与其他行业的消费品不同,具有自己特有的需求特征。

1. 种子需求具有派生性

种子需求的派生性主要表现在,购买种子这一生产要素的农民不是为了直接满足自身的衣、食、住、行,而是想通过种子和出售农产品获得收益,以实现自身的间接消费需求。所以,种子需求是一种派生需求或引致需求。消费者对农产品的需求状况、农产品的市场价格以及种子自身的增产创收能力等是影响种子需求的因素。

① 亩(1亩=667 m^2)

2. 种子需求具有分散性

种子作为农业生产资料，与工业生产资料的主要不同在于需求的分散性。工业生产资料的购买者一般为具有一定规模的生产性客户，市场需求相对集中，单位购买量较大。农业生产资料的使用者是千千万万小规模经营的农户，市场需求极其分散。农户经营规模的狭小决定了农业生产资料单位购买量的有限性，种子需求总量大，但单位需求量小且高度分散。

3. 种子需求的价格弹性小

种子需求量与其播种面积对种子价格的直接影响不大。也就是说，种子需求的价格弹性非常低，接近于零。种子需求有一个与其播种面积直接相关的临界容量，把这一临界容量作为一个临界点的话，在这一临界点，农民并不会价格低了就多买种，也不会因为价格高了而不买种。

4. 种子需求有明显季节性

不同地区、不同季节对种子需求和消费不同。据调查，我国北方地区大宗农作物种子农民集中购买的时段在 2～4 月份。

(二)我国种子市场竞争状况

1. 种业市场结构与竞争

从产业组织理论的观点来看，市场结构是反映市场竞争和关系的概念，西方微观经济学研究中将市场结构划分为四种不同的市场类型，即完全竞争市场、完全垄断市场、垄断寡头市场和垄断竞争市场。我们通常会根据以下几个特征来区分不同的市场结构：市场上同行业企业数量的多少，市场中商品的可替代性，进入市场有无障碍，每个企业所占的市场份额。其中市场上同行业企业数量的多少是最主要的区别。

透过我国种业的发展历程，就市场结构分析来看，中国种业市场结构演变大致分为两个阶段：一是 2000 年《种子法》出台前，种业所形成的近似垄断市场结构；二是 2000 年《种子法》出台后至今所形成的垄断竞争市场结构。

具体到不同的主要农作物种业产品线来讲，其所处的垄断竞争市场结构时期也是有差异的。如玉米作物种子产品线目前处于垄断竞争的中后期市场，杂交水稻种子产品线处于垄断竞争的中期市场。不言而喻，种业下一步发展将由现阶段的垄断竞争市场逐步走向寡头市场，种业深层次的行业"洗牌"不可避免，种子企业间的竞争日趋激烈。

"五力"分析模型是哈佛大学教授迈克尔·波特(Michael Porter)于 20 世纪 80 年代初提出的，可以有效地分析企业的竞争环境。"五力"分别是：供应商的讨价还价能力、购买者的讨价还价能力、潜在竞争者进入的能力、替代品的替代能力和行业内竞争者现在的竞争能力。采用五力分析模型对种子行业的竞争进行定性分析(图 1-3)，具体内容如下。

(1)潜在进入者的威胁大

国外种业市场比我国开放早了 200 多年，大型强势种子公司主要集中在欧美国家，这些强势公司资金实力雄厚，具有先进的经营管理理念和生产加工技术，在人才和营销方面具有绝对的优势。近年来，世界前 10 强种子公司如杜邦、孟山都、圣尼斯、法国利玛格兰、先正达等公司就已开始先后在中国设立了办事处或者合资公司。只是由于我国对 WTO 承诺的种子行业开放期还没有到，这些国际强势公司对我国种子市场虎视眈眈，一直没有采取具体措施进驻到中国市场。但是一旦时机成熟，它们便会依靠其雄厚的资金、技术、管理、人才和营

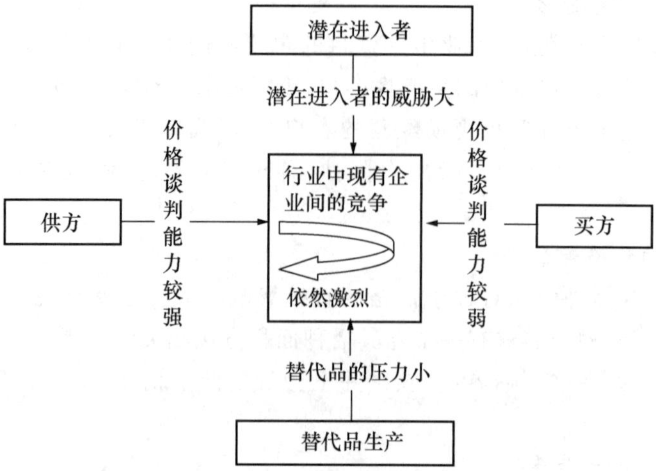

图 1-3　种子行业竞争波特模型

销优势，大举进入中国的种子市场。

(2)买方价格谈判能力较弱

种子是必需的农业生产资料，具有不可替代性。通过对种子需求特征的分析可以看出，种子需求的价格弹性低，几乎接近于零；我国种子需求分散，经营规模小，买方的价格谈判能力不强。随着农产品市场主体地位的逐步确立，农民购种自主性将不断提高。

(3)供应方价格谈判能力较强

在我国种子竞争市场上，种子供应方的价格谈判能力较强，并还会有逐步增强的趋势。种子生产受价格影响较大，在与一般大田生产等效的价格水平上，较小幅度地增加或减少种子价格，都将会极大地刺激种子生产者的生产欲望或降低他们的生产积极性。如 2008 年，尽管总体看“两杂”种子供大于求，但据全国农技中心发布的 2 月 15 日全国种子信息观察点统计数据分析报告，杂交水稻种子市场平均价格为 22.88 元/kg，杂交玉米种子市场平均价格为 13.48 元/kg，与往年相比价格却出现上涨趋势。

(4)替代品的压力小

种业是特殊行业，种子是必需的农业生产资料，具有不可替代性。因此，在种业市场上，替代品的压力是很小的。

(5)行业中现有企业之间的竞争依然激烈

在 2000 年《种子法》颁布以来，由于种子行业低进、高出的壁垒，使得当前规模不大、数量众多的种子之间的“内战”一直持续进行着。种业企业间的竞争已不单单是产品的竞争，不仅仅表现为品种、品质、服务、渠道、促销、市场管控等战术层面的竞争。同时，我国种业还要面临随着种业市场的逐步开放与国外种子巨头企业的竞争。

2. 我国种业市场竞争的主要特征

(1)种业竞争中机遇与危机并存

如前所述，中国种业是一个有巨大潜力的高利润市场。我国种业市场兼具完全竞争和垄断竞争特征，种业巨大的市场规模和未来巨大的提价空间以及较高的平均销售毛利率使中国种业市场成为一个极为诱人的市场。

同时，中国种业企业和世界种业巨头间差距较大，现状不容乐观。据农业部 2005 年对全国 97 家种子企业调查显示，仅 55 家有科研支出，其中每年育种投入最多的也只有 1 400 万元，绝大多数企业科研投入占销售收入比重低于 5%，而世界领先企业的科研投入占销售额的 10% 以上，美国先锋种业一家公司的研发投入就大于我国所有企业的总和。如此悬殊的投入差别造成了我国种业与世界先进水平的巨大技术差距。我国品种选育大都还停留在品种间杂交的阶段，品种选育周期长而且成功率低，而国际巨头已经在纯熟地运用基因工程和细胞工程等尖端生物技术，新品种选育周期大大缩短。

(2)种子经营上实现育、繁、推销一体化的经营者竞争优势明显

整个种子市场一般包括育种、制种、收购、批发和零售五个环节，从事这五个环节之一的每个公司都可以被称为种子公司，种子市场流通环节和种子公司的类型如图 1-4 所示。

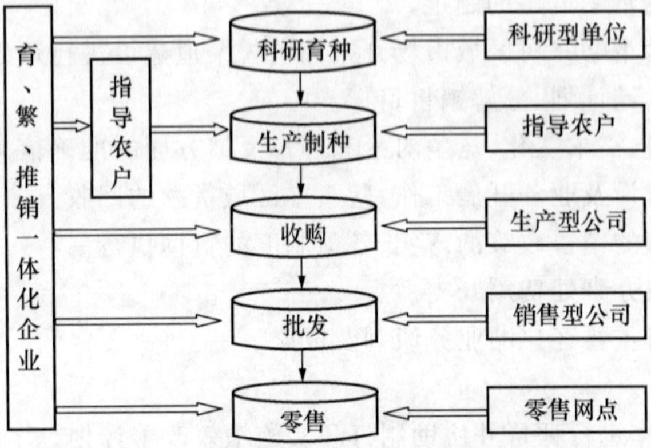

图 1-4　种子市场流通环节和种子公司类型

这五个环节在《种子法》出台以前是相互分割的。《种子法》颁布实施后，打破了以前以县区为单位的区域垄断格局，催生了一批育、繁、推销一体化的企业，实现一体化经营企业的业务包括了种子的科研、生产、推广、销售，几乎获得全行业的利润。

(3)营销网络是中国种业企业竞争中最宝贵的资源

从长远看，中国种业中胜出的必然是有强大研发能力的企业，这些企业未来需要在新品选育上能和主要竞争对手及世界巨头一争长短要有自己的独到之处，但在中短期，有较强营销能力和渠道优势的企业才可能暂居上风。

(4)非价格竞争将在未来竞争中占主导地位

目前种子企业通过价格竞争来占领市场的可能性越来越小，在企业经营中坚持“以人为本”，以提高产品服务质量、产品创新和销售渠道的创新等手段来满足和引导市场需求，是种子行业市场竞争的发展趋势。

第三节　种子市场营销人员职业能力要求

一、种子企业营销人员业务岗位

种子企业市场营销部门从上至下由以下业务岗位组成：销售总监、销售经理、经理助理、

片区(大区)经理、销售代表、店面销售等业务岗位。种子生产与经营专业学生需要从店面销售开始做起,经过2~3年的职业发展能够承担起片区经理的业务岗位工作。

(一)片区经理

1. 上层直接领导

销售部经理。

2. 主要工作

制订并实施本区域营销计划、销售目标,组建和管理销售渠道,领导下属人员完成销售目标。

3. 岗位职责

(1)参与公司市场营销策略的制定。

(2)执行公司营销策略并对区域市场开拓和销售渠道建设进行策划和实施。

(3)制订本区域营销计划、分解销售目标。

(4)提供市场趋势、需求变化、竞争对手和客户反馈方面的准确信息。

(5)督导办事处建设及业务开展工作,落实本区域货款的回收。

(6)督导营销总部的销售政策的落实、各项制度的贯彻执行。

(7)控制所辖区域办事处费用开支。

(8)直接参与主持重要客户的业务谈判及成交。

(9)处理客户投诉。

(10)对下属的工作进行评价并协助制订和实施绩效改善计划。

(11)对业务人员进行培训、指导。

4. 职位要求

(1)对市场营销工作有较深刻认知,有良好的市场判断能力和开拓能力。

(2)有较强的市场销售经验和市场嗅觉。

(3)熟练操作办公软件。

(4)自觉严谨、公正律己、敬业、豁达自信。

(5)高度的工作热情,良好的团队合作精神,较强的观察力和应变能力。

(二)销售代表

1. 上层直接领导

片区经理。

2. 主要工作

建立、维护、扩大销售终端,完成分销目标和分销计划。

3. 岗位职责

(1)为所辖区域内零售市场提供专业性支持工作。

(2)在本辖区内建立分销网及扩大公司产品覆盖率。

(3)按照企业计划和程序开展产品推广活动,介绍产品并提供相应资料。

(4)对所管辖的零售店进行产品宣传、入店培训、货品陈列、公关促销等工作。

(5)建立客户资料卡及客户档案,完成相关销售报表。

(6)参加公司召开的销售会议或组织的培训。

(7)与客户建立良好关系,以维护企业形象。

4. 职位要求

(1)熟悉市场营销工作。

(2)熟悉零售运作模式。

(3)有地区销售网络和销售关系。

(4)坦诚自信,乐观进取,具有高度的工作热情。

(5)有良好的团队合作精神,有敬业精神。

(6)具有独立的分析和解决问题的能力。

(7)良好的沟通技巧和说服能力,能承受较大的工作压力。

(三)店面营销

1. 上层直接领导

种子经销经理。

2. 主要工作

直接从事店内种子销售日常工作,完成销售目标。

3. 岗位职责

(1)洞察种子购买者购种心理,并与其有效沟通,执行种子经销经理的销售策略。

(2)组织布置店内的商品布局,保持店面的新颖和变化性。

(3)积极与种子购买者沟通,了解他们的需求,并提供咨询服务。

(4)建立和管理客户资源档案。

(5)定期向上级提交客户状况分析报告和销售建议。

4. 职位要求

(1)对市场营销工作有较深刻的认知。

(2)有良好的市场判断能力和开拓能力。

(3)有极强的组织管理能力。

(4)对销售的种子产品有深刻的了解,并能为购买者提供技术咨询服务。

(5)正直、坦诚、成熟、豁达、自信。

(6)高度的工作热情,良好的团队合作精神。

(7)较强的观察力、应变能力和沟通能力。

二、种子市场营销人员的职业素质要求

目前,我国种子市场营销人员职业能力素质良莠不齐,加上企业管理不规范,个别种子营销人员由于职业道德问题造成企业巨大经济损失的事件时有发生,当前加强种子营销人员职业素质修养是一件十分重要的工作。

1. 职业道德

责任感、诚实、敬业精神是营销人员的基本品质。

2. 心理素质

主要包括适应能力、创新性、移情性(换位思考)、成就动机四个方面。

3. 专业知识

企业对营销人员的学识水平要求不高,往往被忽略,但当今种子营销业务技术服务含量

越来越高，企业也越来越注重营销人员的学历和学识水平。

4. 职业知识

市场营销职业的性质决定了营销人员所必备的职业知识，必须做到知己知彼。知己，熟知本企业产品、公司、行业知识；知彼，掌握竞争对手、客户知识。

5. 技能

成功的营销人员能更有效地使用专门技能。一些研究发现，某些技能对成功的营销人员很重要。沟通技能、分析技能、组织安排时间和业务活动的技能、与人相处的技能、学习能力等是营销人员应具备的基本技能。

学习心得

第二章　种子市场营销环境分析

内容提要

1. 市场环境分析的基本理论
2. 我国种子营销市场环境分析的主要内容
3. 市场营销环境分析的主要方法

现代市场营销主要分成三个层次:营销环境分析、营销战略制定及营销因素组合。其中前两者针对的是企业的不可控因素,后者针对的是企业的可控因素。最上层是环境分析,企业在进入一个市场之前,应首先从营销环境分析入手,了解所处环境给自己带来的机会与挑战、前景与风险。市场营销环境分析是市场营销决策的基础,缺乏科学、详细的市场营销环境分析,往往是导致营销活动失败的根本原因。研究营销环境的目的在于通过对环境变化的观察与分析发现企业发展面临的机会,从而调整营销策略以适应环境的变化。根据营销环境中各种力量对企业营销活动产生的影响和程度,营销环境可以分为宏观环境和微观环境两大类。宏观环境因素包括人口环境、经济环境、自然环境、技术环境、政治法律环境和社会文化环境。微观环境因素包括企业本身、供应商、顾客、营销中介、竞争对手和社会公众。

第一节　市场营销环境分析相关理论

指导市场营销环境分析的相关理论主要有"4C""4R"和"关系营销理论"等。

一、4C 和 4R 理论

1990 年,美国北卡罗来纳大学罗伯特·劳特明(Robert F. Lauterborn)教授提出了与传统营销的 4P 相对应的 4C 理论(消费者、成本、便利性、沟通),其要点如下。

(1)消费者的需求与欲望(consumer needs & wants)。先把产品搁到一边,赶紧研究消费者的需求与欲望,不要再卖你能制造的产品,而要卖消费者想要买的产品。

(2)消费者愿意付出的成本(cost)。首先了解消费者要满足其需要与欲求所愿意付出的成本,而不是先给产品定价。

(3)消费者购买商品的便利性(convenience)。首先思考如何给消费者方便以购得商品,而不是先考虑销售渠道的选择和策略。

(4)与消费者的沟通(communication)。通过互动、沟通等方式把顾客和企业双方的利益无形地整合在一起。

20 世纪 90 年代后期,美国西北大学教授唐·舒尔茨(Don E. Schultz)提出了 4R(关联、反应、关系、回报)营销新理论。

(1)关联(relevancy)。关联是指企业以种种方式在供需之间形成价值链,与顾客建立长期的、较为固定的互需、互助、互求的关联关系。

包括:用户关联——出售方案;产品关联——对位需求。

(2)反应(reaction)。反应是指市场反应速度,指企业对瞬息多变的顾客需求变化迅速做出反应,快速满足顾客需求的营销策略与能力。

(3)关系(relationship)。关系是指关系营销,它是以系统论为基本思想,将企业置于社会经济大环境中来考虑企业的营销活动,认为企业营销是一个与消费者、竞争者、供应者、分销商、政府机构和社会组织发生互动作用的过程。通过建立市场运行机制,维护和巩固企业与顾客及其他利益群体的关系的活动,以诚实的交换及履行承诺的方式,使企业的营销目标在与各方的协调关系中得到实现。

(4)回报(reward)。回报是指企业通过贯彻上述营销思想,以满足顾客需求为前提,在顾客满意、社会满意和员工满意的基础上来实现企业满意,企业满意在很大程度上取决于企业的回报。一方面,追求回报是营销发展的动力;另一方面,回报是维持市场关系的必要条件。市场营销的真正价值就在于为企业带来短期或长期的收入和利润的能力。

4R 营销理论的最大特点是以竞争为导向,在新的层次上概括了营销的新框架,它根据市场不断成熟和竞争日趋激烈的态势,着眼于企业与客户的互动与双赢。

二、关系营销

关系营销的概念是由美国营销学者伦纳德·L. 贝瑞(Leonard L. Berry)于 1983 年在一篇服务营销的会议论文中首先提出的。菲利普·科特勒在《营销管理》第 11 版中对关系营销的最新定义是:与关键成员(顾客、供应商、分销商)建立长期满意关系的实践,目的是保持他们长期的业绩和业务。营销者通过不断承诺和给予对方高品质的产品、优良的服务和公平的价格来实现关系营销。关系营销使各方建立了经济、技术和社会方面的纽带关系。关系营销还可以减少交易成本和时间,在最佳状况下,交易可以从每次都要协商变为惯例化。

因此,关系营销中的关系不仅仅是顾客,还包括与企业营销具有密切利益联系的供应商、分销商等组织和个人。根据菲利普·科特勒的描述,关系营销的最终结果是建立起公司的独特资产,即一个营销网。营销网(marketing network)包括企业及所有与它建立互利关系的利益关系方——顾客、员工、供应商、分销商、零售商、广告代理人、大学科学家和其他人。这样,竞争不是在公司之间进行,而是在整个网络之间进行,建立了更好关系网的公司将获胜。

需要注意的是,那种将关系营销等同于客户关系管理(CRM)的认识是片面的,客户关系仅仅是关系营销网络的重要组成部分。在市场营销观念指导下,企业建立起了"顾客为中心"的经营思想,通过满足顾客需要来实现企业利润目标。但随着市场信息进一步透明,企业之间竞争的不断加剧，以及顾客需求的多样性变化、品牌忠实度降低等因素，决定了企业仅仅关注与顾客之间的关系是远远不够的。因此，从供应链价值角度来理解和把握关系营销中的营销网是极为重要的。关系营销的核心任务就是建立和维系企业与包括顾客在内的相关利益者的营销网，实现的手段是基于长期满意合作关系之上的承诺、品质、服务、利益和效率。

作为一种新的营销理论，关系营销与传统市场营销有很大的区别。两者的区别主要表现在：①传统市场营销强调的是对市场营销过程的分析，其核心是交易，企业通过诱使对方发生交易活动从中获利；而关系营销重视的是市场营销过程中与企业利益相关者的相互关系和相互作用，其核心是关系；②传统市场营销把视野局限于目标市场上，即各种顾客群，而关系营销所涉及的范围广得多，包括顾客、供应商、分销商、竞争对手、银行、政府及内部员工等；③传统市场营销围绕着如何获得顾客，而关系营销更强调保持顾客；④传统市场营销不太强调为顾客服务，而关系营销高度强调为顾客服务，并借为顾客服务来提高顾客满意度，培育顾客忠诚度；⑤传统市场营销保证有限的顾客承诺，而关系营销保证高度的顾客承诺；⑥从传统营销追求每笔交易利润最大化，转化为以追求同各方面关系利益最大化是关系营销的重要特征，也是当今市场营销发展的新趋势。

第二节　种子市场营销环境分析的内容

企业市场营销环境的内容既广泛又复杂。不同的因素对营销活动各个方面的影响和制约也不尽相同，同样的环境因素对不同的企业所产生的影响和形成的制约也会大小不一。市场营销环境主要包括两方面的构成要素：一是微观环境要素，二是宏观环境要素。微观环境直接影响和制约企业的市场营销活动，而宏观环境主要以微观营销环境为媒介间接影响和制约企业的市场营销活动。

一、种子市场营销微观环境分析

种子企业营销管理的任务，就是不断地向目标市场提供有吸引力的种子产品和服务。要想成功地做到这点，种子企业的营销管理者必须了解企业营销活动的所有微观环境因素，即企业、供应商、营销中介、农户、竞争者和公众。

(一)企业

种子企业为开展营销活动，必须设立某种形式的营销部门。为使企业的营销业务顺利开展，不仅营销部门内各专职人员要通力合作，而且营销部门在制订和实施营销计划时，必须考虑其他部门的意见，处理好同其他部门的关系。种子企业的各种内部组织构成了其内部的微观环境。种子企业的内部微观环境包括两个层次：第一层次是高层管理部门，营销部门应在高层管理部门所规定的职权范围内做出决策，并且所制订的计划在实施前必须得到高层管理部门的批准；第二层次是种子企业的其他职能部门，营销部门与其他部门的业务活动息息相关。

(二)供应商

供应商是向种子企业及其竞争对手供应生产种子所需要的各种资源的企业和个人。供应商对种子企业营销活动的影响主要体现在三个方面：一是资源供应的可靠性影响种子产品的销售量和交货期，二是资源的价格影响种子产品的成本，三是资源的质量水平影响种子产品的品质。这些影响从短期来看，会导致企业销售额的增加或减少；从长期来看，则会影响企业在种子用户中的信誉。供应商这一环境因素对种子企业的营销影响很大，企业应尽量从多方面获得供应，以降低供应风险。

(三)营销中介

营销中介是指在促销、分销以及把产品最终销售给购买者方面给企业以帮助的那些机构。乡镇种子经销商是种子营销的主要中介。目前我国大约有 5 万个乡镇种子分销机构，隶属于乡镇政府的农业技术推广机构，农户主要通过乡镇农业技术推广机构获得种子。随着乡镇政府机构的改革，这些机构将逐步成为农业生产资料的经销商或分销商，是大中型种子企业未来建立种子分销体系争夺的主要战场。种子企业在营销过程中必须处理好与这些中介机构的合作关系。

(四)农户

企业需要仔细了解它的顾客市场，以更好地贯彻以顾客为中心的思想。对种子企业而言，其顾客就是种子用户，主要集中于 1.8 亿以种植业为主的农户。

(五)竞争者

种子企业在经营过程中会面临许多竞争者。要想成功，就必须充分了解自己的竞争者，努力做到较竞争者更好地满足市场需要。目前，我国种子市场的竞争者主要包括科研育种单位、原(良)种场、种子公司、乡镇农技推广部门等，其中种子公司有国有种子公司、科研机构附属种子公司、私人种子公司、外国种子公司几种类型。

(六)公众

公众是指对一个组织实现其目标的能力具有实际或潜在利害关系和影响力的一切团体和个人。种子企业所面临的公众包括以下七类。

(1)金融公众，指关心并可能影响种子企业获得资金能力的各种金融机构。

(2)媒体公众，主要是指报社、杂志社、广播电台和电视台等大众传播媒体。

(3)政府公众，指负责管理种子企业营销业务的有关政府部门。

(4)群众团体，指种子消费者组织、环境保护组织及其他群众团体。

(5)地方公众，指种子企业所在地附近的居民和社区组织。

(6)一般公众，他们虽不是有组织的公众，但对种子企业及其产品的认识却对广大的用种者有很大的影响。

(7)内部公众，指种子企业内部的全体职工。

公众对种子企业的命运会产生巨大的影响，因此，企业一般都设有公共关系部门，专门策划建立和各类公众的建设性关系。值得强调的是，公共关系事务并不只是公共关系部门的工作，而是需要激励企业全体职工的参与。

二、种子市场营销宏观环境分析

市场宏观环境包括人口、经济、自然、技术、政治法律和文化环境六个要素，一切营销组织都处于这些不可控的宏观环境因素之中，不可避免地受其影响和制约。种子企业及其所处的微观环境，都在这些宏观力量的控制下。宏观环境给企业提供机会，同时对企业也造成威胁。

（一）人口环境

从需求的角度来看，种子市场是由具有购买兴趣和购买力的人所组成。因此，人口环境与种子市场营销的关系是十分密切的。种子企业的人口环境包括人口的数量、密度、年龄、性别、教育等情况。

1. 人口数量

种子作为商品化的农业生产资料，人口数量对其需求的影响主要是通过对农产品的数量和质量的影响而反映出来。2030 年我国人口将达到 16 亿，已接近我国土地资源可承受的人口极限值 18 亿。在耕地面积不断减少这一不可逆转的趋势下，粮食需求的增加将主要依靠提高单产和复种指数来满足，这将对农作物品种品质和数量提出更高要求，也为种子市场创造了巨大的潜在需求。

2. 人口密度

我国的人口分布主要集中在东南沿海，人口密度向西北逐渐递减，南方和北方、热带和寒带、山区和平原等不同地理环境的人口在农产品消费需要方面有显著差别，造成不同地区农业生产需要种子品种、数量等的不同。

3. 年龄结构

种子的最终需求者是农户，在农村，不同年龄的用种者对种子的需求有一定的差异。年轻的劳动力接受新事物的能力强，对新品种有较强的接受力；而年纪偏长的劳动力更多的是凭经验，喜欢选用已推广并为其他农户所证明取得明显效益的品种。在制定具体的种子营销策略时，要充分考虑我国农村人口年龄结构的特点和农村劳动力的不同地区的流动及同一地区不同行业的转移情况。

4. 性别差异

性别的差异使男女的消费需求有明显的不同，在购买种子的习惯与用种行为方面也有很大的差别。

5. 家庭规模

我国现有农户 2.07 亿户，其中约 1.8 亿户以种植业为生，户均土地 7.5 亩。由于我国农户规模小且劳动生产率低下，单位面积的生产成本也较高，抑制了对种子的需求。但随着对规模效益的认识，规模经营的发展将会使种田农户或农场的规模有所扩大。土地种植面积的适度集中，将提高土地生产率，扩张农业生产者对商品种子的需求。

（二）经济环境

构成市场的因素除人口外，还必须有购买力。种子的购买力受宏观经济环境制约，是经济环境的反映。影响购买力的主要因素是农民的实际收入。目前，我国农村经济发展进入新的阶段，农产品总量过剩而结构性短缺，农民收入增长缓慢甚至一些地区出现增产不增收的现象，农业需要进行战略性结构调整，这些都会对种子市场的总量和种子类型发生较大的影响。另外，农民获得信贷的渠道不畅，农产品价格受国际市场冲击等，对我国种子市场也造成暂时不利的影响。

（三）自然环境

由于农业再生产是自然再生产和经济再生产的统一，自然环境对种子营销的影响较对其他产品的影响要大。在种子营销中主要从三个方面考虑自然环境的影响。

1. 品种的生态类型和适应区域

我国地域辽阔,气候类型多种多样,土壤、地形、降雨、光照等自然条件多变,形成了多种农业生态类型,既为我国种子市场发展提供了天然的优势,也决定了品种的生态类型和适应区域。种子经营部门在引进品种或调进种子从事营销活动时,都要遵循自然规律,防止违背自然规律进行营销,给当地农业生产带来不必要的损失。

2. 土地资源的有限性

土地不仅是农业生产的载体,还是作物生长的养分来源,但土地是不可替代的有限资源,农业生产面临耕地面积日益短缺的威胁,这是种子营销的不利因素。据测算,人口增长和城市化造成我国耕地面积平均每年减少 600 万亩左右,按全国 155%的复种指数计算,每年减少约 0.4%的种子需求,约合 8 亿元。

3. 环境问题日益严重

现代工业的发展,对自然环境造成了不可避免的破坏。种子营销必须遵守有关的环保规定,同时要注意环境保护所提供的营销机会,如采用不破坏生态环境的种子生产、加工技术和包装方法等。随着环境问题的日益严重,世界各地掀起了“绿色营销”的浪潮。所谓“绿色营销”是指企业在营销活动中要充分考虑到社会环境利益,在有利于社会发展和环境保护的前提下开展营销活动。绿色营销与传统营销的本质区别在于:强调社会环境利益与商业道德,要求企业在追求短期利益的同时兼顾人类社会的长期利益,种子营销管理人员在种子的营销中不仅要培育绿色营销观念,还要相应地制定出绿色营销组合策略,将有利于保护环境、节能、节耗的优质种子送达种子用户。

(四)技术环境

科学技术是第一生产力,技术进步对种子市场营销的影响是很大的。随着我国农业科学技术水平的不断提高,育种手段多样化,新品种的育成周期大大缩短,品种更新换代速度明显加快;现代信息、通信和运输等方面技术也在种业科研、生产、加工、仓储、包衣、营销等领域得到广泛应用,这些都将对种子市场产生正面影响。虽然有些技术的采用一定程度上会对种子市场造成某些负面影响,如机械化程度的提高可减少单位面积播种量,进而降低种子需求量,但对种子播种品质的要求提高了,而高品质的种子通常单位价值也高。

(五)政治法律环境

这里所说的政治法律环境主要是指与种子市场营销有关的各种法规以及有关的政府管理机构和社会团体活动。市场经济是法制经济,一切经济活动都必须纳入法制的轨道。作为种子营销活动的企业除必须遵守《中华人民共和国种子法》等有关种子方面的法律、法规外,还要遵守《中华人民共和国公司法》《中华人民共和国反不正当竞争法》《中华人民共和国消费者权益保护法》《中华人民共和国商标法》《中华人民共和国广告法》等有关企业方面的规范。中国已加入 WTO,在种子营销活动中,WTO 的有关规则也是必须遵守的。由此可见,种子营销管理人员必须有很强的法制观念,充分了解有关的法规和细则,否则就无法进行营销活动。

(六)社会文化环境

这里的社会文化环境不仅包括一个国家、地区或民族的传统文化,如风俗习惯、伦理道德观念、价值观念等,也包括人们受教育和文化的普及程度。这两个方面是种子营销活动中都要考虑的。如藏族喜欢种植青稞,除品种的生态适宜性外,该民族偏爱以青稞为主食的风俗也是种植此作物的重要原因。农业劳动者受教育的程度、文化水平也影响着种子的需求数量和类型。随着我国公民受教育水平的不断提高,信息传播范围扩大,种子营销渠道的多样化,农业劳动者对新品种、良种的认识和判断能力和需求也大大提高。

第三节　市场环境分析的方法

一、市场环境 PEST 分析方法

PEST 分析是指宏观环境的分析,宏观环境又称一般环境,是指影响一切行业和企业的各种宏观力量。对宏观环境因素做分析,不同行业和企业根据自身特点和经营需要,分析的具体内容会有差异,但一般都应对政治(political)、经济(economic)、技术(technological)和社会(social)这四大类影响企业的主要外部环境因素进行分析。简称为 PEST 分析法(图 2-1)。

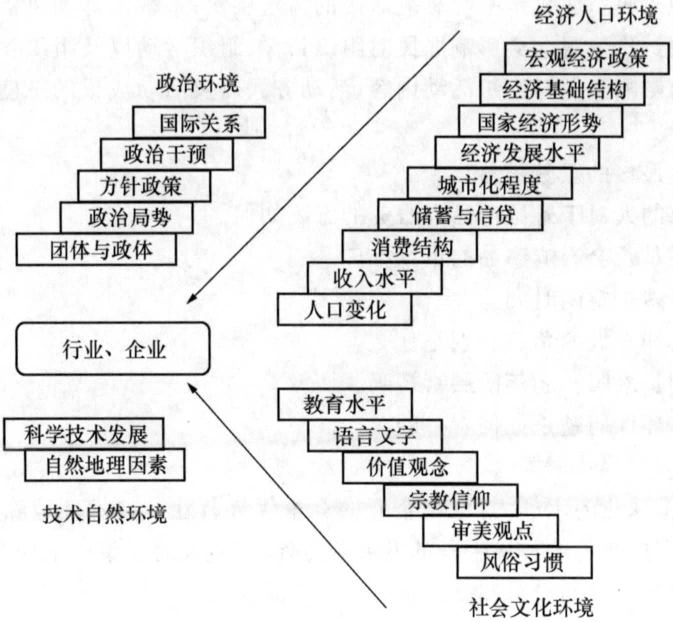

图 2-1　PEST 分析法的主要因素

(一)政治法律环境分析

政治环境包括一个国家的社会制度,执政党的性质,政府的方针、政策、法令等。不同的国家有着不同的社会性质,不同的社会制度对组织活动有着不同的限制和要求。具体对以下问题进行分析。

(1)政治环境是否稳定。

(2)国家政策是否会改变法律从而增强对企业的监管并收取更多的赋税。

(3)政府所持的市场道德标准是什么。

(4)政府的经济政策是什么。

(5)政府是否关注文化与宗教。

(6)政府是否与其他组织签订过贸易协定,例如,欧盟(EU),北美自由贸易区(NAFTA),东盟(ASEAN)等。

(二)经济环境

经济环境主要包括宏观和微观两个方面的内容。宏观经济环境主要指一个国家的人口数量及其增长趋势、国民收入、国民生产总值及其变化情况以及通过这些指标能够反映的国民经济发展水平和发展速度。微观经济环境主要指企业所在地区或所服务地区的消费者的收入水平、消费偏好、储蓄情况、就业程度等因素。这些因素直接决定着企业目前及未来的市场大小。具体对以下问题进行分析。

(1)利率。

(2)通货膨胀率与人均就业率。

(3)人均 GDP 的长远预期等。

(三)社会文化环境

社会文化环境包括一个国家或地区的居民教育程度和文化水平、宗教信仰、风俗习惯、审美观点、价值观念等。文化水平会影响居民的需求层次;宗教信仰和风俗习惯会禁止或抵制某些活动的进行;价值观念会影响居民对组织目标、组织活动以及组织存在本身的认可与否;审美观点则会影响人们对组织活动内容、活动方式以及活动成果的态度。具体对以下问题进行分析。

(1)信奉人数最多的宗教是什么。

(2)这个国家的人对于外国产品和服务的态度如何。

(3)语言障碍是否会影响产品的市场推广。

(4)消费者有多少空闲时间。

(5)区域男人和女人的角色分别是什么。

(6)区域人们长寿吗?老年阶层富裕吗。

(7)人们对于环保问题是如何看待的。

(四)技术环境

科技不仅是全球化的驱动力,也是企业的竞争优势所在。技术环境除了要考察与企业所处领域的活动直接相关的技术手段的发展变化外,还应及时了解以下四个方面。

(1)国家对科技开发的投资和支持重点。

(2)该领域技术发展动态和研究开发费用总额。

(3)技术转移和技术商品化速度。

(4)专利及其保护情况等。

具体对以下问题进行分析。

(1)科技是否降低了产品和服务的成本,并提高了品质。

(2)科技是否为消费者和企业提供了更多的创新产品与服务,如网上银行、新一代手机等。

(3)科技是如何改变分销渠道的,如网络营销、拍卖等。

(4)科技是否为企业提供了一种全新的与消费者进行沟通的渠道，如 Banner 广告条、CRM 软件等。

第一章有关我国种业发展现状分析，就是使用 PEST 方法分析总结提出的。

二、企业竞争力分析方法与应用

波特五力分析法帮助营销人员对一个存在竞争的市场环境进行鉴定。它与 PEST 分析法等其他市场营销工具类似，但它更侧重于单一业务或战略事业单位而非单一产品或系列产品。

根据波特的观点，一个行业中的竞争，不只是在原有竞争对手中进行，而是存在着五种基本的竞争力量：潜在的行业新进入者、替代品的竞争、买方讨价还价的能力、供应商讨价还价的能力以及现有竞争者之间的竞争。

这五种基本竞争力量的状况及综合强度，决定着行业的竞争激烈程度，从而决定着行业中最终的获利潜力以及资本向本行业的流向程度，这一切最终决定着企业保持高收益的能力。

(一)新进入者的威胁

新进入者在给行业带来新生产能力、新资源的同时，更希望在已被现有企业瓜分完毕的市场中赢得一席之地，这就有可能会与现有企业发生原材料与市场份额的竞争，最终导致行业中现有企业赢利水平降低，严重的话还有可能危及这些企业的生存。竞争性进入威胁的严重程度取决于两方面的因素，这就是进入新领域的障碍大小与预期现有企业对于进入者的反应情况。

进入障碍主要包括规模经济、产品差异、资本需要、转换成本、销售渠道开拓、政府行为与政策、不受规模支配的成本劣势、自然资源、地理环境等方面，这其中有些障碍是很难借助复制或仿造的方式来突破的。预期现有企业对进入者的反应情况，主要是采取报复行动的可能性大小，则取决于有关厂商的财力情况、报复记录、固定资产规模、行业增长速度等。总之，新企业进入一个行业的可能性大小，取决于进入者主观估计进入所能带来的潜在利益、所需花费的代价与所要承担的风险这三者的相对大小情况。

(二)购买者的讨价还价能力

购买者主要通过其压价与要求提供较高的产品或服务质量的能力，来影响行业中现有企业的赢利能力。一般来说，满足如下条件的购买者可能具有较强的讨价还价力量。

(1)购买者的总数较少，而每个购买者的购买量较大，占了卖方销售量的很大比例；

(2)卖方行业由大量相对来说规模较小的企业所组成；

(3)购买者所购买的基本上是一种标准化产品，同时向多个卖主购买产品在经济上也完全可行；

(4)购买者有能力实现后向一体化，即通过收购一个或若干供应商以增加赢利或加强控制的能力。

(三)供应商讨价还价的能力

供方主要通过其提高投入要素价格与降低单位价值质量的能力，来影响行业中现有企业的赢利能力与产品竞争力。供方力量的强弱主要取决于他们所提供给买主的是什么投入要素，当供方所提供的投入要素价值构成了买主产品总成本的较大比例、对买主产品生产过程非常重要，或者严重影响买主产品的品质时，供方对于买主的潜在讨价还价力量就大大增强。一般来说，满足如下条件的供应商会具有比较强大的讨价还价力量。

(1)供方行业为一些具有比较稳固市场地位而不受市场激烈竞争困扰的企业所控制，其产品的买主很多，以至于每一单个买主都不可能成为供方的重要客户。

(2)供方各企业的产品各具有一定特色，以至于买主难以转换或转换成本太高，或者很难找到可与供方企业产品相竞争的替代品。

(3)供方能够方便地实行前向联合或一体化，而买主难以进行后向联合或一体化。

(四)替代品的威胁

两个处于不同行业中的企业，可能会由于所生产的产品是互为替代品，从而在它们之间产生相互竞争行为，这种源自于替代品的竞争会以各种形式影响行业中现有企业的竞争战略。第一，现有企业产品售价以及获利潜力的提高，将由于存在着能被用户方便接受的替代品而受到限制；第二，由于替代品生产者的侵入，使得现有企业必须提高产品品质，或者通过降低成本来降低售价，或者使其产品具有特色，否则其销量与利润增长的目标就有可能受挫；第三，替代品生产者的竞争强度，受产品买主转换成本高低的影响。总之，替代品价格越低、品质越好、用户转换成本越低，其所能产生的竞争压力就强；而这种来自替代品生产者的竞争压力的强度，可以具体通过考察替代品销售增长率、替代品厂家生产能力与赢利扩张情况来加以描述。

(五)竞争对手

大部分行业中的企业，相互之间的利益都是紧密联系在一起的，作为企业整体战略一部分的各企业竞争战略，其目标都在于使得自己的企业获得相对于竞争对手的优势，所以，在实施中就必然会产生冲突与对抗现象，这些冲突与对抗就构成了现有企业之间的竞争。现有企业之间的竞争常常表现在价格、广告、产品介绍、售后服务等方面，其竞争强度与许多因素有关。

一般来说，出现以下情况将意味着行业中现有企业之间竞争的加剧：①行业进入障碍较低，势均力敌竞争对手较多，竞争参与者范围广泛；②市场趋于成熟，产品需求增长缓慢；③竞争者企图采用降价等手段促销；④竞争者提供几乎相同的产品或服务，用户转换成本很低；⑤一个战略行动如果取得成功，其收入相当可观；⑥行业外部实力强大的公司在接收了行业中实力薄弱企业后，发起进攻性行动，结果使得刚被接收的企业成为市场的主要竞争者；⑦退出障碍较高，即退出竞争要比继续参与竞争代价更高。在这里，退出障碍主要受经济、战略、感情以及社会政治关系等方面考虑的影响，具体包括资产的专用性、退出的固定费用、战略上的相互牵制、情绪上的难以接受、政府和社会的各种限制等。

竞争对手越多则市场风险越大，供应商与买家的议价能力也就越强。所以竞争对手处于五力分析方法的中心位置。

波特在行业竞争五力分析的基础上制定了行业竞争结构分析模型，从而使企业管理者可以从定性和定量两个方面分析行业竞争结构和竞争状况，以达到两个目的：①分析确定五力(潜在的进入者、供应者、购买者、替代产品、行业内的竞争者)中哪一个是影响企业成败的关键集团；②在确定了关键集团之后，企业高层管理者又需从与这一集团相关的各因素中找出需要立即对付或处理的威胁，以便及时采取行动。

波特的“行业竞争结构分析模型”是一个统计表格(表 2-1)。表格的左边是五种竞争力量及其各自所包括的若干内容的陈述。右边是对这些陈述的态度,管理人员可以根据自己的态度进行打分。坚决同意打 1 分,一般同意打 2 分,不同意也不反对打 3 分,一般反对打 4 分,坚决反对打 5 分。

表 2-1　行业竞争结构分析模型

各种竞争力量	打分项目	打分等级				
		1	2	3	4	5
Ⅰ. 潜在进入者	1. 进入这个行业的成本很高					
	2. 我们的产品有很大的差异性					
	3. 需要大量资本才能进入这个行业					
	4. 顾客更换供应者的成本高					
	5. 取得销售渠道十分困难					
	6. 很难得到政府批准经营与我们同样的产品					
	7. 进入这个行业对本企业的威胁性不大					
	分数=(各项得到的分数之和/所回答的项数)×(第 7 项的得分)					
Ⅱ. 行业中的竞争者	1. 本行业中有许多竞争者					
	2. 本行业中所有竞争者几乎一样					
	3. 产品市场增长缓慢					
	4. 本行业的固定成本很高					
	5. 我们的顾客转换供应者十分容易					
	6. 在现有生产能力上再增加十分困难					
	7. 本行业没有两个企业是一样的					
	8. 本行业中大部分企业要么成功,要么垮台					
	9. 本行业中大多数企业准备留在本行业					
	10. 其他行业干什么对本企业并无多大的影响					
	分数=(各项得到的分数之和/所回答的项数)×(第 4 项的得分)					
Ⅲ. 替代产品	1. 与我们产品用途相近似的产品很多					
	2. 其他产品有和我们产品相同的功能和较低的成本					
	3. 生产和我们产品功能相同产品的企业在其他市场有很大利润					
	4. 我们非常关心与我们产品功能相同的其他种类的产品					
	分数=(各项得到的分数之和/所回答的项数)×(第 4 项的得分)					
Ⅳ. 购买者	1. 少量顾客购买本企业的大部分产品					
	2. 我们的产品占了顾客采购量的大部分					
	3. 本行业大部分企业提供标准化类似的产品					
	4. 顾客转换供应者十分容易					
	5. 顾客产品的利润率很低					
	6. 我们的一些大顾客可以买下本企业					
	7. 本企业产品对顾客产品品质贡献很小					
	8. 我们的顾客了解我们的企业以及可以赢利多少					
	9. 诚实地说,顾客对本企业的供应者影响很小					
	分数=(各项得到的分数之和/所回答的项数)×(第 5～9 项的得分)					

续表 2-1

各种竞争力量	打分项目	打分等级				
		1	2	3	4	5
V. 供应者	1. 本企业需要的重要原材料有许多可供选择的供应者					
	2. 本企业需要的重要原材料有许多替代品					
	3. 在我们需要最多的原材料方面,我们是供应者的主要客户					
	4. 没有一个供应者对本公司是关键性的					
	5. 我们可以很容易地变换大多数的原材料供应者					
	6. 相对于我们的公司来说,没有一家供应者是很大的					
	7. 供应者是我们经营中的重要部分					
	分数=(各项得到的分数之和/所回答的项数)×(第 5~7 项的得分)					

每一类关键因素或每一利害集团的得分是按下列公式计算的:利害集团的得分=$(X/n)\times I$

式中:X 为由管理者回答的所有与那个利害相关团体的陈述或项目的分数之总和;n 为就某利害集团来说,管理者回答陈述或项目的数量;I 为根据管理者对最后一陈述的回答所得到的关于每一利害集团的重要性得分。

每一利害相关集团的得分多少说明了这个集团对企业成功的重要性大小。某一陈述或项目的得分越高,就说明这个问题应当尽快解决或认真对待。这个模型可供高层管理者个人和集体使用。

在第一章有关"我国种子市场竞争状况"分析就采用了波特五力分析方法。

三、企业发展机会 SWOT 分析方法与应用

SWOT 分析法是一种用于检测公司运营与公司环境的工具,通常与 PEST 分析法和波特五力分析法一齐使用,它能够帮助市场营销人员将精力集中在关键问题上。

1. SWOT 的字母含义

SWOT 的每个字母分别表示优势、劣势、机会与威胁。优势和劣势是内在要素,机会与威胁则是外在要素。

(1)优势分析

在 SWOT 分析法中,优势分析主要包括以下五个方面。

①市场营销的资深阅历;

②一种创新的产品或服务;

③营业场所;

④质量工序与品质程序;

⑤其他能对产品与服务产生增值效应的方面。

(2)劣势分析

劣势分析主要包括以下五个方面。

①缺乏市场营销经验;

②产品或服务同质化;

③营业场所;

④劣质产品或服务;

⑤不良的声誉。

(3)机会分析

机会分析主要包括以下五个方面。

①日益新兴的市场，如互联网；

②兼并、合资、战略联盟；

③进入细分市场获取更多赢利；

④新兴的国际市场；

⑤竞争对手退出的市场。

(4)威胁分析

威胁分析主要包括以下五个方面。

①竞争对手进入本地市场；

②价格战；

③竞争对手研发出创新性的产品或服务；

④竞争对手拥有更好的分销渠道；

⑤政府对你的产品或服务开始征税。

2. 运用 SWOT 分析法的简单规则

必须注意的是，SWOT 分析法具有很强的主观性，你可以 SWOT 分析法作为参考，但不能作为唯一的方法。

要成功应用 SWOT 分析法需要注意以下简单规则的运用。

(1)进行 SWOT 分析的时候必须对公司的优势与劣势有客观的认识；

(2)进行 SWOT 分析的时候必须区分公司的现状与前景；

(3)进行 SWOT 分析的时候必须考虑全面；

(4)进行 SWOT 分析的时候必须与竞争对手进行比较，如优于或是劣于你的竞争对手；

(5)保持 SWOT 分析法的简洁化，避免复杂化与过度分析；

(6)SWOT 分析法因人而异。

3. 确定市场营销战略

一旦使用 SWOT 分析法决定了关键问题，就可以进一步确定市场营销战略。

SWOT 矩阵能使企业把面临的外部机会和威胁与公司内部优势和劣势相匹配，得到四类可能的战略选择。

(1)优势　机会(SO)战略

它是一种发挥企业内部优势而利用企业外部机会的战略；

(2)劣势　机会(WO)战略

它的目标是通过弥补内部弱点来利用外部机会；

(3)优势　威胁(ST)战略

它是利用本企业的优势回避或减少外部威胁的影响；

(4)弱点　威胁(WT)战略

它是一种旨在减少内部弱点同时回避外部环境威胁的防御性技术。

企业通常首先采用 WO，ST 或 WT 战略而达到能够采用 SO 战略的状况。当企业存在重大弱点时，它将努力克服这一弱点而将其变为优势。当企业面临巨大威胁时，它将努力回避这些威胁以便集中精力利用机会。

案例:上海某种子公司 SWOT 分析及生成的战略方案

	优势(S)	劣势(W)
	1. 人才优势 2. 经营规模增长较快 3. 科研开发势头良好 4. 种子生产基地保持稳定 5. 市场网络建设稳步扩大	1. 专控品种的销售比例高,品种结构需要优化 2. 体制不活,组织结构不完善 3. 人力资源管理还未走上正轨 4. 资金实力不强 5. 接班品种储备不足 6. 研发投入不足
机会(O) 1. 国家和上海市政策扶持 2. 逐步完善的市场秩序和法律环境 3. 粮食消费总量不断增加 4. 入世后,有比较优势的农产品的种植面积增加,带动种子需求量增加 5. 基因育种诱人的发展前景 6. 我国种子市场蕴藏着巨大的发展潜力	**SO 战略** 1. 实施国际化战略 2. 开发专用品种	**WO 战略** 1. 改革体制,建立有效的法人治理结构 2. 增资扩股 3. 与更多的品种供应方建立战略联盟 4. 减少非专控品种的生产和销售 5. 人力资源管理创新
威胁(T) 1. 饮食结构变化,粮食直接消费量减少 2. 入世后,无比较优势的农产品的种植面积减少,相应的种子需求减少 3. 育种技术革新 4. 业内竞争日趋激烈 5. 国内外技术领先者的进入	**ST 战略** 1. 加强优质品种和专用品种的研发 2. 加快基因育种技术的应用研究和开发 3. 品种授权	**WT 战略** 调整品种结构和研发重点

案例与训练

1. 昌吉州蔬菜、西甜瓜制种占全疆 95%,使用波特的“行业竞争结构分析模型”统计表,就昌吉州蔬菜、西甜瓜制种市场竞争情况进行调查,总结分析行业竞争现状。

2. 新疆九禾种业有限责任公司于 2003 年 6 月成立,公司的注册资金为 3 000 万元,是一家集种子研发、生产加工、销售及服务为一体的综合的现代化农业科技公司。截至 2010 年年末,公司资产总额 1.3 亿元,2010 年销售收入达 1.2 亿元,较上年增长 22%。公司净资产达到 6 246 万元,是新疆维吾尔自治区级农业产业化重点龙头企业。公司“九圣禾”牌商标 2010 年经自治区工商行政管理局评审为“新疆著名商标”。公司近年来先后承担自治区科技厅“新疆玉米制种基地及示范推广科研项目”,农业部“新疆农科院玉米原种基地建设”项目,以及自治区科研重点“一把手”项目等。公司是全疆目前唯一一家销量小麦种子超过万吨的企业,近几年公司将南疆复播玉米品种的育种工作作为重中之重,通过新品种及配套技术提高单产,增加农民收入。公司的玉米新品种——新玉 29 号已被南疆农业行政部门确定为复播主栽品种。

(1)组织结构

公司现有九个管理部门,分别是人力资源部、计财部、经营风险部、行政办、生产加工部、技术研发部、管理部、营销服务部、投资发展部;还有党支部、工会;公司现有正式员工96名,其中专业技术人员75名。

九禾种业公司在昌吉州、塔城、吐鲁番、喀什四个地区已经建设有四个加工基地,用来进行种子的生产加工、储藏,这四个基地满足了公司现在发展水平的基本需要。并且公司在新疆各地州,如昌吉市、石河子地区等地区建立玉米、棉花和小麦等农作物育种基地。示范基地内建有规范的农作物新品种繁育田,一定程度上承担了企业新品种的试验,以保证公司能够满足市场对各类农作物种子的需求。

公司在2011年各类种子产品销售总额达到了4万吨左右,在全疆小麦的销售量都是位居前列,年销售量超过了万吨。近几年,公司把主营的小麦、玉米、棉花的选种、育种工作作为重中之重,不断提高企业自身的技术研发能力,提高单产和效益,增加农民收入。公司的营销服务体系以及分销网络核心覆盖全疆,物流、配送体系目前已形成规模。“每天提高一点,做百年九禾”是九禾种业一直遵循的企业精神,“建千家经销商,万家高产示范户”是九禾种业的目标。公司具备完善的农业产业化售后服务网络和技术服务体系,在社会上享有较高的声誉。

(2)公司财务情况

截至2011年12月末,新疆九禾种业有限责任公司拥有资产总额19 027万元,其中流动资产615万元,固定资产净值1 758万元,无形资产3 711万元;所有者权益9 329万元;当年实现销售收入16 095万元,实现净利润960万元。

(3)公司研发能力

近年来公司在研发技术方面通过自身的努力取得了一定的成绩。拥有自主知识产权的农作物品种8个。玉米:新玉41号、新玉54号、新玉29号、元华5号;小麦:新冬33号、新冬32号、新春29号;棉花:新陆早50号。参加自治区2011年农作物品种区域试验材料13个;2010年通过甘肃审定早熟玉米品种1个,2010年参加内蒙古自治区玉米区域试验材料1个,预计2012年在内蒙古审定;2011年参加宁夏回族自治区玉米中熟组区试材料1个。并与国家玉米技术产业体系北京试验站、中国农业科学院作物所、新疆农科院、石河子农科中心、国内其他省市科研院所合作,从而不断提升公司的自主创新能力。目前与中国农科院合作的200余份玉米新组合鉴定材料已在九禾昌吉、博州、塔城、喀什等育种基地进行多点鉴定。同时重点材料在宁夏、甘肃、山西、内蒙古、河北等省、自治区进行品种的比较试验。

请进一步收集该企业的生产经营情况和行业发展情况,用SWOT法分析,并设计完成SWOT战略方案图。

学习心得

第三章　种子市场调查、预测与目标、市场选择、市场定位

内容提要

1. 如何开展种子市场调查
2. 如何进行种子市场预测
3. 种子市场细分方法
4. 种子企业目标市场的选择与市场定位

"生意之道贵知市"。为了达到种子经营的预期目的，种子公司可以通过一些可以控制的营销因素，如品种品质、价格、营销渠道、促销手段、服务态度等，进行调整和整合，以适应外部环境的变化。这里提到的控制手段就是搞好种子的市场调查和预测。通过市场调查和预测，可以对经验品种的确定、良种繁育规划的制定、销售种子数量与价格的确定等市场决策行为起到重要的参考作用。各类公司越来越重视市场的调查与预测工作，发达国家许多企业市场调查经费已占到销售额的3.5%，可见市场调查和预测的重要性。

第一节　种子市场调查的方法

种子市场调查是以种子市场及与种子市场相联系的有关方面为对象，了解其发展现状及其发展变化的本质规律。种子市场调查主要是对种子的产供销及与之相联系的农民做调查，了解其意见及影响其购买和消费行为的诸因素。

一、种子市场调查的内容

种子市场调查的内容十分广泛。从广义上说，凡是涉及影响种子公司经营活动的资料，都应该收集、整理；凡是涉及有关种子部门经营活动的信息都应该调查了解。具体来说有如下六个方面。

(一)市场营销环境的调查

种子公司的生存和发展是以市场营销环境为条件的，由于市场环境复杂多变，这就要求公司应密切注意市场的变化，及时调整本单位的营销策略组合，不断提高为其目标市场服务的能力。关于市场营销环境的调查方法详见第二章。

(二)市场供求关系情况调查

包括种子市场需求情况调查和种子市场供应情况调查两个方面。前者是指调查种子需求者在一定时期、一定市场范围内，按种子现行价格能够购买的种子数量。其调查的主要内容有种子需求量调查、市场需求结构调查、市场需求趋势调查，包装、广告和服务的调查，外贸种子的需求调查；后者是指在一定时期和一定市场范围内，可以投放市场的种子数量。要在探明种子的生产量、商品量、社会储备量和进口量的前提下，再调查种子的供给量。并对总供应量中各类种子的比重，同作物种子中各品种的比重、供给趋势等进行调查。

(三)竞争者调查

调查的内容主要有：直接或间接竞争对手的数量及规模；竞争对手的地理位置和交通运输条件；竞争对手的生产方式、生产能力、成本；竞争对手所采取的经营策略和竞争策略；竞争对手生产经营的种子种类、品种、品质、价格、服务的情况及在农民中的信誉和形象；竞争对手的技术水平和新品种开发动向；竞争产品的市场占有率；潜在的竞争对手等。通过以上调查，可将本公司现有条件与竞争对手进行对比，以便扬长避短，为制定有效的竞争策略提供科学依据。

(四)营销策略调查

营销策略的调查对于合理制定与调整营销策略，搞好种子经营与销售，取得最佳经济效益和社会效益，具有非常重要的意义。主要调查内容有种子的价格、促销策略、销售渠道等。

(五)用户的支付能力和需求调查

主要了解用户的实际需求水平。对良种的需求量和其购买力的关系，掌握价格对销售额的影响，积极主动地确定经营品种、对象、数量、比例，而不至于造成积压而出现亏损。

(六)企业形象调查

一是了解用户对本公司种子产品和商标形象的反映，即了解本公司的知名度；二是了解用户对打造本公司形象的一系列公共关系工作、公司全体职员服务形象和公司环境状况等社会声誉的反映；三是了解用户对本公司在资金信誉、品质信誉和服务信誉等方面的反映。

二、种子市场调查的步骤和方法

(一)种子市场调查的步骤

有效的种子市场调查包括五个步骤，如图 3-1 所示。

图 3-1 种子市场调查的步骤

1. 确定问题和调查目标

进行市场调查必须有的放矢，要针对存在的问题进行调查。发现问题首先要从单位内部条件、公司外部环境以及经营目标三者是否协调中寻找问题的蛛丝马迹。发现了问题，弄清了问题产生的背景，就可以确定调查目标，找出调查的重点，避免无谓的工作。

2. 制订调查计划

设计调查计划时，要确定资料来源、调查方法、调查手段、抽样方案和联系方法。如

表 3-1 所示。

表 3-1　市场调查计划的构成

项目	途径与方式	备注
资料来源	一手资料、二手资料	
调查方法	观察、专题讨论、问卷调查、实验	
调查手段	问卷、仪器测试	
抽样方案	抽样单位、样本规模、抽样程序	
联系方法	电话、邮寄、面访	

3. 收集信息

企业无论大小，其管理的内容大同小异，但不同层次的企业管理者需要的信息是不同的。企业的高层领导者需要的是战略信息，中层领导者需要的是战术信息，而基层管理者需要的是业务和作业信息。

(1)战略信息

战略信息主要是来自企业外部，是对企业的生存发展有着战略意义的信息。主要是为企业战略性决策服务的。因此，对信息加工的深度要求比较高，而且以原始数据和信息的综合分析为基础。主要包括政策法令信息、竞争对手信息、消费需求信息、科技创新及发展信息。

(2)战术信息

中层管理者需要的是战术信息，通过这些信息的分析与研究，制定符合国家政策法规、并适合本企业特点的发展规划，组织协调好各部门、各环节的业务活动，从而适应市场的变化，使本企业的经营活动以最有效的方式运转。主要包括产品、市场状况信息，物资采购供应信息，销售信息。

(3)业务和作业信息

基层管理者需要的是业务和作业信息，主要包括：生产信息，生产的组织与计划调度、技术质量保证与工业装备、环保与安全生产等；技术开发信息，科研、设计、工艺开发的物资与设备条件、技术人员数量；人员素质信息，包括领导、管理人员、职工的素质信息等；财务信息，资金利润、产品成本、职工奖金工资等。

信息是企业的一种特殊的“经营资源”，在收集信息时应注意到信息的及时性、准确性和可利用性三个原则，尽可能全面、大量地搜集信息，以便在瞬息万变的市场上，随时做出正确的决策。企业要获得信息，渠道是很多的，阅读报纸杂志、广告、书信、交谈、询问、观察、收听收看广播电视、购买等都是获得信息的方法。

4. 分析信息

企业在收集到大量的信息后，应该经过集体讨论或运用一定的数学方法等对信息的价值进行评定判断，区分出有用信息和无用信息；同时，也应该注意到，某些看似无用的信息中可能隐藏极为宝贵的商机。

5. 报告结果

市场调查报告要根据调查的目的和所搜集到的信息资料，经过分析研究，做出判断性结论，提出建设性意见，使其在实际工作或理论研究中发挥应有的作用。

(二)种子市场调查的方式

种子市场调查的方式，是指在市场调查过程中，调查者在选择调查对象时所采用的不同方法。种子市场调查的方式主要有普查、重点调查、典型调查和抽样调查四种。普查属于全面调查，其他三种方式属于非全面调查，彼此各有不同的特点和功能。

1. 普查

普查就是将调查对象中全部单位进行逐个的调查。这种调查方式可以获得那些不能通过其他调查方式取得的比较全面、细致、可靠的资料。但是，普查工作量大，花费时间长，需要消耗大量的人力、物力和财力。

2. 重点调查

重点调查是指在调查对象中选择若干重点单位进行的一种非全面的调查。它是我国进行市场调查所采用的传统方式之一。重点调查能够以较少的人力、物力和财力的投入，较快地掌握调查对象总体的基本情况。

3. 典型调查

典型调查是在调查总体中选择一些具有典型性、代表性的单位进行调查，用来推算或了解总体基本情况的一种非全面调查。这种方式的关键是选好典型。衡量典型单位代表性的具体标准，应当根据每次调查的目的和调查对象的特点来确定，不可能规定一个统一的、固定不变的标准。

典型调查是一种凭主观选择调查对象的市场调查方式，用其结果判断总体的科学根据不足，也无法控制调查误差范围，推断结果只是一个近似值。如果在市场调查中，要求掌握调查推断结果的准确度，就不宜用典型调查，而应采用抽样调查的方式。

典型调查一般适用于调查总体庞大，调查人员对调查对象的情况非常了解，能准确地选择少数有代表性的单位或个人作为调查对象的情况。

4. 抽样调查

在调查总体单位中，按照随机取样的方法，抽取一定数目的单位，并以其调查结果推断总体的调查方式。其形式有简单随机抽样、等距抽样、分层抽样和分群抽样。简单随机抽样是在总体单位中完全按纯粹偶然的机会抽取样本。等距抽样是将总体单位编号后，用样本单位数去除总体单位数，获得抽样距离，从总体单位编号中任抽一个号为起点，再按照抽样距离定样本。分层抽样是将总体单位按一定标志分层，然后从每层中随机抽取样本的形式，每层应抽样本的数目为：

$$\text{每层取样数目} = \frac{\text{该层个体数} \times \text{总抽样数}}{\text{总体中个体数}}$$

分群抽样是将总体单位按一定的标准(如地区、单位)划分为若干群，然后从各群中抽取样本，抽中的群内所有单位均为所抽的样本单位。

(三)种子市场调查的方法

种子市场调查的方法很多，鉴于种子服务对象主要是农民，考虑到他们的文化素质与接受方式，应尽量采取简便、可行、有效的方法进行。

1. 访问调查法

访问调查法是以口头询问的方式作为收集资料的手段，将所要调查的事项，以当面、电话或书信的方式向被调查者询问，以获得所需要的资料。它是市场调查中最常用的一种。

(1)个别访问法

是指调查者面对面地向被调查者询问有关问题，被调查者的回答可当场记录。调查方式可采用走出去、请进来的方式召开座谈会或个别访问的形式进行。调查可根据事先拟定的询问表或调查提纲提问，也可以采用自由交谈的方式进行。

个人访问的优点是直接与被调查者见面，能当面听取意见并观察反应；能相互启发和较深入地了解情况，对问卷中不太清楚的问题可以给予解释；可根据被调查者的态度灵活掌握调查方式和进程；资料的真实性较大，回收率较高。缺点是运行成本较高，调查结果易受调查人员主观影响。

(2)电话调查法

是由调查人员根据抽样设计要求，用电话向调查对象询问收集资料的一种方法。其优点是资料收集较快，成本低；可按拟定的统一问卷询问，便于资料统一处理。缺点是调查总体不够完整；不能询问较为复杂的问题，时间不能太长，不允许长时间深入交谈。

(3)邮寄调查法

又称信函调查法。就是将设计好的询问调查表、信函等调查资料邮寄给被调查者，待填好后寄回。这种方法的优点是调查区域广，被调查者有充分的时间来回答，资料真实度高；缺点是调查表等资料的回收率较低，回收时间长。

2. 实地观察法

简称观察法，它是观察者有目的、有计划地运用自己的感觉器官或借助科学的观察仪器，能动地了解处于自然状态下的社会现象的方法。其优点是可以比较客观地收集资料，直接记录调查的事实和被调查者在现场的行为，调查结果更接近实际。其缺点是观察不到内在因素，只能报告事实的发生，不能说明其原因，比访问法花费多，调查时间长，要求观察者有较高的业务水平。

(1)直接观察法

这种方法常用来研究种子的外观品质、种子包装的设计和效果等。

(2)店铺观察法

这种方法是调查人员亲自站柜台或参加展览会、展销会、订货会等活动，观察并记录种子的实际销售情况，同类产品的发展情况、新品种的认可程度、种子的价格、广告宣传以及顾客的活动情况，及时发现本单位种子销售好坏的原因，为改进市场营销管理提供可靠依据。

(3)实际痕迹测量法

这种方法是通过对某项活动留下的实际痕迹来观察调查情况。例如，某一种子公司在几种报纸杂志上刊登同一农作物的广告，在广告下面附有一张表格或调查回执单，请阅读者填写寄回企业有关部门，便于企业了解在哪种媒体上刊登广告最为有效，为今后选择广告媒体和测定广告效果提供可靠资料。为了增加信息反馈的数量，可以把寄给企业的回条作为购买种子的优惠卡。

3. 实验法

实验法是从营销调查问题的许多因素中选出一个或两个因素，将它们置于一定条件下进行小规模的实验，然后对实验结果做出分析，研究是否大面积推广。实验法是种子市场调查工作中经常使用的一种调查方法，如新品种推广、种子包装、价格、广告、陈列方法等因素，都可应用这种方法。

案例：西瓜种子包装实验

昌吉某公司生产新一号无籽西瓜，主要销往沿海地区。产品试销时经过征求客户意见，分别采用 50 g、100 g、200 g、5 kg、10 kg、20 kg、40 kg 袋装和 50 g、100 g、200 g 罐装等包装。结果：海南岛的大客户喜欢 20～40 kg/袋的大包装，一般售价为 350～400 元/kg；台湾的客户比较喜欢精致包装的 10 kg/袋装，售价达到 600～800 元/kg；沿海地区的客户，则喜欢采用 50～100 g/袋或 50～100 g/罐包装，售价则高达 1 200～1 500 元/kg。

4. 文献调查法

又称为文献法，它是利用文献间接收集资料的方法。即种子市场调查人员从农业的各种文献、档案、报纸、书刊、报表以及网络等社会信息中采集与种子市场相关的资料。文献调查法比较适合市场调查初步情况分析。

第二节　种子市场预测的方法

所谓种子市场预测是指运用各种信息和资料，通过统计分析，预测未来一定时期内市场对种子的需求变化及趋势，从而为种子部门确定计划目标，制定营销策略提供科学的依据。

种子市场预测有狭义、广义之分，狭义的市场预测是市场需求和商品销售预测，是从企业营销角度提出的，也是本节重点学习的内容。广义的市场预测是指市场商品供需价值运动发展趋势的预测，是从国民经济管理或社会流通部门的角度提出的。

一、种子市场预测的作用

(一)有助于掌握市场对种子的供求趋势

种子市场的容量是由作物种植面积、用种量决定的。由于单位面积用种量较少，同时也容易确定，因而种子市场容量主要决定于作物的种植面积。所谓种子市场容量，就是指在一定时期内(通常为一年)全社会或一定地区对种子的社会购买力，它反映市场上对种子有支付能力的需求。

(二)有利于提高产品竞争力

通过深入了解市场对种子的需求潜力和销售增长率，摸清农民对商品种子的具体需求状况(如品种、规格、品质、价格、销售渠道等)，为正确制定产品结构，实现按需生产，提高产品竞争力提供依据。

(三)有利于提高企业的市场地位

通过全面分析和评价种子市场竞争形势，进行有效的市场定位，提高竞争实力和企业市场地位。

(四)有利于提高企业经济效益

通过市场预测,可以对一些重大战略性问题,如投资方向、产品生产结构等做到心中有数,从而做出正确的经营决策,增强经营的自觉性,避免和减少经营风险,把握市场机会,提高企业经济效益。

此外,通过市场预测,有助于正确把握种子产品所处的寿命周期段,以便采取正确的、有效的市场营销策略,并为制订新品种开发计划提供依据。

二、种子市场预测的内容

(一)种子市场需求调查

(1)本企业品种在市场的占有率。

(2)市场需求增长率。

(3)本企业销售额。

(4)本企业品种表现。

(5)品种的发展趋势。

(6)农民的购买欲望分析。

(7)市场的需求总量。

(8)经销商情况。

(二)同行业间竞争情况

(1)相似品种竞争数量及竞争企业数量。

(2)竞争企业品种的市场占有率、相对市场占有率。

(3)竞争企业产品价格。

(4)竞争企业生产费用。

(5)竞争企业销售渠道选择。

(6)竞争企业广告策略与效果。

(7)竞争企业服务方法。

(8)竞争企业品种的优、劣势。

(三)当地市场环境因素

(1)当地行政机构对种子的管理方式。

(2)当地地理条件,包括交通条件、地形地势等。

(3)当地种植制度、种植习惯。

(4)当地农业生产情况,包括土壤类型、土壤肥力水平、品种、气候条件等。

种子是一个特殊产品,除具有其本身特性外,受环境及人为因素影响也很大,因此我们做市场调查时,要把各方面因素综合考虑,尽量收集全面的、必要的信息,以利于营销方案的实施。

三、种子市场预测的基本步骤和方法

(一)种子市场预测的基本步骤

一般地说,预测过程包括准备、实施、验证和交付报告四个阶段,各阶段有不同的工作内容(图 3-2),其中主要步骤有以下几方面。

1. 根据预测的任务确定预测的目标

具体地说,就是按计划、决策的需要,确定预测对象、预测的时间期限和预测结果的期望准确度等。

2. 收集和分析有关资料、情报

资料来源包括:国家政府有关部门的统计报表、计划资料;本单位(公司、企业)的历史统计资料和计划资料;国内外有关的技术经济资料和情报;各研究机构、学术团体的研究成果、学术刊物登载的资料、非正式途径获得的资料和情报等。

原始资料必须经过加工整理,去粗取精,去伪存真。资料和情报要求准确、及时、完整、精简、实用。

3. 选择预测方法并进行预测

预测方法的核心是建立描述、概括研究对象特征和变化规律的模型,有定性预测模型和定量预测模型两种。依据各种模型的适用条件和性能,选择合适的预测方法。

4. 分析评价

预测结果受资料的质量、预测人员的分析判断能力、预测方法本身局限性等因素的影响,因而要研究这些因素的影响范围和程度,进而估计预测结果。

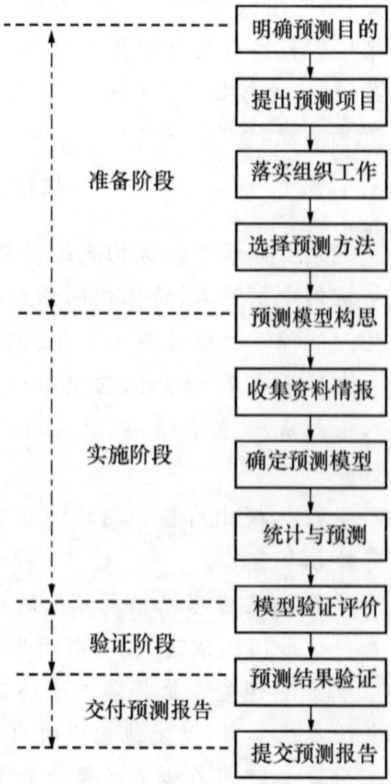

图 3-2 市场预测的一般程序

5. 提交预测报告

预测报告应概括预测研究的主要活动过程,预测报告提交决策部门作为编制计划、制定决策和拟定策略的依据。

(二)种子市场预测的方法

市场预测的方法很多,比较有效的分析方法有 30 多种,经常使用的有 10 种。通常把市场预测分为定性分析法和定量分析法两大类。

1. 定性分析法

这种方法主要靠预测者的知识、经验和对各种资料的综合分析,凭主观认识和判断等对未来事物及发展趋势做出预测。

(1)经验分析法

此法就是从分析种子市场的统计资料开始,到最后做出预测,全靠人们实际经验的积累。预测精度,依赖于预测者对业务的熟悉程度和思维、综合分析能力。

(2)专家意见法

这种方法是根据专家的经验和判断来获得预测值。具体有三种形式。

①一是小组讨论。召集专家集体讨论,相互交换意见,取长补短,发挥集体智慧,做出预测。

②二是单独预测集中法。由每位专家单独提出预测意见,再由项目负责人员综合专家意见得出结论。

③三是德尔菲法。由美国兰德公司在20世纪40年代末提出，采取不署名和反复进行的方式，先组成专家组，将调查提纲及背景资料提供给专家，反复征询专家意见后再汇总预测结果。其特点是专家互不见面，可避免相互影响，且反复征询、归纳、修改，直到意见趋于一致，结论比较切合实际。

知识链接：德尔菲法市场预测程序

就是主持预测的机构先选定与预测问题有关的方面以及有关的专家，以信件往来的方式与他们建立联系，将他们的意见经过综合、整理、归纳，并匿名反馈给各位专家，再次征求意见。这种方法经过多次反复、循环，使专家们的意见逐渐趋向一致，最后作为预测的依据。

在种子市场预测时，组织由行业主管领导、种子经销商、分销商、种子销售业务代表等权威人士组成专家小组，人数在15～20人，各专家只与调查员发生联系，然后按下列程序进行。

步骤1：提出所要预测的问题及有关要求，同时附上与这个问题有关的背景资料，然后一并寄给各个专家。

步骤2：各专家根据所掌握的资料和经验提出自己的预测意见，并说明自己主要使用哪些资料提出预测值的，并以书面形式返回给调查人员。

步骤3：调查人员将各专家的第一次预测值和所做说明进行归纳整理，列成表格，并再次分发给各位专家，以便他们比较自己与他人的不同意见，修改自己的意见和判断。

步骤4：将所有专家的修改意见放在一个修正表内，分发给各位专家做第二次或多次修改。最后综合各位专家的意见来获得比较可靠的预测值。

与其他预测方法相比较，专家意见法可以集中不同专业人员的看法，发挥专家的作用，集思广益，使预测结果更加全面、客观、可靠。在缺乏有关资料，或者由于企业预测能力不足，用其他方法进行预测有困难时，专家意见可能是唯一可行的选择。专家意见法采取单线联系有利于避免偏见，尤其可避免权威人士的意见对其他专家的影响，有利于各专家根据他人的意见修改自己的意见和判断，不致碍于情面而固执己见。

但要注意，采用专家意见法专家的人选十分重要，选择的专家要有责任心，并且应该是非常熟悉本行业的专家。

(3)种子销售人员意见法

当企业不能直接调查购买者意向或调查费用太高时，可通过询问销售人员来估计市场需求。销售人员意见法的具体做法是：请几位销售人员分别估计某一种子在未来的销售数量及发生的概率，然后得出它们的期望值，最后将几位销售人员的平均期望值作为销售量的预测值。

案例：×××玉米新品种种子销售人员预测法实例

由张伟、李红、王勇、王滨、吴爽5个销售人员，对×××市×××玉米新品种销售量预测结果如下(表3-2)。

表 3-2 种子销售人员销售量预测

销售人员	预测项目	销售量/t	概率	销售额×概率
张伟	最高销售	3 000	0.2	600
	可能销售	2 100	0.5	1 050
	最低销售	1 200	0.3	360
	期望值			2 010
李红	最高销售	2 500	0.3	750
	可能销售	2 000	0.6	1 200
	最低销售	1 600	0.1	160
	期望值			2 110
王勇	最高销售	2 050	0.2	410
	可能销售	1 800	0.6	1 080
	最低销售	1 600	0.2	320
	期望值			1 810
王滨	最高销售	3 500	0.2	700
	可能销售	2 500	0.7	1 750
	最低销售	1 500	0.1	150
	期望值			2 600
吴爽	最高销售	2 800	0.5	1 400
	可能销售	2 000	0.3	600
	最低销售	1 200	0.2	240
	期望值			1 840
平均				2 070

(4)购买者意向调查法

购买者意向调查就是在营销环境和条件既定的情况下，预测购买者可能购买些什么。在用户意向非常明显时，此法特别有效。

案例

某种业有限公司在推广玉米新品种——新玉 97 号设计采用的农户购买新品种的意向调查(表 3-3)。

表 3-3 农户购买作物新品种种子意向调查

农户姓名或经销商	A 经销商	住址	昌吉	品种	新玉 24 号
是否购买该作物新品种	不买		可能买		肯定买
如果肯定买能买多少					
农户姓名或经销商	A 农户	住址	昌吉	品种	新玉 24 号
是否购买该作物新品种	不买		可能买		肯定买
如果肯定买能买多少					

2. 定量分析法

这种方法主要靠数学模型或数理统计方法对各种数量资料进行计算分析，从而对未来事物发展趋势做出预测。

(1)因子推算法

这种方法是通过调查或其他方法得到一个基本市场因子，然后运用这个因子和与其有关的资料逐步推算出预测值。

案例

某种子公司通过调查得知本地玉米种植面积为 75 万亩，每亩用种量为 2.5 kg，而该公司在这一地区的市场占有率为 35%，则该公司的销售量为：75 万亩×2.5 kg/亩×35%=656 250 kg。

(2)相关预测法

就是研究各种相互联系的因素之间的数量关系，从而根据变量之间的相互关系，利用其他变量的已知数值来判断所预测的变量数值，常用直线方程预测。

案例

假设某企业 2013—2017 年销售额分别为 480 万元、530 万元、540 万元、570 万元、580 万元，运用直线趋势法预测 2018 年的销售额。

根据 2013—2017 年销售额，按年度为间隔，2013—2017 年度分别取值为−2、−1、0、1、2，可以计算出直线回归方程：$Y=540+24X$。预测 2018 年的销售额，则 $X=3$，代入公式，得 $Y=540+24\times3=612$(万元)。

(3)历史引申预测

这种方法是在了解历史资料的基础上，运用数学方法加以引申而进行的一种预测方法。此方法简单易行，但长期预测可靠性不高，多用于短期预测。主要方法有移动平均预测法、指数平滑法、趋势预测法、季节变动预测法等。

案例：趋势预测法预测种子销售量

趋势预测法公式为：

$$S=C\times\left(\frac{C}{B}\right)=\frac{C^2}{B}$$

式中：S 为下期预测销售量；C 为本期实际销售量；B 为上期实际销售量。

例如，某种子公司玉米种子 2012 年销售量为 30 万 kg，2013 年的销售量为 40 万 kg，应用上述公式 2014 年种子销量为 $\frac{40^2}{30}=53.33$ 万(kg)。

案例：季度变动预测法预测种子销售量

如，某地区种子在 2015—2017 年三年内各个季度的市场销售量(表 3-4)。

表 3-4　某地区三年种子销售量　　万 kg

季　度	不同年份销量			合计
	2015	2016	2017	
第一季度	300	350	420	1 070
第二季度	120	130	150	400
第三季度	20	30	30	80
第四季度	30	40	50	120
季度平均	117.50	137.50	162.50	417.50

从表 3-4 中明显看出，种子的销售淡季与旺季相差 10 倍左右，如果简单采用一般的方法来预测市场需求，就不符合实际情况，就需要用季度变动预测法。

其计算公式如下：

$$某年各季度平均销售量=\frac{当年的市场销售量}{4}$$

$$某季市场需求量的季度指数=\left(\frac{某季度的市场销售量}{当年各季度平均销售量}\right)\times 100\%$$

则 2015 年第一季度的季度指数为：$\frac{300}{117.50}\times 100\%=255.32\%$。同理可以得到其他各年度的季度指数，然后计算各季度的平均指数，见表 3-5。

表 3-5　三年各季度种子销售指数　%

季　度	不同年份销售指数			平均季度指数
	2015	2016	2017	
第一季度	255.32	254.53	258.46	256.11
第二季度	102.13	94.55	92.31	96.33
第三季度	17.02	21.82	18.46	19.10
第四季度	25.53	29.10	30.77	28.47

如果预计 2018 年该地区全年种子的销售量为 700 万 kg，则 2018 年各个季度的市场销售量可以用上述季度指数进行预测。

$$某季预测销售量=\left(\frac{当年市场销售量}{4}\right)\times 平均季度指数$$

2018 年度第一季度：$700/4\times 256.11\%=448.19$（万 kg）

2018 年度第二季度：$700/4\times 96.33\%=168.58$（万 kg）

2018 年度第三季度：$700/4\times 19.10\%=33.43$（万 kg）

2018 年度第四季度：$700/4\times 28.47\%=49.82$（万 kg）

（三）种子市场调查的技巧

1. 明确调查目的，选择好调查地点

种子调查一般是为了获取所需信息，以利于后续销售。在调查时首先要选择有代表性的地方——一般为种植集中地区，这样有利于我们全方位地获取信息。

2. 调查对象的选择

选好一个地区作调查对象，首先就要寻找能获取信息资源的农业行政事业单位、种子公司及经销处。一般种子公司集中在火车站、汽车站等交通相对集中便利的地区，而且地点有时集中在两个或两个以上的不同区域，这就需要我们全方位了解，尽量获取综合信息。

3. 调查实施过程中的经验技巧

①不怕辛劳，多拜访客户、种子公司，信息采集得越多，预测就越准确。

②与经销商交谈时，尽量表现出坦诚态度，并赞美对方，以激发对方提供信息的兴趣。

③对客户的信息要客观选择，在考察客户时，首先通过别人对他有个大体了解。

④与客户沟通时要少说多听，对于自己公司一些不便公开的信息应注意保密。

⑤与对方交谈时要自信，使对方认为我们有很强的实力和优质的种子能给对方以后合作带来效益。

作为种子经营者必须了解国家的农业法规、方针、政策、农业战略、种植业结构调整、品种动向、市场需求和价格变化等一系列信息，并通过对这些信息来指导生产经营活动，沟通产供销的各个环节，时刻掌握各个方面的调查信息。

第三节　种子市场细分与决策

一、种子市场细分

(一)市场细分的概念

所谓市场细分就是指按照消费者欲望与需求把一个总体市场(总体市场通常太大以至企业很难为之服务)划分成若干个具有共同特征的子市场的过程。因此，分属于同一细分市场的消费者，他们的需要和欲望极为相似；分属于不同细分市场的消费者对同一产品的需要和欲望存在着明显的差别。

种子企业通过对市场营销环境进行分析，对市场机会与威胁、企业优势与劣势进行评估后，下一步要做进入市场的准备。企业选择进入哪一个市场，或某个整体市场中的某一部分，涉及企业目标市场的选择。

任何一个企业，无论其资源优势多么强大，也不可能完全满足整个市场的需求，也不可能为所有的顾客提供产品及服务，尤其是一些中小企业更是如此。因此，企业应该在对市场营销环境分析的基础上，通过对整体市场的调研与预测，在极其广泛与复杂的社会需求中承担一定的分工职责，在充分利用企业自身有限的生产要素的前提条件下，向一部分消费者群体提供其所需求的一切有形产品和无形服务。因此，企业采取目标市场营销(STP 营销)，即市场细分(segmentation)、目标市场选择(targeting)、市场定位(positioning)，市场细分是一个企业战略战术决策的起点，也是经营业绩的终点——经营策略的成败体现在这一市场界定和选择中。没有对消费者心理需求、竞争状况、自身综合实力有深入的分析，就不可能有效地界定选择市场，从而也难以发挥自身资源潜力，确定竞争优势，经营业绩低劣也是随之必然结果。

(二)市场细分的作用

在制订种子市场营销战略计划时，企业的基本任务是发现和了解市场机会，然后制订一个有效的市场营销战略方案。在许多情况下，市场细分是完成这一任务的关键。

1. 有利于发现市场机会

通过种子市场细分，种子营销企业可以了解各个不同的种子购买群的需求状况和满足程度，从而发现那些还没有得到满足的市场。经过细分的市场更有利于企业认识和了解市场竞争的趋势，发现适合自身发展的市场空间。

2. 有利于市场开发

中小企业一般资源能力有限，技术水平相对较低，如果平均使用资源于各个市场，不仅不能取得较好的经济效益，还可能由于与一些实力雄厚的企业竞争而面临危机。但是，如果小企业善于发现一部分特定的消费者未满足需求，细分出一个小市场，集中力量满足这些消费者的需求，在经营中发挥自身优势，往往能取得较好的经济效益。例如，某一种子营销单位在市场分析的基础上，发现本地区玉米种子市场经销的主要是饲用商品玉米种子，而作为鲜食玉米的种子却无货供应，于是这家种子经销单位抓住这个未满足的市场需求，专门经营甜黏玉米种子，取得很好的经济效益。

3. 有利于提高企业竞争能力

在市场经济条件下，竞争作为促进经济发展的手段而必然存在，任何一个企业都处于一定的竞争环境中，企业的竞争能力受客观因素的影响而存在差异，但通过优化的经营策略能改变这种差异。种子市场细分不仅为企业制订各种营销计划提供依据，而且它本身就是市场营销策略。市场细分后，每一个细分市场上竞争者的优势和劣势就明显地暴露出来。种子企业只要看准时机，利用竞争者的弱点，有效地利用本企业的资源，推出适合消费者需要的种子，就能不断提高市场占有率，增强竞争能力。

4. 有利于提高种子企业应变能力

在种子市场细分的基础上，由于要对不同需求的种子消费者进行分类，企业才能掌握消费需求，进而针对各细分市场的特点，确定不同的经营方案与策略。通过市场细分，可以使企业目标具体集中，亦可使市场信息较快地反馈给企业，进而不断调整目标市场与经营方案。在这种信息不断反馈、持续进行市场细分的循环变化中，就能使企业在多变的种子市场中不断加强应变能力。

(三)种子市场细分的方法步骤

市场细分首先需要确定市场细分变量，然后实施市场细分和描述细分市场的轮廓。

1. 种子市场细分的主要变量

(1)地理变量

种子企业可以按照消费者所在地理位置、地理环境、气候特点、人口密度、耕地面积等地理变量来细分种子市场。我国农作物种植具有明显的区域性，如玉米在我国的种植区域就划分为北方春播玉米区、黄淮海平原夏玉米区等区域，因此，玉米的种子市场也就细分为北方春玉米种子市场、黄淮海平原夏玉米种子市场等。

(2)作物种类变量

种子市场还可以按作物种类、品种因素进行种子市场细分，可以分为粮食作物种子市场、经济作物种子市场、蔬菜种子市场、中药材种子市场、花卉种子市场等。每类作物市场又可以分为不同作物市场，如粮食作物种子市场又可分为玉米种子市场、小麦种子市场等；每一作物根据品种和用途不同又可分为更加细化的市场，如玉米种子市场还可以分为商品玉米种子市场、鲜食玉米种子市场、膨化食品玉米种子市场等。

(3)心理变量

按照种子购买者的生活格调、个性、购买动机、价值取向等心理特征来细分市场。购买动机是一种引起购买者行为的内心推动力，喜、厌、好、恶等心理因素会增强或削弱购买动机，从而产生不同的偏好和购买行为。如当种子购买者存在求实、求安全的心理时，可能就购买一些稳产的品种；当购买者有求新、求变的心理时，就可能购买一些新推广的品种或增产潜力较大的品种。

(4)行为变量

按照消费者在购买种子的时机、消费者所追求的利益、消费者对品牌的忠诚程度等行为变量来细分市场。

一般按消费者进入市场的程度，可将一种产品的消费者区分为经常购买者、初次购买者、潜在购买者等不同群体。所以，种子企业要特别注意挖掘和吸引潜在消费者，使他们成为企业的初次购买者，进而成为经常购买者，以不断扩大市场阵地。

2. 种子市场细分的方法步骤

种子企业在进行市场细分时，可按如下步骤进行：

(1)依据需求选定产品市场范围

每一个企业，都有自己的任务和追求的目标，作为制定发展战略的依据。它一旦决定进入哪一个行业，接着便要考虑选定可能的产品市场范围。产品市场范围应以市场的需求而不是产品特性来定。

案例

昌吉州东三县是无霜期比较短的地区，玉米播种面积很大，由于自然因素的限制只能种植生育期在100～120天的玉米品种，种植生育期在120天以上的玉米品种有些年份不能成熟，给种子企业和农户带来经济损失。新疆某种业公司按照市场的需求，推出了新玉12号(98-30)玉米新品种，该品种生育期117天，产量800 kg/亩以上，秸秆成熟，抗逆性强，籽粒黄色，半马齿形。近几年受到种植户的欢迎。公司每年生产种子200 t新玉12号玉米种子，年年销售一空。

(2)列举潜在顾客的基本需求

选定产品市场范围以后，公司的市场营销专家们，可以通过“头脑风暴法”，从地理变数、行为和心理变数几个方面，大致估算一下潜在的顾客有哪些需求，这一步能掌握的情况有可能不那么全面，但却为以后的深入分析提供了基本资料。

2015—2016年新疆某种业公司向玉米种子市场正式推出玉米新品种新玉79号，刚上市时只限定A区域和B区域销售，并且规定各个销售区的销售量，不到年底前完成两个区的新玉79号销售任务。后来通过销售人员的调查，经销商的要求，经过公司的商讨，决定再开发C、D、F销售区域，各个销售区域投放一定的数量种子，同时安排大面积的示范田，分区安排试验点，销售种子和试验、示范工作都比较成功，这些工作的开展为该品种的大面积推广奠定基础。

(3)分析潜在顾客的不同需求

然后，公司再依据人口变数做抽样调查，向不同的潜在顾客了解，上述需求哪些对他们更为重要。

面对玉米种子市场的不断变化，新疆某种业公司为南疆推出了春播生育期125天玉米品种郑单958种子，生育期在117天的新玉12号玉米种子，生育期80～90天的新玉17号复播玉米种子；为伊犁地区推出了农民喜爱的红轴、大穗、活秆成熟的玉米品种新玉24号；为北疆半山区推出生育期在110天左右的新玉17号玉米品种，以顾客的需求为目的不断地开发玉米种子潜在市场,逐步扩大了该公司玉米种子的市场占有率。

(4)移去潜在顾客的共同需求

现在公司需要移去各个细分市场或各消费群的共同需求。这些共同需求固然很重要,但只能作为设计市场营销组合的参考,不能作为市场细分的基础。比如说,品种高产、稳产等性状,几乎是每一个潜在顾客都希望的。公司可以把它用作产品决策的重要依据,但在细分市场时则要移去。

(5)为细分市场暂时取名

公司对各个剩下市场的需求,要做进一步分析,并结合各个细分市场的消费者特点,暂时安排一个名称。

(6)细分市场特点描述

公司还要对每一个细分市场的消费者需求及其行为,做更深入的考察。看看对各个细分市场的特点掌握了哪些,还要了解哪些,各个细分市场有没有必要再做细分,或重新合并。并对细分市场做出清晰的描述,以便后期市场选择和决策。

案例:某种子集团公司在开拓国际市场时细分国际种子市场的工作步骤

市场细分按照宏观细分、微观细分、运作细分三个不同层面来进行。

1. 宏观细分是整个国际种子市场细分的第一步。对国际种子市场进行宏观细分可以用不同的方法,比较理想的方法是在国家潜力、竞争力和风险3个变量合成的基础上进行组合细分世界各国市场。国家潜力是指企业的种子在一国市场上的销售潜力,包括人口、土地面积、消费模式等数据资料。竞争力取决于内部因素和外部因素两方面:内部因素包括企业在该国市场上所占份额、企业资源和设施以及企业适应该国特点的能力和优势;外部因素包括竞争对手的竞争力、来自替代品行业的竞争以及国内外的行业结构。风险是指企业在该国面临的政治风险、财务风险和业务风险(如种植结构调整)以及各种影响利润、资金流动和其他经营结果的因素。

2. 国际种子市场微观细分主要根据目标市场人口、社会经济发展、地理、气候、种植水平和配套能力共六大因素来加以确定。人口因素包括年龄、性别、家庭规模、教育程度、生活习惯、种族等。社会经济因素包括社会阶层、家庭生命周期、收入、宗教等。地理因素包括农业生产布局、农业生产面积、水土资源、交通等。气候因素包括降雨量、温度、台风等。种植水平包括种植方式、种植结构、农业技术应用与管理水平、产出水平、比较效益等。配套因素主要是指良种需要良好的种植方法配套,高产栽培离不开农药、化肥、农机具等配套使用。

3. 运作细分是微观细分的进一步深化和细化。开拓国外种子市场,运作细分必须分三步走:一是“走出去”,“赛马”与“驯马”相结合。即在所在国进行现有品种对比与筛选试验,从现有品种中筛选出能够适应当地条件的优良品种,并摸索出与对应品种配套的高产栽培技术,然后进行大面积推广,同时开展小规模农产品初、深加工,把产业链拉长,达到规模经济效益,实现产品到商品的增值;二是“走进去”,开展针对性育种。种子生长受气候、地理、生态、种植技术等条件影响很大,不同国家和地区的品种具有不同的生长特性和优势,品种资源要在进口国落地生根,并持续发展,就必须在所在国进行技术研发,将当地经过长期物种进化和自然选择遗留下来的优异种质资源与中国的特异种质资源进行优化组合，创造新型种质资源或直接纯化与测交，开展就地育种试验，创造出适应性更强、生物性能更优、完全本土化的新品种；三是“走上去”，开展广泛的种子和技术贸易合作。通过将试验成熟的品种按所在国的法规进行区域试验或注册，进口种子或就地生产，开展种子贸易和产业化经营运作。

3. 有效市场细分的标志

细分市场有许多方法，然而，并非所有的市场细分都是有效的，有效的市场细分必须具有以下特征作为有效的标志：

(1)可衡量性

可衡量性就是指各个分市场的购买力和规模大小能被衡量的程度。如伊犁地区玉米种子需求量每年稳定在300万kg，其中新品种的推广面积需要种子在100万～120万kg。

(2)可进入性

可进入性就是企业有能力进入所选定的分市场的程度。如新疆某种业公司从2013年开始在全疆各地、州设种子销售办事处，和田、喀什、阿克苏由于市场划分与公司产品不对路，导致产品大量积压。历经三年，最后全部撤销种子销售办事处。

(3)可营利性

种子市场细分后，应该有一定规模细分市场，种子销售量，价格适宜，种子企业可以获得预期利润，才能吸引种子企业投入各种资源。如果种子市场的利润不能弥补种子企业的成本，种子市场细分的过程就没有意义。如沙湾县主要种植作物棉花，新疆某种业公司把沙湾县作为一个销售区进行玉米种子销售，年需种在5万kg上下徘徊，造成销售量年年完不成任务，影响到销售人员的工作，收不抵支。

(4)可行动性

可行动性就是企业有效的市场营销计划可以用来系统说明细分市场的可行和符合细分市场的程度。就是说细分市场要符合企业市场运作与管理的要求。

二、种子目标市场的选择

在种子市场细分的基础上，企业需要进一步评估每一细分市场的吸引力，然后来选择目标细分市场。

(一)目标市场选择的策略

种子目标市场选择策略主要包括种子市场范围战略和目标市场营销策略。

1. 选择目标市场范围的战略

(1)密集单一产品战略

密集单一产品战略即种子企业决定只生产某一种子产品，专门供应和满足某一消费者的需求。如目前新疆有部分专门生产和经营加工番茄种子的种子企业。规模较小的企业多采用这种目标市场产品战略。

(2)产品专业化战略

产品专业化战略即种子企业生产某种产品，供应给不同的消费者群。企业采用此种目标市场范围战略，主要是为了在不同的消费者群中树立某种产品的形象，扩大该产品的声誉和知名度。如专业的蔬菜种子公司、玉米种子公司和花卉种子公司等。

(3)市场单一化战略

市场单一化战略即企业专门为满足一个消费群的需求而生产或经营各种产品。如专业生产经营油葵的种子，以满足油料生产者的需求。

(4)选择性的专业化战略

采取此战略是指企业选择几个细分市场，其中每个市场在客观上都有吸引力，这样企业就选择生产多个不同产品分别供应给不同的消费者群。大多数种子企业都采用这种战略，可以有效分散企业市场风险，即使某个细分市场失去了吸引力，还可以继续在其他细分市场经营。

(5)整体市场覆盖战略

整体市场覆盖战略即为所有的消费者群提供它所生产的各种不同类型的产品，满足不同的需求。由于种业市场的特点，还没有哪个大型种子企业在整体市场上占绝对优势，垄断整个种子市场。

案例

某种业公司在生产玉米种子的同时，也生产几十个种类的蔬菜种子和西瓜、甜瓜种子。瓜菜种子一方面作为公司的配套品种满足顾客的不同需求，公司可以获取一定的利益；另一方面充分发挥公司的资源优势，为公司今后的业务拓展奠定基础。在瓜菜种子的销售环节普遍采用谁要货就给谁发货，不指定专业的销售区，也不指定专人销售瓜菜种子。

2. 目标市场营销策略

企业选定了目标市场和目标市场范围以后，对已经选中的目标市场要采取一定的营销策略，以达到企业预期的经营目标，这就是目标市场营销策略。

(1)无差异性营销策略

企业只注意消费者在需求方面的共性而忽略各细分市场之间的差异性，只推出一种产品，只用一套营销办法招徕所有消费者。企业通常采用密集宣传和大量产品销售，争取在人们心目中树立最佳的产品形象。

采用此策略的优点是有利于标准化大规模生产和销售，生产成本和销售成本都较低。缺点是如果几家竞争者同时采用该策略，将会在最大的细分市场上出现激烈的竞争，而较小的细分市场的需求却得不到满足。

(2)差异性市场营销策略

企业根据消费者需求和购买能力的差异性，分别在几个细分市场上经营业务，并分别为每一细分市场制订不同的营销计划，经过多种渠道销售多样化的产品会提高总的销售额。

采取这种策略，企业能够把握可能取得的大多数市场机会，扩大销售量，迎合消费者需求心理，易使消费者产生好感，可以为企业争取到长期稳定的消费群，也可以从各细分市场中取得多方面的利益，使利润最大化。其缺点是因产品各不相同，成本可能会增加。因此，公司要防止目标市场划分得过细。

(3)密集性市场策略

种子企业将一切努力集中于一个或少数几个细分市场，以求在细分的市场上拥有很高的市场占有率。此策略的优点在于企业追求在较小的市场上的较大占有率，能够有效使用企业资源，集中优势占领某一市场，而且随着生产、分销渠道、广告宣传的专一化，不仅能降低成本，同时也有利于提高产品品质和企业的社会声誉。缺点是经营风险较大，一旦发生市场变化，有可能使企业陷入困境，甚至倒闭。

案例

登海3672玉米品种生育期120天左右，产量稳定，适合一些气候冷凉的地区种植。因此，登海玉米研究所把登海3672玉米种子的推广重点放在了塔城地区、昌吉州东县地区。公司集中一切资源加大试验、示范、宣传工作，并且选定有经济实力、有推广能力的经销商做代理。稳定市场价格，稳定分销渠道，经过几年的努力登海3672玉米种子销售量超过千吨，一些玉米主产区把登海3672玉米种子定为当地的主要栽培品种。

(二)影响种子目标市场选择的因素

种子企业选择目标市场范围和市场营销策略时需要充分考虑以下因素。

1. 企业实力和资源状况

企业规模较大、技术力量雄厚，人力、物力、财力资源丰富，创新、竞争、营销能力强，分销渠道广泛，产品和市场开发能力强，可采用无差异性市场营销策略或差异性市场营销策略。反之，应该采用密集性市场营销策略。

2. 种子产品的特点

种子产品种类繁多，性质也各不一样。对同一类种子产品，消费者注意的焦点主要是在价格上，因而竞争也主要在价格上，可视它们为同质产品，对同质产品可采用无差异市场营销策略。相反，对不同种类的种子，价格差异大，消费者选择性强，就要采用差异性或密集性市场营销策略。

3. 种子所处的市场生命周期阶段

种子的市场生命周期一般可以分为四个阶段，即试销期、成长期、成熟期和衰退期。一个新审定或新引进的作物品种，特别是一些保护性品种，在引种和迅速成长阶段，竞争对手较少，为预测市场需求和潜在用户需求，节约市场开发费用，可考虑无差异性市场营销策略；当产品进入成熟阶段，竞争者增多，市场需求多样复杂，差异性大，故企业应采用差异性市场营销策略。种子处于衰退期，为维持和延续其寿命周期，有重点地开展营销，就应采取密集性市场营销策略。

4. 市场竞争状况

在市场竞争者很多时，企业往往可采取差异性市场营销策略或密集性市场营销策略；竞争者少时，采取无差异性市场营销策略。

在竞争对手实力较强并已经采取了无差异性市场营销策略时，企业则可反其道而行之，应用差异性市场营销策略或密集性市场营销策略与之抗衡，反而能取得较好效果。如果竞争对手已经采用了差异性市场营销策略，企业就应进一步细分市场，实施更有效的差异性目标市场或集中性目标市场营销策略。

三、种子市场定位

企业一旦选定了目标市场，就要在目标市场上进行产品的市场定位。市场定位是企业全面战略计划中的一个重要组成部分,它突出的是企业种子产品某一方面的特征,以保持与对手竞争中的优势。

市场定位的基本目的是企业能集中企业的优势力量对准公司最核心的目标客户群,并有效地制定和实施营销策略以实现营销目的,以求得企业的长远生存与发展。

通过市场定位,一方面可以更准确地发现顾客需求的差异性和需求被满足的不同程度,及时地发现和抓住市场机会,从而回避企业风险。另一方面可清楚掌握竞争对手在各细分市场上的竞争实力和市场占有率的高低,以便更好地发挥自己的竞争优势,选择最有效的目标市场。

(一)种子市场定位的策略

1. 避强定位

避强定位是指种子企业力图避免与实力最强的或较强的其他企业直接发生竞争,而将自己的产品定位于另一市场区域内,使自己的产品在某些特征或属性方面与最强或较强的对手有比较显著的区别。其优点是能使企业较快地在市场上站稳脚跟,并能在消费者或用户中树立形象,风险小。其缺点是避强往往意味着企业必须放弃某个最佳的市场位置,很可能使企业处于最差的市场位置。

2. 迎头定位

迎头定位是指企业根据自身的实力,为占据较佳的市场位置,不惜与市场上占支配地位的、实力最强或较强的竞争对手发生正面竞争,而使自己的产品进入与对手相同的市场位置。其优点是企业在竞争过程中往往相当惹人注目,甚至产生所谓的轰动效应,企业及其产品可以较快地为消费者或用户所了解,易于达到树立市场形象的目的。缺点是具有较大的风险性。

3. 创新定位

创新定位是指企业寻找新的尚未被占领但有潜在市场需求的位置,填补市场上的空缺,生产市场上没有的、具备某种特色的产品。如彩色棉花,用彩色棉花制成的纺织品不需化学染料染色,并具有防静电和止瘙痒的功能,具备了天然、时尚、环保、健康的产品属性,新疆中国彩棉股份有限公司定位彩色棉花新品种选育、生产和加工市场而得到快速发展。

4. 重新定位

公司在选定了市场定位目标后,如定位不准确或虽然开始定位得当,但市场情况发生变化时,如遇到竞争者定位与本公司接近,侵占了本公司部分市场,或由于某种原因消费者或用户的偏好发生变化,转移到竞争者方面时,就应考虑重新定位。重新定位是以退为进的策略,目的是为了实施更有效的定位。

市场定位是设计企业产品和形象的行为,以使企业明确在目标市场中相对于竞争对手自己的位置。企业在进行市场定位时,应慎之又慎,要通过反复比较和调查研究,找出最合理的突破口。避免出现定位混乱、定位过度、定位过宽或定位过窄的情况。而一旦确立了理想的定位,企业必须通过一致的表现与沟通来维持此定位,并应经常加以监测以随时适应目标顾客和竞争者策略的改变。

(二)衡量企业市场定位的标准

1. 企业营利性原则

企业的产品市场定位的正确有效与否,并不是某个人或某个策划公司说了算的,要让市场考验企业的产品的市场定位是否正确而有效，产品投入市场一段时间以后，销售量与销售额的多少，企业营利的多少，这一切将由市场告诉企业。

2. 市场过程的可控性原则

市场定位的极为重要一点就是要考虑与企业的资源匹配问题，即企业能否利用其现有的自身优势，包含人力、财力、物力、产品技术等去有效占领这个市场空间，并能够对自己的产品在市场中的运作过程和销售模式，进行可控性的操作。

3. 稳定性原则

企业占领后的目标市场要必须能保证企业在相当长的一个时期经营上的稳定，避免目标市场变动过快给企业带来的风险和损失，从而有利于保证企业的长期稳定的利润。

案例与训练

1. 案例：新疆昌吉州是新疆重要的种子生产基地，种子市场管理规范。现有一商贸公司计划开展种子生产和营销业务，请你制订一份针对昌吉州范围的种子市场调查方案。

2. 案例：调查昌吉市玉米种子市场状况，对昌吉市玉米种子市场进行细分。

昌吉市因其得天独厚的自然条件和多年来积累的丰富的种子生产、经营和管理经验已经发展成为新疆乃至全国重要的农作物种子生产、经营集散地，产品远销全国 31 个省、市、自治区及美国、东南亚等国家和地区。西域、华西已跻身全国种业 50 强，西域和华西种业还进入国家级和自治区级重点龙头企业行列。目前昌吉市注册资金 100 万以上的种子生产经营企业有 68 家，占昌吉州的 90%，其中 500 万以上企业 28 家。种子经销门点 175 家，占昌吉州的 70%，种子从业人员 865 名，已在本市建立农作物制种基地 4 万亩，在外县市建立农作物繁育田 15 万亩，年繁育种子 5 660 万 kg，占全疆的 1/3 以上。昌吉市的种子企业中，以瓜菜为主营的有 32 家，如新疆西艺好乐、新疆农人、新疆安农等；以加工番茄为主营的有新疆屯河、昌吉州新世纪、昌吉市帮农等 5 家，以粮油为主的有新疆华西、登海种业、新疆金天山等 15 家，其余 16 家种子企业如新疆昌农等则粮、棉、油、糖、蔬菜各有侧重。从全疆范围看，昌吉市种业有市场规模大、种子商品流动快、种子信息灵通、营销网点多等特点。

随着我国玉米制种基地由河西走廊西移，昌吉市更备受全国各大种子生产经营企业的青睐，长城、登海、康地、东亚、三北等大型种子企业相继进入昌吉市，现昌吉市已经成为全国农作物种子特别是玉米、西瓜、甜瓜和番茄种子的生产及销售集散地，对外生产、销售量占总生产、销售总量的 99%，种子的生产、销售两头在外，外向型特征突出，种业产业化进程进一步加快。

学习心得

第四章　种子产品营销策略

内容提要

1. 种子企业如何有效开展新品种研发
2. 种子企业如何实施品牌策略
3. 种子企业如何确保产品品质
4. 种子企业的产品包装和服务策略

任何一个种子企业的市场营销活动总是首先从确定向目标市场提供什么产品开始的，然后才会涉及定价、促销、分销等方面的决策。

第一节　种子产品研发

一、产品的含义

所谓产品，是指提供给市场的、用于满足人们某种欲望和需求的东西，包括实物（如种子、化肥等）、服务（如产品使用技术咨询、指导等）、地点（销售点、售后服务点等）、组织（如政府部门、技术推广部门）、创意、人员等。可见，市场营销中产品的概念已经远远超过了传统的有形实物的范围，它更强调产品的整体概念。这种概念把产品理解为由五个层次组成的一个整体，即核心产品层、形式产品层、期望产品层、延伸产品层和潜在产品层，如图 4-1 所示。

第一层次是核心产品层。是指产品真正能为购买者提供的基本效用或利益，这也是顾客真正要购买的利益或价值。如农民购买种子是为了收获的农产品在稳产、高产的基础上获得更高的销售收入。市场营销活动所推销的是产品的基本效用或利益而非产品的表面特色，因为购买者之所以愿意付出一定的代价购买该产品，是基于产品所具有的能满足某种需要的效用，而不是基于该产品具有的什么表面特色。

第二层次是形式产品层。是该核心产品借以实现的形式。所谓形式是指向市场提供的实体或服务的外观，即产品出现于市场时可以为顾客识别的面貌特征。现代市场营销学将形式产品归结为五个基本构成要素，即品质、特色、样式、品牌、包装。

第三层次是期望产品层。是指顾客在购买产品时期望能得到的东西。它实际上是指一整套属性和条件。例如，农户购买良种，期望的是品种高产、稳产、发芽率高、出苗整齐、无病害等。

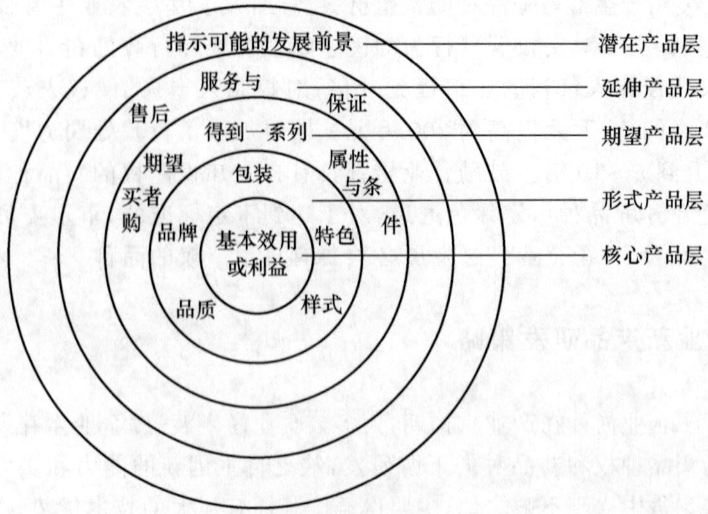

图 4-1　整体产品概念的五个层次

第四层次是延伸产品层。是指顾客购买形式产品和期望产品时所能得到的附加服务和利益。例如,农户购买种子同时也希望销售种子的企业能够回收产品,保证其能够稳定得到预期收入,同时也期望得到产品售后便捷的技术支持和及时的上门服务。

第五层次是潜在产品层。是指该产品最终可能会实现的全部附加部分和演进部分。如果附加产品包含着产品的今天,则潜在产品指出了它可能的演变。这也是企业努力寻求的满足顾客并且自己与竞争者区分开来的新方法。

二、种子产品研发的特点

种子是具有生命的特殊商品,在商品经济条件下,其市场需求既有普通商品的共性,还有其使用价值和生物特性所决定的特殊性。我国种子产品研发具有以下特点:

(一)种子产品生产周期长,使用区域性强

(二)产品研发周期长、投入大

种子新产品研发一般要投入大量的人力和财力进行品种筛选,研发时间少则 3～5 年,长的数十年,科研资金和人员投入巨大。如获得 2002 年度国家科技进步一等奖的玉米品种"农大 108",育种者许启凤教授历经近 20 年才选育成功。

(三)品种决定市场,种子产品成为企业核心竞争力

如玉米品种郑单 958 成就了北京某种业公司。一年销售种子千万斤,销售额数亿元,年利润过千万元。公司成立短短数年,就在行业中有了知名度,打开了市场,树立了良好的企业品牌形象。

(四)随着品种知识产权保护法规的实施,新品种研发关系企业发展

2016 年 1 月 1 日起实施的第三次修订的《中华人民共和国种子法》提升新品种保护的法律地位,增设新品种保护一章,将原《中华人民共和国植物新品种保护条例》的内容上升为法,"完成育种的单位或个人对其授权品种,享有排他的独占权,任何单位或个人未经品种权利人许可,不得为商业目的生产或销售该授权品种的繁殖材料,不得为商业目的将该授权品种繁殖材料重复使用于生产另一品种的繁殖材料”。加大了基层农业主管部门对侵权假冒的执法力度，大幅提高了对侵权假冒行为的民事赔偿标准和行政处罚力度，赔偿额由原来权利人实际损失或侵权人获利的 1 倍提到 3 倍；对权利人损失、侵权人获利难以确定的，最高赔偿额由原来的 50 万元提高到 300 万元。同时加大了行政处罚力度，罚款金额由货值的 1～5 倍提升到 5～10 倍。鼓励企业培育具有自主知识产权的新品种，为符合条件的育繁推一体化企业开辟品种审定绿色通道，对于达到审定标准的，审定委员会应当颁发审定证书。这就意味着，种子企业经过发展必须要有自主产权的品种。

三、种子企业新产品研发策略

目前我国种子企业尚处在产业重构期，大多数企业尚未渡过“企业生存期”，对新品种的投入主要用于购买品种权和新品种的下游研发，缺乏自主创新的能力和实力。而跨国种子公司之所以能在竞争中立于不败之地，主要得益于其拥有强大的技术优势。目前，世界种业研究已从传统的常规育种技术进入依靠生物技术育种阶段。据了解，世界种业巨头在生物技术，尤其是转基因技术和新品种研发领域投入巨资，开发出了一大批携带抗病、抗虫、耐除草剂等目标基因的玉米、棉花、大豆新品种。

如美国种子产业为适应国际市场竞争，已从以前中小型企业为主，发展到为今天的大企业乃至超大型跨国企业主导的产业结构。随着种子研发技术的不断发展，大型种子企业的优越性越来越明显，其种子培育、生产及销售等方面的研发资金投入比例越来越高。

由于历史的原因，我国作物新品种研发与种子生产、经营属于两个体系，造成新品种研发和生产长期相互分离，加之目前我国种子企业小而散、多而乱，产业竞争能力弱的现状，企业主要采用以下新产品研发策略。

(一)自主研发

经济实力雄厚的大型种子企业多自己成立研发机构，根据企业目标市场自主研发新产品。

(二)直接购买新产品

企业直接购买科研单位培育审定的新产品。如德农种业 2000 年直接以 200 万元的价格购买河南省农业科学院作物所郑单 958 生产经营权。

(三)委托或合作研发

企业通过委托或合作方式利用农业科研单位、农业院校研发力量研发新品种。如新疆天彩科技股份有限公司聘请新疆农业科学院专家先后培育、审定、推广了新彩棉 1 号(棕)、新彩棉 2 号(棕)、新彩棉 3 号(绿)、新彩棉 4 号(绿)和新陆中 18 号五个棉花新品种，填补了我国无彩棉审定命名的空白。

(四)代繁、代理新产品

没有经济实力的中小企业多采用与国内外大型企业合作的形式，通过代繁或代理新品种的方式实施新品种策略。如新疆西亚种业公司从美国胜利种子公司引进的新一代高产抗病油葵杂交种矮大头 567DW，经市场推广反响强烈，获得很好的经济效益。

第二节　种子品牌营销策略

一、品牌营销的内涵

品牌，是一种名称、术语、标记、符号或设计，或是它们的组合运用，其目的是借以辨认某个销售者或某群销售者的产品或服务，并使之同竞争对手的产品和服务区别开来。品牌营销的本质是以打造品牌为第一目的，通过品牌价值（品牌知名度、美誉度和忠诚度）提升推动产品的销售和产品线的拓展，进而确定企业品牌及产品在渠道客户——用户心理货架上的至高位置，减少渠道客户——用户在选择产品时的盲目性和随意性，及其在选择产品时所需花费的分析商品好坏的时间和精力，长期满足渠道客户——用户的消费需求和购买欲望。品牌不是产品，但品牌包含了产品，品牌在产品之上增加了附加价值即精神体验和价值享受。选择知名的品牌对消费者来说无疑是一种省时、可靠又不冒险的决定。

种子企业的品牌涵盖了以下内容：品种特性，种子品质，技术指导，企业信誉，管理思想，企业文化，市场份额，销售政策，售前、售中、售后服务，宣传，包装，商标等。

二、种子企业实施品牌营销的必要性

（一）种子品牌是一种无形资产，是种子企业参与市场竞争的制胜法宝

品牌是种子企业的无形资产，凝聚着企业的信誉和影响力，也是企业经济实力的象征。一个著名品牌能给企业带来丰厚的利润。如“袁隆平品牌”被评估千亿元。再如10年前，华西种业有限责任公司玛纳斯分公司的SC-704玉米种子，市场价格一直高于其他公司0.2～0.4元/kg，深受经销商和种植户的喜爱；安农牌的西甜瓜种子疆内有名，西亚油葵种子享有名气，成为制种户的首选产品。随着种子市场的发育和经济的全球化，种子竞争的焦点集中在品牌上。

（二）种子品牌有利于新品种迅速占领市场

品牌传播的企业信誉和服务，经过长期的积淀，在农民心目中形成了“品种好、质量优、服务周到”的好印象。农民购买新品种时凭借的是信誉，看重的是品质，考虑的是服务。通过对品牌的信誉，提高购买者的积极性。

（三）品牌能够给企业创造超值利润

种子品牌通过其优良的品牌、卓越的品质和良好的服务，可以有效地满足农民购买种子时追求“安心和放心”的需求，因此，优势品牌除了带给企业种子本身的价值外，还将给企业带来满足农民心理需求的“价值”，这就是超值利润。

（四）品牌引导农民改变种植习惯

长期以来，由于种子品质的不稳定，加上农业生产的季节性，广大农民遵循“有钱买种，无钱买苗”的观念，形成了“加大播量，然后间苗”的种植习惯。良好的种子品质是优势品牌

的基本要素之一，一个优势品牌的种子完全可以实现单粒播种，使农民省钱、省工，获得更大效益。

三、种子企业的品牌策略

种子企业品牌策略一般可以分为以下几种：单一品牌策略、单一家族化品牌策略、多品牌策略和联合品牌策略。

（一）单一品牌策略

单一品牌策略是指企业涉及多种经营业务，或者涉及多个细分市场，从品牌经营传播角度看，企业都共用一个品牌进行传播，如丰乐种业的品牌经营模式。丰乐种业经营业务涉及种业、农药、香精和酒店等，业务面较广，但无论哪种经营业务，企业均使用丰乐这一品牌进行传播宣传。

（二）单一家族化品牌策略

单一家族化品牌策略是指企业涉及多种经营业务，或者涉入多个产品细分市场，从品牌经营传播角度看，企业确定推出一个主品牌，并根据不同的经营业务再推出一些子品牌。在具体的传播方式上，各子品牌依附于企业的主品牌进行传播宣传。单一家族化品牌策略适用于由多个子公司且彼此间独立运营的企业品牌传播方式。通过这种品牌传播方式，可以有效地将各个子品牌的传播价值集中依附在主品牌上，从而有利于企业主品牌的增值。

（三）多品牌策略

多品牌策略是指针对企业不同的经营业务，或产品细分市场，推出不同品牌并进行各自独立的传播。在2000年前后，天禾种业一度建立了多个独立运营的子公司，除公司本部保留非竞争性经营业务外，各子公司均经营不同的产品类别，如安岱棉种、华安“两系”稻、天恒种衣剂、天禾西甜瓜等。这些子公司在品牌传播上，分别独立地传播自己的品牌，如安岱棉种传播的是安岱，华安“两系”稻传播的是华安，天恒种衣剂传播的是天恒，天禾西甜瓜传播的是天禾。除了天禾西甜瓜传播的天禾品牌外，其他公司的子品牌传播形式上都与主品牌天禾之间没有直接的关联性。

（四）联合品牌策略

一般在合资企业品牌传播上运用较多，可同时传播各个合资方的自主品牌。如安岱棉种是由天禾种业、美国孟山都公司和美国岱字棉公司三方合资的专业化棉种企业。安岱棉种在品种传播上，就曾用“安岱、保铃、岱字棉”三个品牌进行联合传播。

在种子企业产品策略实践中，由于目前我国种子企业竞争实力都比较弱小，传播的资源和能力都还不够强，如果企业同时传播的多个品牌之间缺乏内在的有效关联，就会导致传播资源的过度分散，从而降低品牌传播效率和效果。所以，目前我国的中小型种子企业一般不宜采用多品牌或联合品牌策略，而比较适宜单一品牌和单一家族化品牌策略。

四、种子企业实施品牌策略的途径

（一）有自主产权的产品

现代种业的发展对种子的要求越来越高，需求种类繁多，更换周期缩短，谁拥有了新种源，谁以最快速度推广新品种，谁就掌握了市场的主动权。种子知名品牌和非知名品牌的差别，短期看是种子价格、广告、推销等原因造成的，但实质还是由科技含量决定的。科技含量高，能够集优质、高产、多抗为一体的农作物新品种，在开拓市场时就能够形成品牌效应。如美国孟山都公司在我国推广的抗虫棉，表现抗虫性好，株型紧凑，结铃性强，吐絮舒畅，比对照增产40%，纤维达到优纺标准。由于该品种科技含量高，很快在河北、安徽等地成为主栽品种。

(二)不断提高种子品质

种子品质是购种农户对品牌忠诚度的基础。农户对种业品牌的忠诚，在某种意义上是对种子品质的忠诚。为此，一是要建立从亲本、基地隔离、生产、贮存、加工等各个环节的全程种子品质监控和管理，建立各种规章制度和操作规范，确保生产和销售的种子的纯度、发芽率、净度和水分等指标达到国家标准，且外观商品性良好；二是要不断推出符合市场需求的新品种，使企业销售的品种始终处于有利的竞争地位；三是要印制高品质的包装，确保种子在销售、贮存过程中不降低发芽力。

(三)不断提高服务质量

"相同质量比服务"已日益成为竞争的重要手段。种子企业要以"用户至上"为宗旨，搞好售前、售中、售后服务。售前建立多点示范，让广大农民充分认识优良品种，现场介绍良种的特征、特性，引导农民因地制宜对号入座选购品种，激发其购买良种的积极性。售中既要"微笑服务"，依法诚信经营、正规管理，又要传授配套栽培技术，还要注意解答农民所关心的有关种子方面的问题，对于用种大户和交通不便的农户还要实行送种上门服务。售后技术人员在作物生长的关键时期要深入下去进行技术指导和信息反馈，以此调整品种结构、规格等，以利于进一步改进经营工作，研究和开发新品种。

(四)不断提高管理质量

建立企业现代经营管理机制。一是要在职工中树立"全员品牌意识"，塑造良好的品牌文化形象，注重道德规范、行为规范的形成，以此强化企业的凝聚力，提高自身生存和发展能力；二是要精简机构，加强市场营销研究、技术开发、财务管理，达到优化组合，形成产购销良性循环的管理效果；三是积极运用现代化信息技术强化内部管理，不断改进和完善规章制度，以规范各种经营行为；四是合理制定种子价格，建立和完善营销网络；五是要运用法律制度，保护好企业品牌，注重种子品牌商标注册，取得使用品牌名称和品牌标志专用权，在统一商标标识印刷和种子包装管理上，要使用标准文字、色彩及必要的防伪标记，还要与种子管理、工商行政管理等职能部门建立密切的工作联系，对假冒企业品牌行为进行强有力的打击，并建立品牌保护的长效机制。

(五)不断开展媒体宣传和社会活动

为了提高购种农户对种业品牌的忠诚度，适当的媒体宣传和社会活动是必须的。但要特别注意以下几点：一是企业所有的社会和经营活动都必须与企业的愿景、宗旨和核心价值观相吻合；二是企业的宣传活动和内容，企业的标识、商标、包装等，必须在企业理念之下高度统一；三是创立品牌不仅要借助媒体的力量，还要依靠理智的思维、科学的判断扩大品牌市场，不能仅靠绞尽脑汁搞一些促销宣传、社会评比、媒体炒作，尽管标新立异，引人注目，但是追求的仅仅是一时的轰动效应，媒体广告是营销的重要组成部分，但绝不是全部；四是通过广告的累加效应在购种农民心中一点一滴地积累起来，而非旦夕之工；五是为了不使购种农户淡忘自己的种业品牌，要不定期开展一些媒体宣传和社会活动，加深购种农户对品牌的印象。

第三节 种子质量策略

一、种子质量的含义

在 ISO 8402—1994《质量管理和质量保证术语》中对质量所下的定义是：质量是反映实体（产品、过程或活动等）满足明确和隐含需要的能力的特性总和；产品质量是指产品能够满足使用要求所具备的特性 。一般包括性能、可靠性、安全性、经济性以及外观质量等。

将这一概念应用于种子产品，则种子产品质量主要包括品种的遗传质量、包装质量和播种质量。

遗传质量是指品种的丰产性、抗逆性、品质特性等；包装质量是指包装的材料、图案设计、标志、质量误差率、技术说明书等；播种质量是指品种的发芽率、发芽势、整齐度、纯度、净度、水分等。

种子产品质量的核心是其遗传质量，即其内在的品质优异性、抗逆性、高产性等，提高种子产品的遗传质量关键要依赖于种子企业的研发能力。因此，种子企业要十分重视自己的研发能力，加大研发资金的投入，重视人才的培养、引进和合理配置，同时要加强与遗传育种相关的生物新技术的吸收、开发，重视品种资源的搜集整理与开发利用。另外还可加强与科研机构的合作，以便尽快培育出新品种。

在重视种子内在遗传质量改进的同时，也不能忽视种子外在的质量，包括包装质量与播种质量。特别要重视生产过程的控制，如杂交种要特别严格地保证源头亲本的纯度，常规种要加强繁殖田的严格去杂等，同时还要加强收储与加工过程的控制，防止人为或机械混杂。

处于不同区域市场的顾客对种子产品质量的需求是不同的，如干旱地区的顾客对种子产品质量的关键需求可能是品种的耐旱性与丰产性，而某种病害流行区的顾客对种子产品质量的关键需求可能就是对病害的高度抗性，经济发达地区的顾客对品种的优质性和适口性可能是关键需求等。因此，种子企业应针对不同的市场开发不同质量标准的种子产品，以提高产品的市场竞争力。

二、种子企业实施质量策略的途径

种子质量的好坏是农业生产能否持续稳定发展的关键。新修订的《中华人民共和国种子法》进一步强化了种子质量管理，要求种子生产经营者要对标签标注内容的真实性和种子质量负责，要对种植风险进行提示，农民因种子质量或标签、使用说明书不真实造成的损失，可以向种子经营者或种子生产者要求赔偿。质量制胜战略已成为种子行业管理、种子企业谋求生存和发展的必然抉择。企业种子产品质量水平的高低，关键在于种子质量管理体系、监督检测体系和企业自身的质量保证体系是否健全。

种子企业应牢固树立质量是企业的生命的观念，牢固树立企业的诚信意识，“客户就是上帝”的意识，并把质量意识和诚信意识贯穿于企业生产、经营活动的始终。企业也要强化行业自律，加强质量自检，建立健全种子生产、收购、检验、贮藏、调拨、销售等各项工作环节的质量控制体系，制定和完善种子质量控制制度，按照新修订的《中华人民共和国种子法》及其配套规章的要求建立健全种子档案制度、种子贮藏保管制度、种子出入库登记制度以及种子标签制度等，严格执行质量标准，以确保种子质量。

（一）建立健全种子质量保证体系

种子产品质量是企业的生命，种子质量好坏不仅关系到企业的成败，更关系到企业职工的效益。

种子企业应建立严格的企业质量保证制度。按种子生产规程规范化生产、标准化管理，建立健全种子生产、经营档案；要建立产前、产中、产后全程化服务制度，加强对基地的管理与协调，加强对制种农户的技术指导和培训，让基地农户充分认识到种子质量的重要性；要建立健全质量保证责任制，要实行企业法人、技术负责人、检验负责人层层把关负责制；要建立健全岗位质量责任制，实行岗位到人，确保种子质量；要自觉接受各级种子管理机构的监督管理，依法从事生产、经营活动；要建立种子质量企业自查制度，在种子企业进行质量自查自检的基础上，由管理部门统一组织抽检，企业与管理部门相互支持，相互配合，共同把好质量关。还要建立企业诚信制度，诚信是企业的生命，是推动种业发展的不竭动力。种子企业应当在建立规范种业市场秩序中发挥积极作用，严格自律，守法经营，不制假售假、不侵权冒名、不违规违约，遵守职业道德，塑造良好的企业形象。

（二）开展企业质量管理认证

目前国内种子企业多采用进行 ISO 9002 质量认证的途径，建立健全企业质量管理体系。从种子质量源头抓起，严把种子质量关，将种子质量、企业信誉与种子生产每一个环节连在一起，培育诚信意识，增强企业责任感。同时，大型种子企业质量管理工作与国际规则接轨，形成强有力的质量管理网络体系，有效控制种子质量，提高企业质量管理水平，增强市场竞争能力。

（三）建立健全种子质量检测体系

要确保种子质量水平，建立健全种子质量检测体系，是提高种子质量水平的组织保证。健全质量检测体系建设，做到检测机构健全、检测方法健全、检测标准健全、检测设施健全。要不断创新和完善检测手段和方法，对不同作物要采取不同的检测手段，如对水稻和玉米作物进行 SSR 分子标记检测种子纯度应由田间检测为主向实验室检测为主转变，实验室检测与田间检测相结合；要完善检测标准的制定，尽快构建和完善主要农作物品种 DNA 指纹图谱库，制定和完善农作物品种分子标记鉴定的国家标准，并获得国家相关部门的认证。

第四节　种子产品包装策略

种子经过加工处理后的包装是种子生产的继续，是种子流通的重要条件。包装了的种子才能运输、贮存和销售。种子包装一方面可以保护种子，避免和减少种子在流通过程中的损坏、散落和变质，便于搬运、装卸和贮存；另一方面也是一种强有力的促销手段，设计良好的种子包装能为消费者提供方便,为生产者创造促销价值。

包装有两层含义:一是静态方面的含义,指种子产品的容器与其他包扎物,如包装袋、包装罐和包装箱等;二是动态方面的含义,指盛装或包扎种子产品的活动。从市场营销的角度看,包装是产品整体中的形式产品,可定义为某项产品设计和制作的一种容器或包装物以保护商品和开展产品促销的活动。

一、种子包装的作用

(一)保护产品

防止或减少种子产品在供应、运输、贮存和销售过程中出现的散落、遗失、毁坏、变质等,并有效地起到防潮、防热、防冷、防挥发、防污染、保鲜、防易碎、防变形等系列保护产品的作用。因此,在产品包装时,要注意对产品包装材料的选择以及包装的技术控制。

(二)便于种子产品流通

种子产品从加工到销售要经过反复的搬运、贮藏等过程。因此,将种子产品按照消费者需求按一定定量、形状、尺寸规格、色彩进行包装便于种子产品的计量与清点,提高运输和贮藏工作效率,加速产品流转速度。

(三)包装能吸引注意力

包装能说明产品的特色,给消费者以信心,形成一个有利的总体印象,起到良好的促销功能。消费者愿意为良好包装带来的方便、外观、可靠性和声望多付些钱。企业也意识到设计良好包装的巨大作用,它有助于消费者迅速辨认出哪家公司或哪一品牌,包装已成为种子产品整体概念中的一个部分,起到提升产品价值的作用。

(四)包装还能提供创新的机会

在包装上的创新能够给消费者带来巨大的好处,也给生产者带来了利润。如,企业采用一些物美价廉,同时又有利于保护种子的特殊包装材料或包装设计,会使企业在环保意识和科技水平方面高人一筹,使企业赢得了"技术领先、产品可靠"的声誉。

二、种子包装设计

种子包装设计是对种子产品包装的材质、结构、图案、颜色等所做的规划方案。主要包括以下五个方面。

(一)质量

质量是种子产品的生命,包装前应将种子质量放在第一位。种子包装后种子质量能保持较高的纯度和净度,合乎规定的含水量和发芽率。

(二)包装材料

目前比较常用的种子包装材料主要有麻袋、布袋、多层牛皮纸袋、聚乙烯塑料袋、铝箔复合袋、马口铁皮罐、玻璃瓶等。按照国家种子销售包装的有关规定,包装材料应符合美观,实用,不易破损,便于加工、印刷,能够回收再生或自然降解的要求。

(三)包装容器

种子包装容器应符合适于运输,方便装卸,贮运空间小,堆码稳定牢靠,防潮,清洁无毒,重量轻和结实不易破裂的要求。

(四)种子标签

按照国家种子销售包装的有关规定，应在包装的表面正确标注产品标识，明示内装物的质量信息，保护产品的可追溯性，如作物种类、种子类别、品种名称、净含量、生产厂名称和地址、收获日期、批号、产地、执行标准、生产及经营许可证编号、品种审定编号、检疫证明编号、检验结果报告编号、质量指标(纯度、净度、发芽率、水分)、栽培要点、保质期、质量级别(适用于杂交种)、药剂毒性相关警示(适用于包衣种子)、转基因种子商业化生产许可批号和安全控制措施(适用于转基因种子)等。

(五)种子包装的外观设计

种子包装设计必须讲清三句话："我叫什么名字？长的什么样子？是哪家的。"这是包装设计本身的功能所在。种子包装除了应突出上述的个性和形象外，还应考虑能否批量生产，包装成本是否合理，是否有利于贮藏与运输，是否方便消费者开启使用等。

三、种子包装策略

种子包装策略是指对种子包装的形式、结构、方法、使用材料等所采用的一种对策。

(一)产品包装策略

1. 类似包装策略

企业对其生产的产品采用相同的图案、近似的色彩、相同的包装材料和相同的造型进行包装，便于顾客识别出本企业产品。对于忠实于本企业的顾客，类似包装无疑具有促销的作用，企业还可因此而节省包装的设计、制作费用。但类似包装策略只能适宜于质量相同的产品，对于品种差异大、质量水平悬殊的产品则不宜采用。

2. 配套包装策略

按各国消费者的消费习惯，将数种有关联的产品配套包装在一起成套供应，便于消费者购买、使用和携带，同时还可扩大产品的销售。在配套产品中如加紧新产品研发，可使消费者不知不觉地习惯使用新产品，有利于新产品上市和普及。如在花卉种苗销售过程中，常将种苗与基质、农药、专用肥搭配一起销售，既方便消费者，又增加了企业销售产品和业务。

3. 再使用包装

再使用包装指包装内的产品使用完后，包装物还有其他的用途。如种子包装袋可被再利用等。这种包装策略可使消费者感到一物多用而引起其购买欲望，而且包装物的重复使用也起到了对产品的广告宣传作用。

4. 附赠包装策略

在种子产品包装中附赠奖券或实物，或包装本身可以换取礼品，吸引顾客的惠顾效应，导致重复购买。如在种子袋中附赠农药、植物激素等。

5. 改变包装策略

改变包装策略即改变和放弃原有的产品包装，改用新的包装。由于包装技术、包装材料的不断更新，消费者的偏好不断变化，采用新的包装以弥补原包装的不足，企业在改变包装的同时必须配合好宣传工作，以消除消费者以为产品质量下降或其他的误解。

(二)种子包装策略具体运用

(1)包装设计合理,给人一种货真价实之感。包装设计要符合我国农民审美观,采用醒目、易记的包装设计,能对人们产生一种吸引力,并留下深刻的影响。

(2)随着包装技术的发展,能够不断改进产品包装,使其更加人性化,不断融进新的包装技术,增加其科技含量,增强企业品牌效应。

(3)严格遵守国家有关农作物种子包装和标签的有关规定。

(三)种子包装的技巧

(1)一般种子采用罐装或袋装。罐装要比袋装显得更精细、华贵一些。

(2)种子包装要尽量大方显眼,颜色可采用鲜艳的对比色。

(3)种子包装可做大些,里面装适量种子,转移农民侧重点。

(4)一个品种种子可做几个包装扩大销量。

案例

河北神禾的卡琪牌系列西瓜种包装,采用大罐装,但每罐只装 80 g 种子,利用农民不注意罐内种子量,只看罐大小,罐的颜色的心理特点,采用显眼高贵的银白色,配以黑字十分醒目,加上经销商的宣传,这种包装在同类包装中脱颖而出,为产品销售量增加起到很大的作用。

第五节　种子产品服务策略

一、服务的含义

所谓服务,是指一种特殊的无形活动,它是企业向消费者和用户提供所需的满足感。我们对服务可以从以下四个方面来理解:服务是一个过程或一项活动,服务是为目标顾客提供利益的保证和追加,服务的核心是让被服务者感到满足和愉悦,服务领域需要不断开拓和创新。

在设计营销方案时,必须注意服务的基本特征。

(一)无形性

服务在很大程度上是无形的和抽象的,特别是产品延伸服务,它是依附于产品实体的。消费者必须信任服务的提供者,才会促进产品购买行为。所以,服务提供者采取一些措施增强消费者的信心,将对产品营销产生一定的促进作用。第一,采取不同的方法增加服务的有形性。如提出具体的品种服务措施,向消费者展示品种丰产长相。第二,服务提供者可以强调服务带来的好处,而不只是描述服务的特点。第三,服务提供者可以为其服务制定品牌名称,以增加顾客的信任感。

(二)不可分性

服务活动的过程与被服务者的接受同时进行,二者无法分离。

(三)易变性

服务是非常易变的,因为他们依赖于由什么人提供服务,在何时何地提供服务。企业可以采取以下两项措施开展质量控制。

(1)对企业开展的服务进行培训。

(2)建立消费者接受服务的投诉和监督制度。

(四)时间性

服务不能贮存。当需求处于稳定状态时,服务的时间性算不上个问题,因为在服务之前就能容易地配备好服务人员。当需求上下波动时,企业提供服务就碰到了难题。

二、种子产品服务的重要性

目前,我国农资市场普遍采用通过提供技术服务拉动销售的产品营销策略。一方面满足了农民对农业技术的需求,另一方面使农民买得放心,用得安心,从而通过技术服务有效促进产品销售。

从企业的角度来讲,企业做好售前、售中、售后服务,为农民提供栽培技术服务指导,这样既可以减少因栽培不当而造成的质量事故,提高公司声誉,又可以了解顾客对产品质量的期望,有利于公司改进产品质量,提高产品竞争力。所以,企业建立销售网点的时候就应该对销售网点进行必要的技术培训,变成名副其实的售后跟踪服务网点。同时,企业对种子产品使用中出现问题应高度重视,积极应对,及时沟通解决问题,在农户和代销商中树立起良好的信誉。

三、种子产品服务途径

(一)种子产品的售前服务

售前服务指种子商品进入流通领域,但尚未出售之前。企业需要开展以下各项服务工作。

1. 种子处理

为了使种子在市场上能吸引购买者,提高竞争力,在种子生产或调进后,经营者要对种子进行精选、分装、包衣等技术处理。

2. 编制技术资料,做好宣传指导

种子企业应事先编制并向用户提供种子样品和使用说明书,内容包括种子特性、技术参数、栽培方法、注意事项、预计产量等。

3. 组织示范观摩、开展技术培训和咨询

结合新品种生产示范工作,在新品种优良性状表现最突出的时期,及时组织地方农业行政和技术推广部门、企业产品经销商和农户召开现场观摩会,让经销商和用户亲自了解产品性能,以增强使用和销售新品种的信心。

企业根据需求可以组织举办技术培训班,聘请专家现场指导、咨询,传授技术。企业技术培训与咨询服务活动主要以促销为目的,通常不收费,受训者通过了解和熟悉新品种后,自然会采购推广新品种。

4. 依托销售网络,设立服务网点

企业应深入调查,根据用户分布情况设置服务网点,方便用户购买和技术咨询。

(二)售中服务

售中服务是在种子交易过程中为用户提供的各项服务。主要包括以下内容。

1. 热情周到,礼貌待客

在种子销售过程中,要坚持礼貌待客,热情、主动、耐心、周到地为用户服务,解答用户提出的各种问题,帮助用户解决各种困难,为用户提供各种便利,做到来有迎声,问有答声,走有送声,使用户高兴而来,满意而去。

2. 实行公平交易,定价合情合理

在交易过程中,要以平等的态度同用户进行洽谈和协商,在种子质量、数量、价格、交货期、包装、运输等方面尽量满足用户的要求,同时要维护企业的利益,使买卖双方得到应得的经济利益。

3. 信守合同,提高信誉

企业要注意信守合同,按期付款和交货,在行业中建立良好的声誉。

(三)售后服务

售后服务是种子企业在种子产品售出后为用户提供的各种服务。主要包括以下服务内容。

1. 技术服务上门,信守种子销售承诺

企业在用户使用产品时,根据需求应提供上门技术服务,指导农民正确使用种子产品。用户对产品使用产生疑义时应及时给予解答。如果存在产品质量问题,经有关部门鉴定后视责任情况及时给予赔偿,以保护用户的利益。

2. 访问用户

在作物生长期间走访重点用户,深入田间查看种子产品生长情况,了解用户对产品意见和建议并给予技术指导。

3. 帮助推销

作物成熟收获后,积极帮助用户推销收获的产品,帮助用户实现经济效益。

4. 建立用户档案

种子企业应对每一个用户建立用户情况档案,不但有利于更好地为用户提供技术服务,而且为企业积累市场分析预测的第一手资料。

第六节 种子产品组合策略

种子产品好比人一样,都有其由成长到衰退的过程。因此,企业不能仅仅经营单一的产品,世界上很多企业经营的产品往往种类繁多,如瑞士先正达公司就同时经营农药和蔬菜、花卉种子产品业务。当然,并不是企业经营的产品越多越好,企业应该生产和经营哪些产品才是有利的?这些产品之间应该有些什么配合关系?这就是产品组合要解决的问题。

一、产品组合的概念

所谓产品组合是指一个企业生产或经营的全部产品线、产品项目的组合方式,它包括四个变数：宽度、长度、深度和一致性。

产品组合的宽度是指企业具有多少条不同的产品线。如某种业公司以经营玉米种子产品为主线，同时还有西瓜、甜瓜、蔬菜种子产品线和肥料搭档产品线。

产品组合长度是指它的产品组合中的产品项目总数。产品组合深度是指产品线中的每一产品有多少品种。产品组合的一致性是指各条产品线在最终用途、生产条件、分销渠道或者其他方面相互关联的程度。

二、产品组合策略

（一）扩大产品组合策略

1. 在产品组合中增加产品线

在产品组合中增加产品线，如企业原来生产经营商品饲料玉米种子，目前市场上鲜食玉米销量大增，公司又审定了许多糯玉米、甜玉米类品种，可扩大公司玉米种子的经营范围。通过扩大经营范围，实现企业的发展目标。

2. 在产品线上增加产品项目

在产品线上增加产品项目，如企业在玉米种子经营中，原来经营春播玉米种子，现在增加了夏播玉米品种 2 个，扩大了玉米种子的销售量，增加了玉米种子的市场需求，提高了公司获利品种的数量。通过增加产品特色，为更多细分市场提供产品。

新增产品线与企业原来产品线具有紧密联系，可以有效降低投资和管理成本。

（二）产品线延伸策略

产品线延伸指部分或全部地改变原有产品线的市场定位，即超出原来的产品线的范围。

1. 向下延伸

企业原来生产高价、高质、高利润的种子品种，现在逐渐增加中、低档种子品种，以满足市场上不同顾客群的需要。要注意中、低档品种对公司形象的影响。中、低档产品需要另建渠道，但销售费用会大幅度地增加。

2. 向上延伸

原来生产经营低价格但质量、利润一般的种子品种，现在生产经营中、高质量，高价格的种子品种，进军中、高级种子市场。向上延伸必须注意要彻底地改变企业原有低水平的形象，重新塑造形象，体现公司的实力。

3. 双向延伸

在原有产品的基础上，向上、下延伸，生产市场需要的高、中、低档品种，满足农业生产各个阶层的需要，扩大市场范围。

（三）缩减产品组合策略

市场不景气时，停止和压缩营利能力少的产品线或产品线中的某些品种，使企业集中优势资源经营获利能力强，发展前景好的产品线与产品项目。

三、种子产品组合策略

不同种子企业向社会提供的种子产品有很大不同，主要包括以下几种种子产品组合策略。

(一)有限种子产品专业性策略

有限种子产品专业性策略即种子企业集中生产经营有限的或单一的种子产品,适应和满足有限的或单一的种子市场需要。例如,天津黄瓜研究所集中生产黄瓜种子,早在十几年前他们生产的津优系列黄瓜得到了市场的普遍认同,并取得了可观的经济效益。再如台湾农友只生产高档种子,满足重质量消费者的需要。

(二)产品系列专业性策略

产品系列专业性策略即种子企业重点生产经营某一类产品。例如,专业生产玉米登海系列品种的山东登海玉米研究所。

(三)特殊产品专业性策略

特殊产品专业性策略即种子企业生产经营某些具有特定需要的特殊种子产品。例如,某些企业只生产哈密瓜品种满足种植哈密瓜地区的需要。

(四)系列全面性策略

系列全面性策略即种子企业着眼于向顾客提供他们需要的一切产品。例如:有些农业集团不但给农民提供各种作物种子,还提供农药、化肥、地膜等农用物资。

由于市场需求的变化,以及竞争形式和种子企业内部条件的变化,种子企业应根据需要相应调整产品组合。

调整种子产品组合有以下几种决策可供选择。

(1)扩大种子产品组合决策。由于有些品种形势很好,企业可扩大其产品组合份额,满足市场需求。例如,2002 年玉米种子形势很好,扩大生产玉米种子生产可给企业带来很高的经济回报。

(2)缩减产品组合策略。这种策略是种子企业随着市场需求变化及企业自身条件,主动合并、减少一些销售困难,不能为企业创造利润的产品,集中优势实力生产市场需求大,能为企业获得预期利润的产品。例如,2015 年以后玉米种子市场萎缩,可适当压减制种面积。

(3)淘汰产品策略。这是企业对一些已经确认进入衰退期的老化产品线和产品项目所采取的策略。对于一些无市场价值的老品种和市场上不需要的品种应果断淘汰。

案例与训练

湘椒 49 号营销推广

种子营销企业在种子进入市场前,必须对营销市场进行系统调研,为制定有效的营销策略提供依据。即前期要进行深入的市场调研,准确分析判断市场形势,分析掌握要推广的品种具有什么特点,与目前市场上主打品种相比,有哪些优势。该品种适合什么地方种植,找准目标市场,预测目标市场的大小,预计销量、推广品种能占到市场的份额。预计在几年内达到销售高峰,为公司创造多少利润,都应该详细调查。

湘椒 49 号为中早熟厚皮泡椒,果实粗牛角形,果长 17 cm 左右,果肩宽 5.5 cm 左右,果肉厚 0.5 cm 左右,平均单果质量 150 g;青果深绿色,红果鲜红色,果皮光亮,商品性极好,特别是红椒长时间不变软,耐贮运;抗病毒能力强,产量高。该品种进入市场前业务员就应充分了解该品种的特征特性,以及与现有主栽品种相比有哪些优势。经调查,海南辣椒市场每年种植这类泡椒品种面积在3万亩左右，也就是说预计销量在12万包(10 g/包)左右。通过对比，湘椒49号比原有主打品种略微早熟，果实略大，更加饱满光亮；尤其是红椒，不仅颜色鲜艳，而且硬度好、耐贮运、抗病毒病能力特别强。通过预测，计划在3年内替代原有品种，占领80%以上的市场份额。

1. 营销策略

(1)市场网络框架的构筑

首先是确定合作伙伴。在海南当地农技站找一位懂技术、有销售网络基础的客户作为公司在海南的总代理。总代理与业务经理密切配合，走遍主销区的每一个乡镇，每个乡镇至少找2家以上有影响力的二级客户。尤其是收购量大的当地收购商，说服他们加入公司的营销网络。通过40多天的努力，公司在琼海市就发展了30多家二级客户，建立了强大的二级网络。

其次是搞好品种展示与示范，扩大品牌宣传力度。在销售季节到来前，公司积极组织客户动员大会，请来60多个二级经销商，将公司的情况及产品做了详细介绍，尤其是科研团队及科研实力，向经销商一一展示，让他们吃下定心丸，解决他们的后顾之忧。第1年业务经理在海南一待就是40多天，走村串户，介绍公司的科研团队、科研实力，以及公司品种特点，用真实品种照片在人员密集区进行张贴宣传。同时，重点选择种植水平较高的农户带头种植湘椒49号，并适当赞助一些农药肥料，大胆向农户做出承诺，若收入比市面上其他品种低，差额由公司补足，让农户放心种植。冬季采收时，由于湘椒49号比较早熟，比市场上其他品种提早7～10天上市，加之果实商品性好，红果的收购价比其他品种高0.4元/kg，每亩收入比其他品种高2 500元左右。

湘椒49号第1年试种大获成功，经理带领当地的种植大户现场观摩，反响强烈，许多农户当场表示明年一定要种这个品种。第2年，公司在当地电视台连续播放2个月的电视广告。"育精优品种，兴蔬菜产业；种'兴蔬'辣椒，农民笑弯腰"等经典广告语，大大提高了品牌的知名度和影响力。

(2)激励经销商的积极性

以前零售价低，经销商销售收入少，属于被动销售。根据这种情况，公司业务经理及时调整销售策略，适当提高零售价，加大零售价与批发价之间的差价，提高经销商的利润，提升经销商卖种子的兴趣，变被动销售为主动营销。以前销售某知名品牌的辣椒种，每箱只能赚300～600元，而湘椒49号，每卖一箱利润不低于2 000元，极大地提高了经销商的积极性。2009年，该品种在海南销量达到高峰，销售旺季，不仅种子店、农资店经销该品种，连副食店、小商店也能买到该产品，可以说是家喻户晓，当年该品种占到整个市场的90%以上，取得了巨大成功。

2. 营销成果

湘椒49号第1年销售2万多包，第2年达到6万包，第3年就达到峰值，超过11万包，第4年开始随着其他新品种的进入，销量逐渐下降。到2009年底，某知名品牌的厚皮泡椒种子在海南市场已基本被湘椒49号取代。到目前为止，福湘秀丽累计推广121 995亩，销售额达976万元，为公司创造利润585.6万元，为农民增收31 720万元，累计产生经济效益21.96亿元。海南省人民政府为表彰在科技成果转化工作中做出突出贡献者，湘椒49号辣椒新品种引进示范及大面积推广获得海南省科学技术进步二等奖。直到现在，该品种仍在应用，一直是海南红泡椒的主打品种。

训练：根据第三章“案例与训练”有关昌吉州种子市场调查和分析预测的数据，各市场调查小组成员组成企业经营管理小组，利用企业经营对抗系统模拟教学软件进行企业产品经营策略模拟训练。

种子企业经营基础条件：投资 500 万元新注册种子公司，5 年经营期限。

企业产品经营决策过程。

1. 企业经营类型选择。
2. 企业产品组合。
3. 新产品开发。
4. 产品生产。
5. 营销渠道与产品物流设计。
6. 销售方式选择。
7. 各小组 5 年企业经营的效益对比。

学习心得

第五章 种子定价策略

内容提要

1. 影响种子产品价格的因素
2. 种子产品定价的方法
3. 如何进行价格调整

种子定价是种子企业营销战略的主要组成部分。种子价格是种子企业种子产品价值的外在表现形式,种子的定价必须遵循价值和市场供求规律。

根据种子企业、用户和竞争对手三者的依存关系,在市场导向、价值导向与政策导向的作用下,是否能合理确定种子产品价格,直接关系到种子企业营销策略的成败,也直接影响种子企业的可持续发展,影响到市场的需求,影响种子企业的利润。同时,也关系到生产者、经营者、种植户等各方面的利益,价格是种子市场竞争的主要手段。

种子价格的制定既是一门科学,又是一门艺术。科学而艺术地制定种子产品的定价策略和价格,可以吸引经销商和种植户,保持经销商和种植户,同时扩大企业种子的市场份额,使种子企业获得更多更大的经济效益。

案例

新疆某种业公司2007—2008年度的销售工作中,推出7个玉米品种在市场上销售。根据品种在市场上的反应,制定以下种子定价策略(表5-1):对SC—704等玉米"大路品种"的价格实行全疆统一批发价,现金提货;对新玉23号、新玉24号等自主产权玉米品种实行中高价格,统一收款价,分类确定返利;对其他企业合作推广的郑单958、东单7号等玉米品种实行分批定价销售,指导零售价格,分区、分客户返利,顺利完成了疆内种子销售目标。

表5-1 2007—2008年度新疆某种业公司部分玉米品种价格

品种	销售政策
SC-704	4.5元/kg现金收款发货,无返利,零售价客户自定
郑单958	2007年6月前交款4.0元/kg,9月前交款4.3元/kg,10月后交款5.0元/kg,公司定零售指导价格为6.5～7.5元/kg
东单7号	5.0元/kg现金提货,零售价不得低于5.5元/kg,有返利
新玉23号	9.0元/kg现金提货,指定零售价,有返利,限昌吉州东四县
新玉24号	9.0元/kg现金提货,指定零售价,有返利,限伊犁地区
新玉12号	北疆5.0元/kg现金提货,南疆4.5元/kg现金提货,无返利

第一节　影响种子定价的因素

一般认为，种子的最高价取决于市场需求，最低价取决于该产品的成本费用，二者之间上下波动则取决于竞争者同类商品的价格水平。但真正决定和影响商品种子价格的因素却是多方面的。

一、种子定价目标

种子定价目标是指种子企业通过制定品种最合适的销售价格来谋求经济利益最大化的目标。定价目标是实现种子企业总体目标的保证和手段，也是定价策略、定价方法的依据。

种子企业种子定价目标主要有以下三种：

一是追求利润。此定价目标是追求近期利润最大化，以满足自身各项业绩考核，重视的是本经营周期的财务成果，而非长期利益。此种定价目标多为人员多、费用高，且本地有较稳定市场时采用。

二是争取市场。这种定价目标刻意使用低廉的价格策略，以吸引潜在客户，提高市场占有率，因而获得较高的长期利润。

三是塑造企业形象。有的种子企业为了塑造形象，通常对于新品种以高价位来分摊高成本或研究发展费用，一般科研单位对自己选育品种或对新品种拥有独家经营权的种子企业多采取此种定价目标。

以上三种定价目标在选择上不是绝对分开的，种子经营者往往把三者综合考虑，最后形成定价目标。

二、种子产品基本价格

种子产品的基本价格由生产成本、费用、税金、企业利润组成。

基本价格＝生产成本＋流通费用＋税金＋利润

案例

郑单958销售价格为5.0元/kg；其中生产成本（制种价格）3.0元/kg；管理费用0.2元/kg；加工费用0.2元/kg；流通费用0.15元/kg；税金0元；其他费用0.25元/kg；利润1.20元/kg。

（一）生产成本

对自育种子，单位成本（元/kg）为分摊到单位重量种子上的生产投入；利用农户繁育，单位成本就是企业的收购价格。制种产量的提高，可降低种子单位生产成本，但制种质量标准的提高，则增加种子生产成本。此外，品种生产经营权购买、固定资本投入、包衣、包装、加工等费用也需要精心计算和考虑在内，以求出精确的成本费用。单位生产成本与费用是商品定价的底线，定价必须高于生产商品的单位成本和费用，否则就会亏本。但当遇到特殊情况，如品种积压滞销，供大于求，考虑资金周转等因素时，价格也可能会低于成本。

（二）流通费用是指种子在流通过程中所发生的各项费用的总称

它主要是指种子在流转中购、销、运、存、服务各个环节上的运杂费、保管费、工资、折旧费、服务费、广告费等支出。服务意味着费用的增加，提供的服务越多，费用就越大，但服务越多越能吸引顾客，越能树立种子企业的良好形象。种子技术指导服务对种子产品使用越来越重要，也是影响种子价格的一个重要组成部分。

（三）税金

税金是价格的构成因素。税率由国家强制规定，是国家宏观调控的手段。

（四）利润

利润是企业为社会创造价值和占有价值的表现形态，是价格的构成因素，是企业扩大再生产的重要资金来源。企业要生存、发展必须在市场营销中获取一定的利润，才能使企业的各种资源充分发挥作用。

三、市场因素

市场因素可分为可控市场因素和不可控市场因素。

（一）种子市场的供求关系

总体上讲，由于种植面积和播种量的相对稳定性，农民消费者对某种种子的需求弹性不大，即不会因为价格的高低而影响农民的总体购买量。但具体到某一个品种而言，需求的价格弹性却不容忽视。如品种价位低廉，物有所值，农民自然会争相选购；相反，如果价格定得过高，农民就会转向其他相对低廉的品种，或者改种其他作物，从而使该品种的销售量大幅度削减。

种子总量是供不应求还是供大于求，对单个品种的种子价格也会有重要影响。在供不应求的时候，价格卖高一点，在不影响产量和商品性的条件下，纯度、芽率、净度、千粒重和颜色稍差的种子也能销售；在供大于求的时候，农民不仅会优中选优，还要求价廉物美。影响种子总量供求平衡的主要宏观因素有：一是灾害性气候对当年农作物种子生产丰歉的影响；二是政府对种粮农民的补贴政策，如良种补贴政策，对种子价格也会产生一些影响。

（二）社会经济状况

社会经济周期性的变化，直接影响市场的繁荣状况，影响价格总水平的变化。经济高速发展，收入增长较快，需求膨胀，引起物价总水平上涨；经济调整期，经济发展速度放慢，收入增长减缓，出现需求不足，引起价格总水平基本稳定。

（三）消费者的认可程度

定价要考虑消费者的心理，价格能否被群众所接受和认可。同样的品种，同样的品质，知名品牌的种子比一般品牌价位高，但消费者照样接受，原因就是认可程度高。除品牌外，企业的知名度也影响定价，知名度高的大科研单位和实力强的种子公司的蔬菜种子比一般企业价位高。此外，品种在市场上的认可程度也影响定价。在目前国内蔬菜种子市场竞争越来越激烈的情况下，蔬菜品种的同质化程度也越来越高，同类型品种竞争不可避免，消费者认可程度高的品种一般比认可程度低的品种价位高。因此，企业在定价之前要广泛进行市场调查，了解群众反映，同时参考和倾听企业内部人员，如广告促销人员、财务人员以及经销商、生产商等方面的意见，以对自己的品种、品牌和单位实力有个准确评价。

(四)竞争对手的价格

种子定价必须调查和分析竞争对手同类品种的价格情况，说到底，就是要参考市场行情并与之相适应。竞争对手没有同类型的品种，公司对这个品种实际上是垄断经营，这个品种的价格可适当定高一些。同类型较多的品种，竞争对手多，如果价格定得比竞争对手过高，销量会大打折扣；定得过低，则没有利润。鉴于此，行业内竞争企业的规模与实力、种子储备量、品质状况等，企业都必须详尽了解，以便与其比质比价，随机应变。

(五)政府干预

国家、地方政策规定都可以约束企业的价格制定，影响种子的价格。税收、政府补贴、限制种子最高零售价政策、产业结构调整政策、种植结构调整都影响种子的销售价格。

四、价格体系

种子价格体系的种类包括统一批发价格、统一批发——零售指导价格、统一零售价格、地区价格、季节价格。

(一)统一批发价格

统一批发价格是指种子企业只制定种子的统一批发价格，经销商自行制定种子的零售价格。

种子企业供应链的上游种子企业通常不对下游种子企业制定相应零售价格，也不进行市场干预。

2006 年新疆某种业公司玉米品种 SC-704 种子全疆统一批发价格 4.3 元/kg，2007 年实行全疆统一批发价格 4.5 元/kg。

(二)统一批发——零售指导价格

种子企业在制定种子统一批发价时，同时对种子零售价确定指导性价格。

2007 年新疆某种业公司玉米品种郑单 958 种子，昌吉地区统一价格 5.0 元/kg 收现金，零售指导价格为 6.5 元/kg。

(三)统一零售价

统一零售价既制定种子统一批发价，也制定严格执行的市场统一零售价。种子公司实行种子零售价格提货，种子销售分区管理，分区返利，保证种子价格的市场统一性，稳定性。种子公司对种子供应链上的成员利益给予充分的考虑，进行合理利润分配，培养忠诚客户。

如 2018 年新疆广宇科技发展有限公司自主产权品种新玉 94 号，公司供代理商价格为 14 元/kg，代理商供各地批发经销商价格为 20～22 元/kg，各地零售价为 30～35 元/kg。

(四)地区价格

地区价格是指同种种子在同一个时间，不同地区采用不同的销售价格。地区价格产生的原因，一方面是流通费用因素，另一方面是不同的地区自然条件、经济条件的不同而引起。合理的地区差价，可增加种子的正常流通；种子的合理布局，可以扩大种子销售量，增加销售渠道，提高公司品种的市场占有率。

(五)季节价格

季节价格是指同种种子，同一市场，在不同季节采用不同的销售价格。产生季节价格的原因：第一，淡季促销；第二，存在大量库存种子和生产过剩种子；第三，尽快回收现金，解决公司的流动资金。

第二节　种子的定价方法

种子的市场需求决定着种子的价格，成品种子的费用决定种子的最低价格，市场种子的实际价值，决定进入市场种子价格的高低，种子本身的特点也决定着种子的价格。

一、成本导向定价法

成本导向定价方法以种子的成本为中心，制定价格。这种方法是按卖方意图进行的定价，定价的依据是企业收回在生产销售中投入的全部成本，再获得一部分利润。

(一)成本加成定价法

以种子成本作为制定价格的基本依据，指根据所产种子生产成本，加一定比例的利润而定价。其公式是：

$$种子售价 = 成本 \times (1 + 利润率)$$

式中：种子成本＝种子收购价＋分摊费用；

分摊费用＝技术指导费＋公司的物化投入。

可见种子生产基地越小，产种量越低，制种成本就越大。有时也可根据计划利润目标来定价，即成本加上要达到某种预期利润目标。

该方法既可运用于新品种的定价，也可运用于共有品种的定价。

在成本的基础上加一定比例的利润。它的特点有两点。

(1)它是一种最基本的定价方法。

(2)简单易算。但是易忽视市场中的竞争因素，包括竞争者、顾客等。

例：玉米品种 SC-704 玉米种子成本 3.0 元/kg，公司种子加成 50%，该品种的销售价格为 4.5 元/kg。

(二)目标收益定价法

反映企业追求目标投资收益率，也称为投资利润率。

目标收益定价法的工作程序为：

第一步：确定目标收益率。

$$目标收益率 = \frac{1}{投资回收期} \times 100\%$$

第二步：确定单位产品的目标利润额。

$$单位产品的目标利润额 = \frac{投资总额 \times 目标收益率}{预期销售量}$$

第三步：计算单位产品的价格。

单位产品的价格＝单位产品成本＋单位产品目标利润

案例

某公司投资80万元买进一个优良品种，种子变动成本1.2元/kg，销售种子1 000 t，投资回收期为4年，固定成本3.2元/kg，计算种子单价。

目标收益率＝1÷4×100％＝25％

单位产品的目标利润额＝800 000×25％÷(1 000×1 000)＝0.20(元/kg)

单位产品的价格＝3.2＋1.2＋0.2＝4.6(元/kg)

目标收益定价法的特点。

(1)以销售量估计种子价格，忽略了市场需求的变化，市场竞争因素等。

(2)销售量完不成，投资回收期、目标收益都无法实现。

(3)销售量决定价格，违背市场经济原则。

(4)适用于需求稳定，供不应求，需求价格弹性小的产品。

(三)盈亏平衡点定价法

盈亏平衡点定价法指企业产品的价格必须达到一定的水平才能做到盈亏平衡，收支相抵，此时的销售量称为盈亏平衡点，这种定价方法叫盈亏平衡定价法，公式为：

单位产品价格＝单位固定成本＋单位变动成本

盈亏平衡点定价法的特点有以下三点。

(1)只能补偿企业的经营消耗，得不到收益。

(2)适用于企业产品销售遇到了困难，避免重大损失。

(3)保本经营。

(四)边际成本定价法(也称变动成本定价法)

边际成本就是每增加或减少单位产品所引起成本的变化量。由于边际成本与变动成本比较接近，变动成本容易计算，所以在实际定价中用变动成本代替，也叫变动成本定价法。定价时，只计算变动成本，不计算固定成本，只要价格高于单位产品的变动成本，企业就可以生产与销售。用边际贡献补偿固定成本，并获得利益。边际贡献指企业增加一个产品的销售，所获得的收入减去边际成本的数值。如果边际贡献不能补偿固定成本，就会出现亏损。

单位产品价格＝单位产品变动成本＋单位产品边际贡献

边际成本定价法(即变动成本定价法)特点：只求少亏，不求盈利，改变了销售价低于总成本不能交易的做法。

边际成本定价法(即变动成本定价法)适用于以下五种情况。

(1)市场竞争激烈，供过于求，压库，总成本太高。

(2)销量上不去，生产能力过剩。

(3)维持生存，只要高于变动成本就可以维持企业的运行和生存。

(4)过低价格，导致竞争对手的报复。

(5)价格低于变动成本企业就要停产。

二、需求导向定价法

需求导向定价法是以需求为中心的定价方法。主要根据市场对种子价值理解和需求强度制定价格。理解价值定价法以产品在顾客心目中的价值观念为定价依据，运用各种方法，影响顾客对产品价值的认知的定价方法。

(1)通过市场调研，了解顾客偏好，依据产品的性能、用途、品质、品牌、服务等要素，判断顾客的需求，判断顾客认知价值，确定价格。

(2)用各种促销方式向顾客介绍产品的优点给顾客带来的价值，确定价格。

市场上销售的国外种子多采用此类定价方法。常用的有逆向定价法和需求差别定价法。

(一)逆向定价法

逆向定价法就是依据市场的调研资料，依据顾客能够接受的最终价格，确定零售价，逆向推算中间环节的批发价，生产企业的出厂价。其特点有以下四点。

(1)定价反映市场需求情况。

(2)产品市场渗透快。

(3)定价比较灵活。

(4)各方都能获得正常的利润，加强了企业与中间商的关系。

(二)需求差别定价法

需求差别定价法就是种子价格的确定以需求为依据，以需求强度、购买力、购买地点、购买时间制定不同价格。其特点有以下三点。

(1)适应顾客需求的不同特性，最大限度满足市场需求，促进销售。

(2)将成本补偿放在次要地位。

(3)价格比较混乱，市场管理困难。

需求定价法在具体应用中主要有以下四种类型。

(1)以顾客为基础的差别定价。

这种定价方法即对同一产品，针对不同的顾客，制定不同的价格。

(2)以地理位置为基础的差别定价。

这种定价方法即同一产品，同一时间，随地区的不同制定不同的价格。

(3)以时间为基础的差别定价。

这种定价方法即同一产品，随季节、时间、日期的不同而制定不同的价格。

(4)以产品为基础的差别定价。

这种定价方法即对同种产品的外观、花色、型号、规格、用途、品质等成本不同，需求的不同，制定不同的价格。

针对不同的市场、不同的顾客采用不同的价格。

三、竞争导向定价法

通过研究竞争对手的生产条件、服务状况、价格水平等因素，针对自己公司的实力，考虑产品成本、供求状况，制定有利于公司产品在市场竞争中获胜的产品价格。其特点是价格不与成本或需求发生直接关系。

(一)随行就市定价法

随行就市定价法就是企业按照行业的平均现行价格水平制定价格。在完全竞争市场和垄断竞争性较强的市场上，销售同类或相似品种的企业，自己制定价格非常困难，只能跟随种子市场的实际价格的变化而变动。若价格不变且价格很高，这类品种很难在种子市场上有竞争能力。

异质种子市场上，企业有很大的自由度决定种子价格。种子差异化使顾客对价格差异化变化反应不敏感，公司在考虑竞争者价格的同时，也要考虑调整自身价格的水平，采取高于、等于或低于竞争者的价格进行营销活动，以应对竞争者在价格方面采取的竞争。

(二)密封投标定价法

密封投标定价法采用发包人招标，投标人投标的方式选择投标者，确定最终投标价格。招标方只有一个处于垄断地位，而投标方有几个，处于互相竞争地位。标的物的价格由参与投标的各个企业在相互独立的条件下确定，在买方招标的所有投标者中，报价最低的投标者通常中标，它的报价就是投标价，这种竞争性的定价法叫密封投标定价法。

投标价格是中标的关键因素，但是，报价决不能定的低于企业的边际成本。

四、心理定位法

根据用户购买心理对种子定价，使之易于接受，可分为整数定价法、声望定价法、零头定价法和小计量定价法等。声望定价法适于群众喜欢的对路品种，注重品牌，不在乎价格。整数定价法有一分钱一分货的感觉，而且方便结算，但从心理上分析，整数会使人产生进到更高一级数目的感觉，好像太贵了，故不如价格留有零头，如种子每包 4 元就不如每包 3.9 元，这样使农民在购买种子时产生便宜的感觉。零头定价的另一个好处是给人一种经过精心计算的感觉，实实在在。零头定价法适于零售环节。对于用种量小、价格昂贵的蔬菜种子，用大计量如千克定价就会造成种子价格非常昂贵的感觉，但由于用种量小，农民购种量不大，用小计量如 10 g、20 g 的小包装定价，就会有提价不多的感觉。如湘研辣椒种子在销售前期，当时公布的价格是按斤计算的，农民总觉得杂交辣椒种子价格比常规种子价格高了许多，后改用 20 g 包装计价后，由于每亩用种量仅为 20～30 g，农民购种量小，感觉并没有增加多少成本，有力地促进了湘研辣椒种子的销售。

第三节　种子定价策略

一、新产品定价策略

(一)撇油(取脂)定价策略

这是一种高价格策略，就是在产品生命周期的最初阶段，将新产品的价格定得较高，在短期内获取丰厚利润，尽快收回投资。

优点：

(1)利用顾客求新求异的心理，高价刺激消费。

(2)利润大，在短期内收回资金，有利于市场开拓。

(3)当竞争者大量进入时，有利降价，增强竞争能力。

缺点：

(1)高价影响市场开拓，影响销售量。

(2)高价格容易引起竞争。

(3)价格高于价值，损害顾客利益。

(4)高价容易招致公众的抵制，诱发公共关系紧张和矛盾。

(二)渗透定价策略

这是一种低价策略，在新产品上市之初，价格定的较低，吸引购买者，打开销路，提高市场占有率，微利阻止竞争对手进入，有利于控制市场。如果渗透失利，企业的投资很难收回。应具备以下两个条件。

(1)产品市场规模大，价格比竞争对手强。

(2)产品的价格弹性大，价格对顾客敏感。

(三)满意定价策略

这是一种介于撇油定价策略与渗透定价策略之间的一种定价策略，定价不会引起竞争对手的对抗。

二、折扣或折让定价策略

种子的价格有目录价格和成交价格之分。目录价格就是种子价格表或标签标明的价格；成交价格就是企业为了鼓励顾客及早付款，大量购买，淡季购买而进行的降低目录价格，这种价格的调整叫作价格折扣或折让。折扣或折让定价的目的是鼓励顾客大量购买，促进产品多销、快销，加速资金周转，及早收回货款，降低销售费用，减少财务风险。

(一)数量折扣

数量折扣是指卖方为鼓励顾客集中或大批购买所采用的一种优惠策略。它是按照购买数量或金额，分别给予不同的折扣率。它分为累积数量折扣和非累积数量折扣两种形式。

案例

某种子商店告示：在本店购买种子、农药、有机肥、微肥金额起过 1 500 元，送手动喷雾器一个。凡购买 A 玉米品种 100 kg 以上，送一瓶叶面肥。

(二)功能折扣(也叫交易折扣)

功能折扣就是卖方对经销企业产品的中间商在经销过程中所处环节不同，所承担的功能、责任、风险不同而给予的不同价格折扣。它是对中间商经营成本的一种补偿，使其有一定的盈利。

(三)现金折扣(也叫回款折扣)

现金折扣就是卖方对顾客一次性付清货款的一种优惠政策。卖方对在规定的时间进行付款的客户所给予的一种价格折扣。

案例

某种业公司瓜、菜种子销售工作,对大经销商一次性付清种款者,给予总价值5%的现金折扣。

三、心理定价策略

根据顾客心理需求所采用的定价策略。农民喜欢某一种子,种子价格再高他也愿意购买。如2008年昌吉地区油葵市场紧俏矮大头油葵种子价格从80元/kg涨到了180元/kg,农民照样争相购买。

(一)整数定价策略

产品定价时,把产品的价格定为整数,不带尾数,常常以零作尾数,多用偶数。它适用高档消费,价格弹性比较小的产品。新品种、独家品种一般采用此方法。

(二)尾数定价策略

在产品定价时,取尾数,而不取整数的定价策略,常常以奇数做尾数,一般适用于低档、大众化产品。如玉米种子每千克定价5.98元,而不是6元,这使顾客在购买种子时产生便宜的感觉,从而增加销售量。

(三)声望定价策略

根据产品在顾客心目中的声望、信任度、社会地位来制定价格。它可以满足某些顾客的特殊需求(如身份、地位、财富、名望、自我形象,高价格显示名贵优质),一般适用于名优特产品。如华西种业有限责任公司的玉米品种SC-704种子在伊犁市场一直有着良好的声誉,种子定价就采用这种方法。

(四)招徕定价策略

企业将几种产品的价格定得非常高或者非常低,引起顾客的好奇心理和观望行为,带动其他产品销售,加速资金周转。在种子营销中,可将占销售总量10%～15%的一两个一般品种定为特价品进行销售,并大力宣传,以此带动其他品种的销售。

(五)习惯定价

市场上有些种子品种的价格长期稳定,已经形成一种被消费者普遍认可的习惯价格。高于习惯价格被认为是变相涨价;低于习惯价格又会被怀疑品种质量有问题。因此,这类品种的价格力求稳定,不得不涨价时,应采取改换包装或品牌等措施,减少消费者的抵触心理,并引导消费者逐步形成新的习惯定价。

四、产品组合定价策略

产品组合定价即从企业整体利益出发,为每种产品定价,充分发挥每种产品的作用。产品组合就是经营者各种产品的集合。卖方在定价时,要考虑到各种产品之间的关系,提高全部产品的总收入。

(一)产品线定价策略

产品线就是一组相互关联的产品,企业必须安排好产品线内各个产品之间的价格关系和梯度。

品种系列定价策略的关键在于根据品种项目之间在品质、性能、档次、成本、顾客认知等方面的不同,参考竞争对手的品种与价格,确定一个品种系列中各个品种之间的价格差距,以使不同的品种项目形成不同的市场形象,吸引不同的用户,争取实现更多的利润。

种子企业在进行品种系列定价时,首先,应确定某种品种的最低价格,它在品种系列中充当领袖价格,起着吸引用户购买品种系列中其他品种的作用;其次,确定某种品种的最高价格,它在品种系列中充当品牌质量和回收投资的角色;最后,对品种系列中的其他品种依据其在品种系列中的角色分别制定不同的价格。

(二)任选品定价策略

任选品是指同主要产品密切相关的可任意选择的产品。许多种子经营者规定部分菜种子,叶面肥作为任选品,当购种子达到一定量时,可对任选品给予顾客一定数量的优惠。

(三)互替品种定价策略

互替品种是指用户在购买和使用过程中能够互相代替的品种。如花卉种、观赏植物种就是互替品种。一般来说,对于互替品种,种子企业应适当提高畅销品种的价格,降低滞销品种的价格,从全局利益出发,增加经营者的总利润,当然还要考虑竞争因素的影响。

五、区域定价策略

一般地讲,种子企业经营的种子,不仅卖给当地用户,而且同时卖给外地用户,而卖给外地用户,把种子从产地运到消费者所在地,需花一些装运费。所谓地区定价策略,就是经营者在综合考虑种子转运费的补偿、价格对购买者需求的影响等因素的基础上,决定卖给不同地区顾客的种子是分别制定不同的价格还是制定相同的价格。地区定价主要有以下几种形式。

(一)产地交货定价策略

在卖方家门口交货。这种价格单一,适应性强,削弱了远方市场的购买力。

(二)统一交货定价策略

企业的种子价格对所有顾客,不论距离远近都相同。利用近处顾客为远方顾客承担运费。

(三)分区定价策略

不同地区实行不同的价格,同一地区实行统一价格,价格难以管理。

(四)减免运费定价策略

公司承担产品的全部运费和部分运费,使公司产品可以快速渗入其他市场。目的就是促进成交,增加销售量。

(五)基点定价策略

企业选择某个地点作为定价基点,从基点到顾客所在地收取相关费用。

基点定价策略的特点:基点定价策略价格结构缺乏弹性,避免了价格竞争,顾客可在任意基点购买,有利于扩大市场。

第四节　种子价格的调整

种子企业为了生存发展，有时需要通过种子价格调整来适应市场变化，有时也需要针对竞争对手的调价做出适当反应，以确保企业市场销售目标。

一、主动调价

种子企业在营销活动过程中，会因外部市场变化和企业内部销售变化而主动降低价格或提高价格。具体何时降价、何时提价，需要考虑多方面因素的影响，同时还应预测用户和竞争者的可能反应。

二、降低价格

种子企业一般在下列情况下考虑降低价格。

（1）当种子企业生产能力过剩、种子库存量过大、品种不对路、品种老化市场前景不看好又难以通过品种改进和加强销售工作来扩大销售时，就要考虑通过降价来扭转这种不利状况。

（2）受同种农作物商品粮价影响，如某农作物价格下跌，引起播种面积下降，种子价格也随着下降。

（3）在强大竞争者的压力下，市场占有率大幅下降，种子企业不得不降价以对抗竞争者的威胁。

（4）在成本费用比竞争者低的情况下，种子企业试图通过降价来扩大销售量，提高市场占有率，加强对市场的控制，往往也发动降价。

种子企业主动降价，可以刺激用户的购买欲望，容易摆脱困境，提高市场占有率。但降价不一定能促销。为了使降价更好地促进销售，必须选择好降价时机。种子产品一般只适宜一次降价，同一品种降价次数太多会失去市场占有率；淡季时降价比旺季时有利；新品牌的降价效果比旧品牌好。

企业在降低品种价格时，不仅要注意选择降价的时机，还要掌握适当的降价幅度。幅度小，引不起注意；幅度大，引起对品质的猜疑。降价的幅度可以事先确定，但必须明确需要增加多少销售量才能获得与原来相同的利润。

三、提高价格

种子企业一般在下列情况下考虑提高价格。

（1）产品成本提高。由于人工、制种土地、包装和运输等成本不断增加，以及自主产权品种推广应用，这是我国近年来种子价格调高的主要原因。

（2）由于通货膨胀。企业为了应付通货膨胀，有时不得不提高种子的价格。

(3)种子供不应求，不能满足消费者的需求，在这种情况下应考虑适当提价。

(4)种子企业有机会获得更多的利润。

种子企业提高种子价格有明提和暗提两种形式。明提就是其他条件不变，直接提高种子的价格。暗提则是看起来种子标价不变，但实际上价格已经提高，常用的方法是：取消价格折扣；减少销售服务或对原来提供的免费服务收取服务费用；降低种子品质等。

提高种子价格对于增加种子企业利润有明显的效果，但也容易引起顾客和经销商的反感，若运用不当，反而使利润额减低。为了减少用户的不满，种子企业应及时向用户说明提价的原因，同时要有效控制提价的幅度，不能超过用户的接受范围。

四、用户对调价的反应

不管是提价还是降价，都会影响用户、竞争者和中介商。因此，在调价前后，要估计和调查用户对种子企业调价的反应，以减少不利影响，实现调价目的。如玉米种子突然减去一半价格，用户会怎么想？可能会把这次降价行为理解为：

(1)这个品种已经老化了将被新品种替代。

(2)这个品种性能差，不好卖。

(3)种子企业财务困难，经营困难。

(4)企业的种子还会进一步降价，而持观望态度等。

如果提价，用户可能认为该品种很“热”，促进购买行为，也可能种子企业产品品质一般，提价是为了获取暴利，反而产生抵触心理。

用户对价值不同的种子产品的价格调整的反应也有所不同，对于价值高，经常购买的品种的价格变动较为敏感；而对于价值低，不经常购买的品种，即使单位价格高，购买者也不太在意。此外，购买者通常更关心获取和使用产品的总费用。所以，种子企业调价一定要做好充分的调研，做好与用户、中间商的沟通工作，采取合适的策略，同时做好对调价的必要说明、解释，以消除用户的误解和不满。

五、竞争者对调价的对策

种子企业改变价格时，不仅要考虑用户的反应，还必须考虑竞争对手的反应。应该说竞争对手对企业种子价格的反应要比用户的反应更加复杂。种子企业必须深入调查研究竞争对手目前的财务状况、销售与生产能力情况、企业目标以及竞争对手的利益所在，以便对竞争对手的反应做出较准确的预测。如果竞争对手的目标是提高市场占有率，它可能在你提价的同时反而采用降价策略来增加品种的市场占有率；如果竞争对手的目标是取得最大利润，它可能采用跟着提价或不降价策略，通过加强促销活动提高产品销售量。概括来讲，竞争者对调价的反应有以下几种类型。

(一)相向式反应

你提价，他涨价；你降价，他也降价。这样一致的行为，对企业影响不太大，不会导致严重后果。企业坚持合理营销策略，不会失掉市场和减少市场份额。

(二)逆向式反应

你提价,他降价或维持原价不变;你降价,他提价或维持原价不变。这种相互冲突的行为,影响很严重,竞争者的目的也十分清楚,就是乘机争夺市场。对此,企业要进行调查分析,首先摸清竞争者的具体目的,其次要估计竞争者的实力,再次要了解市场的竞争格局。

(三)交叉式反应

众多竞争者对企业调价反应不一,有相向的、有逆向的、有不变的,情况错综复杂。企业在不得不进行价格调整时应注意提高产品品质,加强广告宣传,保持分销渠道畅通等。

种子企业面对竞争者的价格变动,往往必须在数小时或数天内明确果断地做出适当反应。缩短价格反应决策时间的唯一途径是:预料竞争者的可能价格变动,并预先准备适当的对策。

实践中,种子企业提价和降价历来都是有利有弊的。因此,种子企业不可盲目提价和降价,应在品种质量、效益、形象等方面分析的基础上,正确运用价格策略,使价格真正成为促销的有效手段。

案例与训练

1. 案例:天津黄瓜研究所的"津优"牌系列黄瓜种,十几年前是市场上的名牌产品。其在刚进入市场阶段,销售上主要依靠当地经销商、开现场会、赠送试验种子等促销方法,在定价上主要突出其品种特点,利润点,价格也比同类产品高一些。几年后,"津优"系列黄瓜种得到了市场的认可,在2000年,我国整个市场处于不景气时期,许多厂家纷纷采用降低种子价格的方法促销,但"津优"黄瓜种不降反升,每袋种子上涨了4元钱,这一举措给上一年有其存货的经销商吃了定心丸,由于产品价值的不断上升,经销商有利可图,加上顺畅的销售渠道,抬高价格的情况下,其销量也大幅度增加。试分析:

(1)该公司采用了什么样的定价目标?

(2)该公司采用了什么样的定价策略?

2. 案例:昌吉市某种子公司从美国迪卡公司获得玉米A品种独家制种销售权。公司在新疆玉米种子专业公司中排名第二,公司资金运行每年需小额贷款。公司在新疆玉米主产区县、乡设有公司种子销售网络。

该公司获得迪卡公司每年玉米A品种500亩制种授权,每年亲本及技术转让费为40万元。该品种亩平均制种产量在360 kg,公司与农民按清选后2.8元/kg签订代繁合同。公司计划按25 kg包装销售该品种。

目前,新疆北疆地区玉米种子市场与玉米A品种产量、品质相类似的品种有2个,均属于高赖氨酸饲料玉米。玉米A品种与当地品种相比具有产量高、抗玉米螟的特点。近2年当地公司品种批发价在5.8元左右。

根据以上情况,请设计玉米A品种市场销售价格。

3. 昌吉市某种子企业2018年郑单958玉米制种面积1 000亩,生产合格种子400 t,其中亲本种子12元/kg,亩用种量4.5 kg/亩,制种价格3.0元/kg,管理费用5万元,加工费用2万元,运输贮藏费用3万元,销售费用10万元,其他费用5万元,企业对这批产品的毛利润期望能达到12%。请计算出这批产品的销售基本价格。结合种子市场分析，给这批种子定一个合理的销售价格。

学习心得

第六章　种子分销策略

内容提要

1. 分销渠道的基本模式
2. 中间商的类型与特点
3. 种子营销渠道的构建与管理

第一节　分销渠道的基本模式

一、分销渠道的概念

分销渠道即商品流通渠道。美国市场营销学者爱德华·肯迪夫和理查德·斯蒂尔认为，分销渠道是产品从生产者向最后消费者和产业用户移动时，直接或间接转移所有权的途径。

分销渠道是指某种货物或者劳务从生产者向消费者移动时，取得这种货物或劳务的所有权或帮助转移其所有权的所有企业和个人。因此，分销渠道主要包括商业中间商(因为他们取得所有权)和代理中间商(因为他们帮助转移所有权)。此外，它还包括处于分销渠道的起点和终点的生产者和消费者。具体来讲，分销渠道包括四层含义。

(1)分销渠道的起点是生产者，终点是消费者和用户，它所组织的是从生产者到消费者之间完整的商品流通过程，而不是商品流通过程中的某一阶段。

(2)分销渠道的积极参与者是商品流通过程中各种类型的中间商。

(3)在分销渠道中生产者向消费者或用户转移产品或劳务，应以商品所有权的转移为前提。

(4)分销渠道就是某种特定产品从生产者到消费者或者用户所经历的流程，分销渠道不仅反映商品的价值形成变化的经济过程，而且也反映商品实体运动的空间路线，企业产品是否能及时销售出去，在相当程度上取决于分销途径是否畅通。

二、分销渠道的组成要素

分销渠道由五种类型的流程联结起来，即实体流程、所有权流程、付款流程、信息流程、促销流程。

(一)实体流程

实体流程就是实体原料及成品从制造商转移到最终顾客的过程。如某种业公司生产的玉米品种郑单 958 种子,通过 A 经销商将郑单 958 种子卖给甲农户种植,通过 D 经销商将郑单 958 种子批发给丙零售商,由丙零售商将郑单 958 种子卖给 B 农户种植。

(二)所有权流程

所有权流程指货物所有权从一个市场营销机构到另一个市场营销机构的转移过程,其一般流程为:供应商→制造商→经销商或代理商→顾客。如东单 7 号玉米种子由东亚公司提供→新实良种公司负责新疆的推广和销售工作→种子进入各销售区的经销商,经销商可以直接销售,也可以批发给下级销售商或零售商→用户。

(三)付款流程

付款流程指货款在各市场营销中间机构之间的流动过程。付款流程与所有权流程反方向。

(四)信息流程

信息流程指在市场营销渠道中,各个市场营销中间机构相互传递信息的过程。信息流程在销售渠道中的流向是双向或多向的,任何一个节点都可以发送信息,也可以接收信息。

(五)促销流程

促销流程就是一个单位运用广告、人员推销、公共关系、促销等活动对另一个单位施加影响的过程。一般卖方进行的比较多。

三、分销渠道的基本模式

按流通环节的多少,可以将分销渠道划分为直接渠道与间接渠道,间接渠道又分为短渠道与长渠道。

(一)直接渠道与间接渠道的区别

直接渠道与间接渠道的区别在于有无中间商。直接渠道(图 6-1a)就是生产企业不通过中间商环节,直接将产品销售给消费者。直接渠道是工业产品分销的主要类型。例如大型设备、专用工具及技术复杂的产品,需要提供专门服务的产品,都采用直接分销;有些消费品也采用直接分销类型,诸如种苗等鲜活商品等。

间接渠道(图 6-1b)就是生产企业通过中间商环节把产品传送到消费者手中,间接分销渠道是消费品分销的主要类型,农业上各类农作物种子等都采用间接分销类型,图 6-1b 表示中间商存在的意义。

(二)长渠道和短渠道

分销渠道的长短按照流通环节的环节数或中间商层次多少来划分,大致包括以下几种。

(1)零级渠道:即生产制造商—消费者。

(2)一级渠道:即生产制造商—零售商—消费者。

(3)二级渠道:即生产制造商—批发商—零售商—消费者。

(4)三级渠道:生产制造商—代理商—批发商—零售商—消费者。

(三)宽渠道与窄渠道

渠道宽窄取决于渠道的每个环节中使用同类型中间商数目的多少。企业使用的同类中

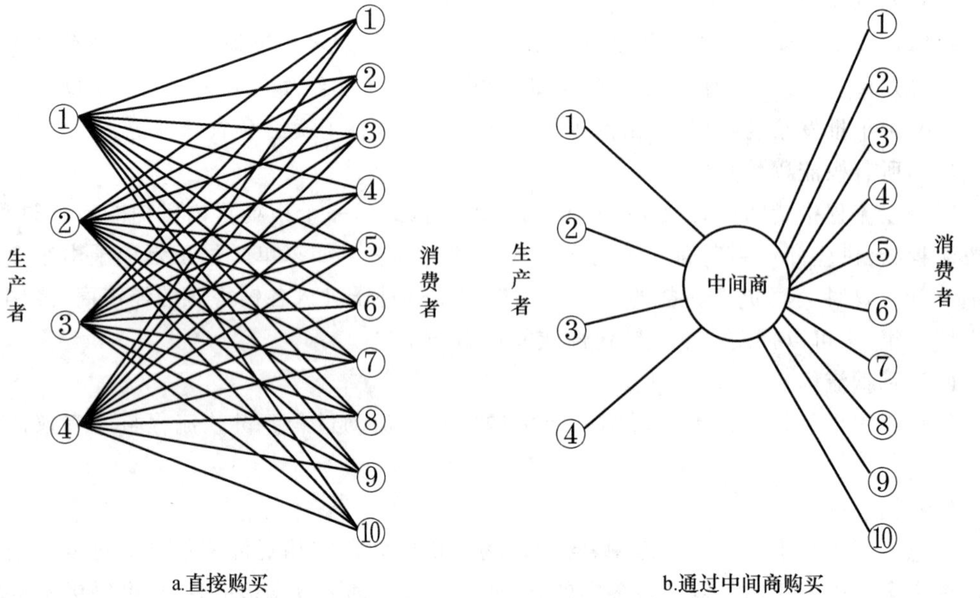

图 6-1 产品分销渠道主要模式

间商多，产品在市场上的分销面广，称为宽渠道。如一般的日用消费品（毛巾、牙刷、开水瓶等），各类农作物种子，如玉米种子、瓜菜种子、棉花种子、水稻种子、花卉种子、小麦种子等都是由多家批发商经销，又转卖给更多的零售商，能大量接触消费者，最后到达农民手中，可大批量地销售产品；企业使用的同类中间商少，分销渠道窄，称为窄渠道，它一般适用于专业性强的产品，或贵重耐用消费品，由一家中间商统包，几家经销，生产企业容易控制分销，市场分销面受到限制。

（四）单渠道和多渠道

当企业全部产品都由自己直接所设门市部销售，或全部交给批发商经销，称之为单渠道。多渠道则可能是在本地区采用直接渠道，在外地则采用间接渠道，在有些地区独家经销，在另一些地区多家分销。

（五）分销渠道的新类型

进入 20 世纪 80 年代，分销渠道突破了由生产者、批发商、零售商和消费者组成的传统模式和类型，有了新的发展，如形成垂直渠道系统，水平渠道系统，多渠道营销系统等。

1. 垂直渠道系统

这是由生产企业、批发商和零售商组成的统一系统。垂直分销渠道的特点是专业化管理、集中计划、销售系统中的各成员为共同的利益目标，都采用不同程度的一体化经营或联合经营，它主要有以下三种形式。

（1）公司式垂直系统

公司式垂直系统就是一家公司拥有和统一管理若干工厂、批发机构和零售机构，控制分销渠道的若干层次，甚至整个分销渠道，综合经营生产、批发、零售业务，这种渠道系统又分为两类。工商一体化经营和商工一体化经营。工商一体化就是指大工业公司拥有，统一管理若干生产单位，商业机构。商工一体化就是指由大零售公司拥有和管理若干生产单位。

案例

荷兰先正达公司及美国孟山都公司都拥有种子、农药、种衣剂的批发机构和零售机构，其销售门市部（网点）遍布全世界。它在中国设有分支机构，转基因种子在中国大量推广，被广泛使用，农药和种衣剂产品使用也很普遍。

(2)管理式垂直系统

管理式垂直系统由制造商和零售商共同协商销售管理业务，它的业务涉及销售促进、库存管理、价格制定、商品陈列、购销活动等。

案例

国内一些大型种业公司，如北京奥瑞金种业、辽宁东亚种业、北京德农种业、新疆康地种业与其零售经销商共同商定种子门市牌匾、门头装饰、种子陈列、货架位置、促销、定价等来统一规范企业文化，对下属企业垂直管理，实行统一模式。

(3)契约式垂直系统

契约式垂直系统指不同层次的独立制造商和经销商为了获得单独经营达不到的经济利益，而以契约为基础实行的联合体。

案例

湖南隆平高科种业股份公司、四川国豪种业公司、襄樊正大农业开发有限公司等在营销渠道建立过程中和一些独立零售商签订合同，授予经营其流行商标的产品和宣传服务项目的权利，允许其中间商使用隆平高科、四川国豪及襄樊正大品牌及商标。

2. 水平渠道系统

水平渠道系统指由两家以上的公司联合起来的渠道系统，它们可以实行暂时或永久的合作，这种系统可发挥群体作用，共担风险，获取最佳效益。

当前，部分地区设立的种子超市，就是利用各个公司的资源共同开展种子营销活动。

3. 多渠道营销系统

多渠道营销系统就是对同一或不同的细分市场采用多条渠道营销系统，这种系统一般分为两种形式，一种是生产企业通过多种渠道销售同一商标的产品，这种形式易引起不同渠道间激烈的竞争；另一种是生产企业通过多渠道销售不同商标的产品。如新疆某种业公司在A地区选择5名经销商销售郑单958玉米种子；又选择了3名经销商，销售公司玉米品种新玉12号、新玉23号、新玉24号。

第二节　种子分销渠道的中间商

种子中间商作为联系种子企业与农民的中间环节，是营销渠道中的重要组成部分，它影响到种子营销渠道的结构。目前我国种子中间商主要由各类种子公司、农技推广中心和个体经营户组成。根据他们在销售渠道中的服务对象的不同，中间商分为批发商和零售商。

一、中间商的功能

（一）扩大销售范围

中间商力量使生产商能够以较小的成本接触更多的中小客户及消费者。

（二）有效集散产品

生产商通过广泛地接触不同的中间商，可以高效率地批发、配置多种产品，迅速把产品供应给零售商和消费者，提高顾客的采购效率。

（三）保证产品储存

中间商备有相当数量的库存，减少了生产商和零售商的仓储成本与风险。

（四）提供运输保证

由于中间商备有充分的库存，可以迅速发货，提供相关的运输服务保证。

（五）开拓资金融通

可以为顾客提供便利的财务条件，如准许赊账，还可以为供应商提供供货等方面的资金保证。

（六）承担市场风险

中间商购进产品后，承担了经济风险，如生产供求和价格变动带来的风险，产品运输和保管中的风险，预购和赊账中的呆账风险。

（七）沟通产销信息

向供应商和顾客提供有关竞争者的产品、服务信息，以及服务和价格变化等方面的信息。

（八）为零售商服务

经常帮助零售商改进经营管理，如培训销售人员，帮助零售商建立会计和存货控制系统。

二、中间商的类型

根据销售对象的不同，种子中间商分为种子批发商和种子零售商。

（一）种子批发商

种子批发商批发，是指经营单位或个人把自己的种子，或替委托人把种子卖给最终种植业户以外的任何购买者。因此，批发商的经济活动是以进一步转卖或加工生产为目的的。

1. 种子批发商的作用

①批发商通过向种子生产企业收购种子或替种子生产企业推销种子，可以帮助种子生产企业实现种子的销售。对于大多数中小种子生产企业来说，无论是自己设立一个销售部门直接销售种子，还是借助众多的零售商销售种子，其在种子分销渠道的投资都非常大，往往得不偿失。如果通过批发商来销售种子，种子生产企业可以大批量、少批次地销

售种子，可以节约企业大量的人力、物力和财力，有效降低种子营销费用，顺利地实现种子销售目标。

②批发商通过分类、分等的方式分割大批量种子产品，为零售商提供需要的搭配产品。

③批发商还可以通过仓储、运输等经营活动，实现种子在不同季节、不同地区的供求平衡。许多种子的种植生产是有季节性的，批发商可以通过调种或贮存种子来满足当地种植户对种子的需求。

④批发商可以通过提前订货或预付款等方式为种子生产企业提供融资服务，也可以为零售商提供各种信用条件，提供融资服务。

⑤批发商联系各地的种子生产企业与零售商，可以为种子生产企业和零售商沟通产、销市场信息。

⑥批发商可以通过帮助零售商培训销售人员，为零售商提供各种管理咨询服务。

2. 种子批发商的类型

根据种子批发商从事批发活动方式的特点，可将其分为种子批发商、种子代理商以及种子企业分销部和销售办事处。

(1)种子批发商

种子批发商是指独立经营，取得种子所有权后再批发售出的批发商。种子批发商按其经营种子的范围可以分为三种。

①经营范围广，产品种类繁多，以普通种子零售商为销售对象的一般种子批发商；

②经营范围仅限某一类作物种子，而这一类种子的品种齐全，以独立零售商为销售对象的某一类作物种子批发商；

③专业化程度较高，专门经营某一类作物种子中的某品种种子，以专业商店为销售对象的专业批发商。

(2)种子代理商

种子代理商是指促成种子买卖成交，赚取佣金，不取得种子所有权，只提供有限服务的批发商。种子代理商有以下几种。

①种子经纪人。种子经纪人通常拿着种子说明书和样品促成买卖双方成交。他们不直接控制种子，成交后，由种子生产企业把种子直接运给购种方，而经纪人向委托方收取一定的佣金。

②种子生产企业的代理商。这种代理商类似种子生产企业的推销员。他们和几个种子生产企业签订长期代理合同，在某一地区专卖非竞争而又相关的种子，按照这些种子生产企业规定的销售价格和销售条件替这些种子生产企业代理全部或部分种子，并按销售额的一定百分比向种子生产企业收取佣金。

自己没有推销员的小种子生产企业和新公司，以及种子产品种类很少的生产企业，往往采用这种代理商。大型种子生产企业在潜在买主不多、生意较少的地区也往往委托代理商来开拓新市场。

③销售代理商。这种代理商实际上是种子生产企业的独家全权销售代理，他们为种子生产企业销售全部种子，对价格及其他交易可全权处理。种子生产企业一般只能使用一个销售代理商。

除以上三种种子代理商外，还有佣金商、进出口代理商等。

(3)种子企业分销部和销售办事处

分销部和销售办事处是种子生产企业的销售分支机构，不是独立的批发商。种子生产企业的分销部执行种子贮存、销售、送货和种子服务等职能。销售办事处设有仓储设备，并有一定的种子库存，主要从事种子销售业务。

(二)种子零售商

种子零售商专指以种子零售为其主要销售额来源的商业企业，它所执行的主要职能就是为农户提供直接的种子产品服务。

我国种子销售渠道中零售商从产生的背景来看，主要有四类：一是原国有种子企业的职工，这部分人经营头脑灵活，业务熟悉，经营绩效好，规模比较大，已成为经营种子的主力军，其中相当一部分零售商已成长为拥有自己的种子品牌，甚至拥有自己的种子生产基地的种子公司；二是生产资料、供销等系统的经营人员改做种子经销，这部分人专业知识相对较差，技术服务不如前者，但经营灵活；三是农业专业技术人员，如乡镇农技站人员，包括县乡聘用农技人员等，这部分人员专业技术素质好，离农民最近，对农民的需求最了解，但经营管理水平有待提高，经营效益大多不佳，规模也小；四是从其他行业新加入的人员，其他行业人员看到种子经营的利润高、机会多，于是做起了种子经销。这类人缺乏经销种子的经验，但对新品种热情高、有闯劲、肯学习。

按种子零售商所有权拥有方式，种子零售类型可以分为公司连锁、自愿连锁和零售店合作组织、种植户合作组织、特许经营组织和商业联合体等。

1. 公司连锁店

连锁店通常表现为两个或多个商店同属于一个种子企业，用同一个价格经销同样的种子，连锁店面采用统一的设计格调和标识，以强化消费者对企业产品的认同。如新疆农资(集团)公司开展的“农佳乐”连锁店经营。

2. 自愿连锁和零售店合作组织

多个独立商店自我发起组成连锁经销组织，从事规模采购和统一管理。也可以由若干零售商成立中心采购组织，同时联合进行促销活动。这些组织能够获得必要的商业规模经济，能较好地应付来自公司连锁的价格挑战。

3. 种植户合作组织

这是一种为顾客自己所有的零售公司。由区域农户自己出资开设，自定办店方针和管理小组，制定较低利润额价格，最后按照个人购买量的大小分配红利。

4. 特许经营组织

特许经营组织是指在特许人和特许经营者之间形成的一种契约式的联合。特许经营组织通常是以特许人某种独特的种子、服务，或者某种经营方式，或者是某个商标、某项专利，或者是特许人的声誉为基础的。

5. 商业联合体

商业联合体是由几种不同的零售业务和形式联合组成的所有权集中的松散型公司组织，组织内各零售商的分销和管理职能实行不同程度的一体化。

第三节　种子营销渠道的构建与管理

一、种子营销渠道构建的目标和原则

营销渠道的构建是指为实现企业的分销目标，对各种备选渠道结构进行评估和选择，从而开发新型的营销渠道或改进现有营销渠道的过程。

（一）种子营销渠道构建的目标

1. 降低渠道成本，提高渠道效率

最近几年，我国种子市场发生了巨大改变，新品种层出不穷，许多种子供大于求，种子企业的竞争日益激烈，营销渠道的利润空间逐渐缩小。因此，一方面要求种子企业通过控制和降低渠道成本，来增加企业和整个渠道通路的利润。另一方面通过提高种子销售量和销售额，扩大企业产品的市场占有率，提高渠道效率。

2. 满足农民需要，提高渠道成员忠诚度

（1）提高农民对本企业的忠诚度

赢得一个新顾客要比保留一个老顾客代价昂贵得多。种子企业必须提高种子的品质，利用顺畅的营销渠道来降低种子价格，方便农民购买、搞好售后服务、保证农民与经销商之间的信息及时传递，使得农民买得开心，用得放心，以此获得忠诚的顾客。

（2）提高种子经销商的忠诚度

由于营销渠道成员来自不同的利益群体，所以他们之间存在着矛盾和冲突，企业应当对其渠道成员间的矛盾进行协调，减少渠道冲突，降低渠道成本，增加渠道利润，强化对渠道成员的服务，保证企业与渠道成员间信息及时传递，从而维持和深化企业与经销商之间的关系，提高渠道成员的忠诚度。

（二）种子营销渠道构建的原则

1. 环境匹配原则

种子营销渠道应当与渠道的内外环境相匹配。种子营销渠道的内部和外部环境影响着种子营销渠道的建立模式，不同的营销渠道环境要求与之相适应的营销渠道模式。只有与市场环境相匹配的营销渠道才能有效运转。

2. 畅通高效原则

种子营销渠道要以农民需求为导向，根据农民购买的时间、习惯和种植需求，通过最短的路线，将种子尽快、尽早并以尽可能优惠的价格送到农民的手中。从种子企业的角度讲，应该尽量提高分销效率、降低渠道费用。同时，要保持渠道信息的畅通，及时解决销售过程中出现的问题，满足农民的需要，掌握市场的变化情况。

3. 终端控制原则

种子营销渠道的终端直接面对广大的农民，农民对种子的需求以及市场的变化，最先反应在终端。种子企业在推广新品种或开发新市场时，对终端的控制尤为重要。市场决战在渠道，落脚点则是对终端经销商的占领。如果一个企业没有掌控终端，也就没有真正掌握市场的主动权。

4. 扁平化原则

扁平化的真正含义是减少渠道环节，将现有人员更多地集中在最有价值的营销工作中。种子市场面对的主要用户是居住非常分散的农民，多层次的渠道格局不仅使种子企业难以有效控制渠道，阻碍渠道效率的提高，而且使信息不能准确、及时的反馈，不利于形成种子价格竞争优势。如果一味强调降低分销费用，而没有达到足够大的市场覆盖面，必然会影响到蔬菜种子品种的市场占有率，达不到经济效益和社会效益最大化。

5. 适度稳定原则

种子营销渠道一旦建成，就应该具有相对稳定性，一般不宜做较大幅度的调整。相对稳定的营销渠道有利于培养渠道成员的忠诚度。但当某一渠道成员不再符合渠道要求或阻碍渠道的发展时，就要考虑渠道成员的除旧纳新，调整后的渠道应保持适应力和生命力，在可控制的范围内保持基本的稳定状态。

6. 互惠互利、共同发展原则

现在种业企业的竞争已经不是单个企业间的竞争，而是企业所处的价值链体系与另一个价值链体系的竞争，种子企业与其渠道成员是一荣俱荣、一损俱损。因此，在构建营销渠道时要综合考虑各个渠道成员的利益，协调各方的利益，达到渠道成员之间互惠互利、共同发展的目的。

二、影响种子分销渠道的因素

影响种子分销渠道的因素有很多，从影响层次来看可以分为微观因素和宏观因素，外层为宏观影响因素，内层为微观因素（图 6-2）。微观因素主要有种子特性、农户购买行为、种子公司自身状况、竞争者的营销渠道等。宏观因素包括国家的法律因素、经济状况、社会因素、技术因素、行业结构、行业竞争状态以及企业在行业中的地位等。

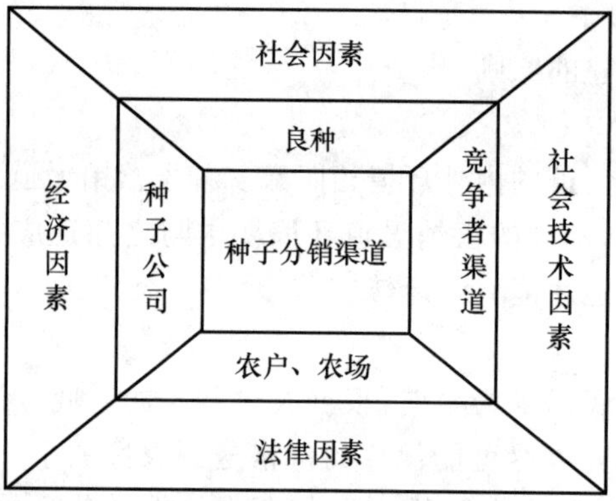

图 6-2 种子分销渠道影响因素

（一）种子特性

1. 自然特性

从种子自身来讲，有着许多自身的特性，如①种子使用的短期时效性；②种子使用地域有限性；③种子具有科技承载的密集性；④种子的生命特性；⑤种子生产的季节性和周期性等。

2. 市场特性

(1)种子具有生产资料的属性

农民购买种子的目的是以一定的代价取得对自己有用的、合算的使用价值，希望在将来能为其带来更大的收益，即购种目的是非直接盈利的。而在现阶段农业生产成本不断加大，农民增收困难，农业的预期收入并不容乐观，这使得农民对种植的品种、数量、成本等有了更慎重的考虑。

(2)种子具有消费品的属性

我国种子消费具有以下特点：①小型、分散。目前来讲，我国的农业生产是以家庭为基本单位的，土地承包规模较小，用种量小，因而种子的购买多属于小型交易。②广泛、复杂。因农民数量多而广泛，复杂是因为我国土地辽阔，气候变化大，生态类型多，种子种类繁多，而且农民有种植的自主性，造成即使同一地区种植同一种类的农作物，其品种差异性也非常大。③非专家购买。普遍而言，农民的素质较低，缺乏对种子的专门知识，多数情况下受个人感情和印象的支配，易受舆论和广告宣传的影响。

(二)种子用户

布克林认为：营销渠道成员通过执行货物运输、刺激需求、实体分销、售后服务、品质保证等职能以满足消费者对服务的需要。这些服务包括：空间上的便利性(或市场分散化)、一次购买商品的数量、减少等待的时间或交货时间、品种的多样化(产品的深度和广度)。而这些服务受消费者的素质、购买行为、购买习惯影响。换言之，消费者的素质、购买行为、购买习惯会影响到渠道成员所执行的渠道职能和渠道结构。种子营销渠道也不例外。种子营销渠道受农民自身因素的影响，特别是受农民文化程度、种植水平、获取信息的能力及种植收入等的影响。

(三)公司状况

种子公司作为种子生产者和经营者，是种子营销渠道的重要成员，它的经济实力、人力资源和种子品牌都会对渠道产生巨大的影响。

1. 种子公司的经济实力

公司的经济实力是影响营销渠道的一个重要因素。它不仅影响到渠道的组织形式、长度、宽度和广度，而且还影响公司在渠道中所扮演的角色。

不同渠道的销售收入和渠道成本不同，对公司规模的要求存在着差异。每一种营销渠道方案的实施都会实现一定产品销售量，但也要为此付出一定的代价，因此公司在对渠道进行决策时要根据公司的实力和市场需求来评估每个渠道的利润，即每一渠道销售额扣除渠道成本后余额的大小。一般来说，利用营销代理商所需要的固定成本投入低于公司自己组建销售队伍的费用，但公司付给代理商的佣金往往要高于支付给自己销售队伍的费用，所以，随着销售量增长得快，利用代理商的费用增长得也很快，总的销售成本会高于公司的直接销售的成本。

选择代理商或组建自己的销售队伍问题的实质是“购买还是建立”的组织方式问题。在什么条件下组建自己的销售队伍(通过自己建立或收购来“建立”自身的渠道)是一种合理的选择，在什么情况下依靠代理商独立运作(“购买”第三方服务)更为理智，要在分析公司经济实力、行业规模、经济状况以及市场需求的基础上，选择渠道的类型。一般而论，代理商适用于小型公司或者大公司的某一个销售额很小的区域。公司在发展到一定规模后要组建自己的网络渠道。

2. 人力资源

人力资源是企业的重要战略资源，是企业在规划战略时必须要考虑的因素。设计种子营销渠道亦是如此。在我国种业界，科技人才储备雄厚，但既懂种子知识，又善于经营的复合人才匮乏。

种业企业都需要组建自己的营销网络。这就要求公司市场营销人员了解农民的真正需求，找出合适的销售渠道，提出良种研发的改进意见，从而维持公司在种业市场的竞争性。种业市场营销人员必须能够对所有的市场进行渠道设计、定期评估及修正，以及制订策略性的营销计划及特案营销活动，完成种业公司核准的长期销售与利润目标，透视不同品牌良种的营销问题。同时，对渠道要有强有力的驾驭能力，能够激励渠道成员发挥最高的创造力和生产力，对渠道成员的困难给予指导和帮助，协调成员间的活动，弱化渠道冲突。懂良种技术，又精通市场营销的高素质人才将是种业企业人才竞争的焦点。

营销人员对种子公司的发展起着举足轻重的作用，然而并不是每一个种子公司都拥有这些营销精英人才，因而不同人力资源结构选择的营销渠道模式也不相同。例如，由科研院所转化而来的种子公司科研人员充裕，市场营销力量相对不足，通常采用代理渠道模式，利用代理商的渠道资源。原有的县级种子公司不具备科研实力，但在当地拥有丰富的渠道资源，在未来发展中，充当其他种子公司的代理商或经销商。

3. 公司的服务

服务是影响渠道构建的重要因素。如何把公司服务交付给农民和这种服务应该在什么地方进行，是设计渠道时必须要考虑的因素。

种业服务影响渠道终端的位置。对于种业服务来讲，位置的重要性取决于种子公司与农民相互作用的类型和程度。一般来说，服务提供者与消费者之间的相互作用方式有三种：顾客来找服务提供者、服务提供者来找顾客、服务提供者与顾客在随手可及的范围内进行交易。种业的服务属于第一种，农民等消费者来找种子公司属于第二种，特别是在销售服务过程中，农民在播种季节，不得不到种子公司来购买良种，这就使种子公司的位置变得特别重要，种子公司努力做到方便到达、畅通无阻的服务，是企业营销实力的象征。在美国，美国泛美种子公司能够利用高效物流系统快速供货，美国泛美种子公司比任何一家种子供应商更及时地把订购的种子送到农户手中，不会超过两个小时，在加拿大订购的良种会在两天之内到达，该公司发货及时率达到99%。

4. 公司品牌

种子品牌对种业营销渠道的影响主要表现在以下两个方面。首先，从本质来讲，通过品牌能辨认出销售者或制造者。由于种子的外观难以辨认其品质高低，品牌也成了一个较为方便的评判标准，农民会根据以往的经验和品牌的吸引力到指定的种子公司或经销点购买种子。其次，品牌对经销商有重要的影响。一般而言，经销商对于名牌产品有较高的积极性，会增大名牌种子存货量，贯彻供应商的市场政策，提高资金回流率。相反，对不知名的种子，经销商可能对其要求比较苛刻，如要求供应商提供广告、展览等促销活动的全部费用、较高的上架费、实行零风险销售等。

对于经销商来讲，一个品牌响亮的种子是利润、是销量、是形象，最关键的还是销售的效率。一般来讲，畅销种子需要经销商做的市场推广工作较少，所以经销商的销售成本较低，还会带动相关产品的销售。这样可以从整体上增加公司的利润，同时因为销售速度比较快，提高了经销商资金的周转速度。

（四）竞争者渠道

一般来讲，种子公司要尽量避免和竞争者使用一样的营销渠道。如果竞争者使用和控制着传统的渠道，种子公司就应当使用其他不同的渠道或途径推销其种子。其原因在于同一渠道中资源的稀缺性。如某一区域种子经销商同时经营着两家种子公司的种子，就会将其有限的人力、物力投入到能为其带来更多利益的品种上，而另一个公司的种子可能遭到冷落。如果种子公司为避免采用竞争者渠道而采用其他渠道，会造成成本过高，得不偿失；也可以采用与竞争者一样的渠道，在采用竞争者的渠道时，要了解目前的营销渠道状况和发展趋势，特别要研究和借助盈利水平以掌控经销商。

（五）宏观环境因素

1. 法律因素

法律因素主要是国家与种子有关的法律法规。对种子营销渠道构成直接影响的主要是《中华人民共和国种子法》《中华人民共和国植物新品种保护条例》《农作物种子生产经营许可证管理办法》《进出口农作物种子（苗）管理暂行办法》、WTO《实施卫生与植物卫生措施协定》（简称《SPS 协定》）等与种子（苗）相关的法律法规。

2. 经济政策因素

直接和间接影响我国种子营销渠道的经济因素有很多，主要有“绿箱”政策、农村生产结构调整政策和地方保护主义等。

中国加入 WTO 后，虽然减少对农业和农民的直接价格补贴等形式的国内支持，但可以采用“绿箱”政策扶持国内农业。所谓“绿箱”政策是指那些对生产和贸易不造成扭曲影响或影响非常微弱的政策。由于种子具有公共物品的属性，因而国家应对种子育种、科技成果推广等方面进行投资。影响到种子渠道的政策具体包括：政府的一般服务，如对新品种的培育或老品种的改良研究的支持、良种的推广和咨询服务、检验服务、营销和促销服务等。

3. 社会技术因素

这里的技术因素是从整个社会的角度来讲的，是指社会各成员都可以享用的生物技术、信息技术等。生物技术的广泛应用提高了种子的适应能力，降低了种子对运输、贮存、栽培技术等方面的要求。降低了对种子渠道成员资金、技术等方面的要求。如分子标记技术、转基因技术在油菜育种方面的应用提高了油菜抗病能力，降低了农民对相关服务的需求，进而减少对技术服务的需求，降低渠道成本。

信息技术的快速发展为渠道的信息沟通提供了有利条件。网络技术能够使农民和中间商足不出户就能够获得种子市场信息、种子公司经营状况等。同时，信息技术的运用为种子营销渠道提供了全新发展模式——网络渠道。

三、种子分销渠道设计与改进

（一）种子分销渠道设计

企业分销渠道的设计就是在综合考虑分销渠道各影响因素的基础上进行的。分销渠道设计包括分销渠道的长度设计、宽度设计和广度设计。

1. 分销渠道的长度设计

分销渠道的长度结构,又称层次结构,就是按照其包含的渠道中间商,即渠道层级数量的多少来定义的。通常情况下,根据包含渠道层级的多少,可以将一条分销渠道分为零级、一级、二级和三级渠道等。

零级渠道,又称为直接渠道,就是没有渠道中间商参与的一种渠道结构。在零级渠道中,产品或服务直接由生产者销售给顾客。零级渠道是大型、贵重、技术复杂产品,需要提供专门服务的产品销售采取的主要渠道。种子企业直接为大型农场提供种子、服务于种子的销售形式等也属于零级渠道。

一级渠道包括一个渠道中间商。在工业品市场上,这个渠道中间商通常是一个代理商、佣金商或经销商,而在消费品市场上,这个渠道中间则通常是零售商。种子市场多采用这种销售渠道。

二级渠道包括有两个渠道中间商,在工业品市场上,这两个渠道中间商通常是代理商及批发商,而在消费品市场上,这两个渠道中间商则通常是批发商和零售商。依此类推,三级渠道包括有三个渠道中间商。

2. 分销渠道的宽度设计

分销渠道结构有渠道长度以外,还有渠道宽度问题。所谓分销渠道的宽度结构,就是分销渠道同一环节或层次中选用中间商数目的多少,多者为宽,少者为窄。根据同一层次中间商数目的多少,可以分为密集型分销渠道、独家分销渠道和选择性分销渠道。

(1)密集型分销渠道

也称广泛型或普通型分销,即企业在同一渠道层次中选用尽可能多的中间商经销自己的产品,使产品在目标市场形成铺天盖地之势,达到使自己产品品牌充分显露,实现路人皆知和随处可买,最广泛地占领目标市场的目的。

案例

2015—2016 年某新疆种业公司实行的销售政策就是密集型分销渠道,在种子销售过程中,尽可能多地选用代理商经销种子,在新疆各地州都设立办事处。以办事处为中心,在全疆范围内大规模地建立销售网络,使该公司的品牌路人皆知,随处可见。种子销售形成铺天盖地之势,最大程度、最广泛地占领市场。但从经济角度来看,这种密集型分销所产生的费用较大,同时,由于中间商数目众多,无法控制渠道行为。中间商互相窜货、砸价,尽管这种分销方式给该公司的种子销售起了很大的促进作用,但最终这种方式弊大于利。很快,这种方式在 2017 年被公司自己叫停。

(2)独家分销渠道

是在某一层次上选用唯一的一家中间商进行产品销售的渠道。这是一种常见的专营型分销渠道。

(3)选择性分销渠道

是在某一层级上选择少量的中间商进行商品分销的渠道,它介于密集型分销渠道与独家经销渠道两种渠道之间的一种分销渠道。

总之，渠道宽度的选择取决于企业的战略目标、产品特点、顾客分散程度。

3. 分销渠道的广度设计

分销渠道的广度结构可分为直销和分销两大类。其中，分销可分为代理和经销两类。代理和经销均可能选择密集型，选择性和独家等多种经销方式。

(二)我国种子分销渠道现状

1. 种子分销的主要模式

当前，我国种子营销渠道主要有直销营销渠道和经销商营销渠道。

(1)直销营销渠道

直销营销渠道即零层渠道，指由生产商直接将产品销售给客户(图 6-3)。这是一种产销结合的营销渠道，通常由生产商自己设置销售机构，配备销售人员，将企业产品直接销售给客户。目前，邮购销售和用种户直接上门到企业购种是直销渠道的主要形式。

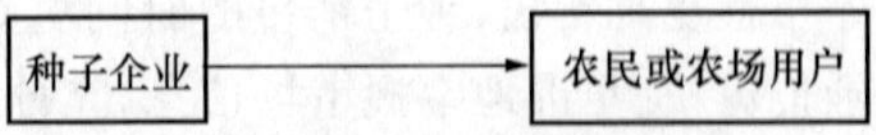

图 6-3 直销营销渠道

(2)经销商营销渠道

经销商营销渠道是指种子企业通过中间商将种子出售给用种户的方式(图 6-4)。中间的层级数有一级、二级不等。

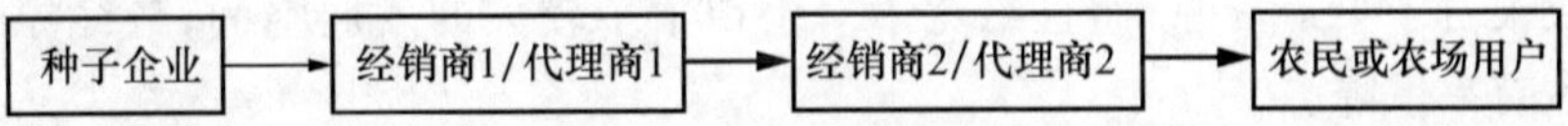

图 6-4 经销商营销渠道

经销商营销渠道主要形式有以下两种。

①经销制。指交易双方在协商的基础上，种子企业以较低的价格将产品卖给经销商，然后由经销商加价转卖给其他分销商或农民，其加价部分形成经销商的经营毛利。目前我国绝大多数蔬菜种子企业使用这种营销形式。

②代理制。种子企业通过合同等契约形式把产品销售权交给代理商，从而形成企业与代理商之间长期稳定的代理关系。国外种子企业在国内多采用这种形式。

2. 我国种子分销渠道存在的主要问题

(1)种子渠道成员服务不到位，技术服务滞后，是一个普遍存在的现象

各地区气候不同，环境存在差异，即使再好的品种也难免会出现这样那样的问题。如果技术服务跟不上，农民首先认为是种子品质问题，“好事不出门，坏事传千里”，会给种子企业造成很大的负面影响。这种滞后的服务将极大地影响种子企业在农民心目中的形象，以致减少或不购买该企业的种子，直接影响到这一区域的种子代理商或经销商经营状况，进而影响到整个企业的业绩。

(2)过分依赖经销商，产生企业自身致命的销售惰性

许多种子企业过分依赖大经销商，业务员也不去跑二、三级经销商，更不关心终端种植户，甚至同大经销商联合起来对付企业(为多拿提成)，不思进取，人为限制了销量，造成企业销售惰性。

(3)经销商只强调短期利益

不考虑合作伙伴关系的建立，不注重品牌、品种推广、客户关系、顾客满意等战略问题，

渠道成员似乎成了永远吃不饱的孩子。

(4)渠道成员忠诚度低

经销商和种子企业是两个利益主体，种子经销商一般会经销多个品牌的种子，即使是企业选择的独家经销商也经常同时经营同类的竞争产品。受利益的驱动，谁允诺的利润提成或者“返点”高就主推谁的产品，百般贬低利润低的产品，有时还会“一不小心”把商业机密泄露给竞争对手。

(5)渠道信息不畅

随着种子供求关系的变化，农民过去那种担心买不到种子的心理已不复存在，种子销售的季节性更加突出，种子销售的时间更短，一般两个月左右，有时甚至更短。这就要求种子企业能更快、更准地掌握市场信息，充分地了解农民的需求，但目前，许多企业把销售重点放在批发商，而农民的信息至少要通过两个以上的环节才能到达企业，造成一些市场信息反馈的迟钝或失真，甚至有的经销商出于私利的考虑，有可能给企业提供虚假的信息，严重影响企业营销目标的实现。

(6)渠道结构单一

目前许多种子企业在选择渠道模式时很少考虑种子产品营销的特殊性和复杂性，如不少企业在选择营销渠道时不论目标市场规模的大小以及中间商的状况，一律采用独家式分销模式，不仅浪费了渠道资源，而且给竞争对手留下了较大的发展空间，最终导致产品铺货率低，市场占有率下降。

(7)渠道终端薄弱

产品的销售全过程，最终要在营销终端上完成。在竞争激烈的市场中，谁掌握了终端，谁就掌握了市场。现在许多种子企业并没有意识到渠道终端销售的重要性，很少有企业根据自身和市场的实际情况做好终端宣传和产品服务，销售人员也很少下到田间地头了解自己所售种子的生长情况。企业没有直接控制的市场，一旦产品不能为经销商赢大利，市场很容易丢失。

(8)渠道冲突现象严重

主要表现为窜货。现在，即使是经销知名度很高的“湘研”种子的经销商也经常抱怨赚不到钱，究其原因就在于窜货。各经销商为了抢市场、抢销量，经常低价出售种子，市场窜货滥价的现象比较严重，此举严重损害了营销渠道的有效性，造成渠道利润下降，经销商对经营的产品失去信心和兴趣，用种户对品牌失去信任，导致企业的销售政策不能得到有效的执行和落实。

3. 种子分销渠道的逆向构建

传统的渠道构建方法随着种子市场竞争的加剧，已逐渐显现出它的局限性，其致命的缺陷主要表现在以下几个方面：一是企业难以有效地控制整个分销渠道；二是渠道效率低，且臃肿的渠道不利于形成产品的价格竞争优势；三是信息不能准确、及时反馈，这样不但会错失商机，而且还会造成人员和时间上的资源浪费；四是企业的销售政策不能得到有效的执行落实。许多种子企业采用各种手段进行促销，也难以达到有效的效果，究其原因就是因为缺乏有效的分销渠道，经常受制于经销商。

为适应新的市场形势的需要，生产企业开始以终端市场建设为中心来运作市场，满足消费者的需求，并正确处理生产企业与经销商的关系，在这种思想的指导下，逆向分销渠道模式应运而生。

种子分销渠道的逆向构建是种子生产企业不按照原来旧的渠道结构设计自己的渠道结构，而是按照自己设定的分销目标和计划，对渠道资源进行重新布点和分配，它使企业能更快地创建一个时间短、速度快、费用省、效益高的渠道体系，使企业的销售工作更加接近目标市场，更好地满足目标市场的需求。简单地说，这种渠道模式就是“弱化一级经销商，加强二级经销商，决胜终端零售商”。从逆向营销渠道模式的实施范围来看，它特别适合新企业或新产品在开拓新市场时运用，也适合老企业或者老产品在市场上调整渠道时运用。

逆向分销渠道模式充分体现了以顾客为中心、满足市场需求的原则。它的核心思想是尽量直接面向零售终端，决胜零售终端。因此，零售终端的选择成为逆向模式各项工作中的重中之重。种子企业在选择零售终端时要充分考虑以下四方面的问题：零售商的专业服务水平；零售店的地点；零售店销售的产品品牌与目标；零售商布局的合理密度。

四、种子分销渠道的管理

种子分销渠道管理是指种子企业为实现分销目标而对现有渠道进行管理，以保证渠道成员之间相互协调、通力合作的一切活动。渠道管理的目标：一是货畅其流，保证农民能够方便、及时地购买到所需的种子；二是维护合理的价格体系，确保渠道成员有利可图；三是提高企业知名度，扩大产品的市场占有率，使市场最大化。全面有效的渠道管理可以维护既有的渠道结构，保持与现有渠道成员的良好关系。

营销渠道管理涉及渠道成员的选择、渠道成员的激励、种子分销渠道冲突管理、渠道管理的生命周期等许多方面的问题。

(一)渠道成员的选择

目前，我国种子经销商多达上万家，他们经营规模各异，质量良莠不齐，种子企业在选择经销商时要注意以下几方面情况。

1. 经营规模

经销商的经营规模对种子的销量影响很大，经销商规模越大，企业进入的门槛越高，诸如赊销、降价等对企业的限制条件越多。因此，要结合企业自身的条件，对经销商的经营规模作综合考虑。如果唯“大”是从，其结果也许会适得其反，既达不到自己的营销目的，又常常受制于经销商。

2. 经营产品

不同的经销商主营的农作物种子各有侧重，有的以农作物为主，有的以蔬菜、西甜瓜种子为主，有的主要是经营自有品牌的种子。种子企业应尽可能避免选取主要经营竞争对手产品或与本企业发生的业务量占其整体业务量比例较小的经销商作为独家经销的渠道成员。

3. 合作态度

主要是看经销商是否对自己的产品有兴趣，是否有闯劲、激情和进取心。

4. 信誉

农民购买种子具有一定的跟随性，他们相信相互间的口碑宣传，也相信信誉好的经销商的推荐，经销商在当地的信誉是其推销产品的基础。而具有良好信誉的经销商也有利于企业减小财务风险。

5. 市场范围

考查经销商的市场范围是否是本企业希望占有的目标市场，其下游终端数量能否覆盖目标市场的乡、村。

营销渠道成员的选择是一个双向的过程，不仅企业会选择经销商，经销商也会选择企业。实际中，对于不同的企业，渠道成员的选择可能轻而易举，又可能是十分耗时费神的事。在选择渠道成员的操作中，企业本身的因素也会影响到其对渠道成员的选择，比如成立时间的长短、品牌及企业的声誉、能提供的合作条款等。

(二)渠道成员的激励

渠道成员的激励是指渠道管理者通过强化渠道成员的需要或影响渠道成员的行为增强渠道成员间的合作精神，提升其工作积极性与经营效率，最终实现企业目标的过程。通过对渠道成员的激励，有利于提高他们的销售积极性，使他们成为企业信息的传播者、企业信誉的建立者和产品形象的维护者，最终达到渠道成员共同收益的目标。渠道成员激励的方法主要有以下几种。

1. 销量返利

即企业根据经销商销售量的大小，确定返利比率。目前，我国大多数种子企业采用这种方式。在企业进入市场初期，销量返利的作用较为明显，是帮助企业尽快提高市场占有率及品牌知名度的有效手段。但当企业的产品进入成熟期，随着竞争的日益激烈，销量返利也可能导致经销商窜货、乱价等短期行为。为提高销量返利的激励效果，企业最好是采用“明返”与“暗返”相结合的方法。

2. 终端返利

终端作为渠道的最后一个环节，在企业整个营销活动中扮演着越来越重要的角色，市场决战在终端，其落脚点就是对零售终端的占领。由于种子的最终用户是分布非常分散的农民，目前，还没有一个种子企业能深入到每一个乡村或大部分乡村进行宣传、销售，企业用激励政策引导经销商重视终端，利用经销商的力量去做终端，既可以提高经销商的利润，扩大销售，又能够防止经销商的不规范运作，有助于渠道的长久发展。在具体的操作中，种子企业可以在返利设置上增加“终端返利”项目，将经销商终端运作的好坏与他们的返利挂钩。企业针对经销商及其所辖市场设定标准终端网点指标和市场覆盖率指标进行考核，达到指定的数量后，由企业给予经销商物质和精神的奖励。

3. 各种补贴

针对经销商在市场推广过程中所付出的种种努力，带有奖励性质地对其中一些活动加以补贴，如广告补贴、种子赠送补贴等。既加大了本企业种子的市场推广力度，也能提升经销商的工作积极性。

4. 品牌及产品奖励

如赋予经销商某类种子的独家经营权或其他一些特许权，满足其地位提升的需要，使其产生较强的成熟感和责任感。

(三)种子分销渠道冲突管理

渠道冲突是指渠道成员通过有意或无意的市场行为所触发的各种渠道内外矛盾的总称。当渠道中的某一成员认为另一个成员的行为妨碍了他实现自己的目标时，就产生了冲突。渠道成员作为独立经营者，都会最大限度地追求自身利益。因此，在企业经营过程中，渠道冲突的存在具有客观性。长期的渠道冲突不仅危及渠道系统的稳定性，破坏渠道成员的关系，降低整个渠道的效率，而且还直接影响到企业营销目标的实现及客户满意度等。

1. 种子分销渠道冲突的类型

(1)水平渠道冲突

水平渠道冲突指同一渠道模式中，同一层次中间商之间的冲突。这种渠道冲突往往发生在以区域为划分单位的渠道系统中。目前，国内种子企业大多是以区域为单位划分并且确立渠道系统，因此在我国种子市场上存在着广泛的水平渠道冲突。

(2)垂直渠道冲突

垂直渠道冲突指同一渠道中不同渠道层级的渠道成员之间的冲突。主要表现为种子企业与批发商、批发商与零售终端之间的冲突。经销商开发自己的私有品牌与企业的品牌竞争也可能引发这种冲突。

针对垂直渠道冲突，可以采用对渠道成员进行整合，将种子企业与种子经销商之间的关系由松散的、利益相对的关系，转变为紧密的、利益融为一体的关系，将传统的交易型渠道转变为关系型渠道的策略。

(3)多渠道冲突

当种子企业建立多条分销渠道之后，不同的分销渠道之间对同一目标市场的客户进行争夺时所产生的冲突。如种子企业绕过中间商对生产基地采取直销，这样就与当地的中间商产生冲突。

为了避免多种渠道带来的渠道冲突，企业在进行渠道设计时要注意“公平原则”，也就是说要根据渠道成员所创造的价值回报渠道成员，以便形成正确的激励。具体做法有很多，可以是对渠道成员进行补偿，如在业绩考核时把企业直销的量作为用户所在地的独家经销商的销量，或独家经销商可以获得比例不同的交易价格的补偿。也可以通过设置不同的交易条件给予渠道成员一定的独特性。如邮购蔬菜种子的价格高于当地渠道成员的店面零售价。这样既满足了用户的需求，又没有侵蚀当地经销商的吸引力。

2. 种子分销渠道窜货的控制

(1)种子窜货的主要表现形式

窜货又称为冲货，也就是产品跨区销售，是水平渠道冲突的一种典型的表现形式。按种子窜货的不同动机和窜货对市场的不同影响，可进行如下分类。

①良性窜货。是指种子企业在市场或新产品开发的初期，一方面由于企业人力、物力、财力有限，另一方面农民还未完全接受企业产品，企业便有意或无意地选中了流通性较强的种子经销商，使其产品流向非重要经营区域或空白市场的现象。良性窜货可以说是一个“双赢”的行为。种子企业在空白市场上无须投入就可以增加销售量，提高企业的知名度。对经销商来说则获得了相当的利润。这种窜货对产品的销售及推广都起着积极的推动作用。但是，在企业销售业绩达到一定水平，销售网络扩张到原空白区域时，这种销售策略就必须进行调整了。

②自然性窜货。是指种子经销商在获取正常利润的同时，无意中向自己辖区之外倾销产品的行为。这种窜货量一般不大，而且多发生在辖区边界，主要表现为相邻辖区边界附近的农民可能在这一辖区购种，也可能到另外一个辖区购买。只要有市场的分割，这种窜货在市场上就不可避免。

③恶性窜货。是指某些种子经销商为了获取非正常的利润，蓄意向自己辖区之外的种子市场倾销种子的行为。造成恶性窜货的原因是多方面的，恶性窜货严重扰乱了企业整个市场的价格体系，容易引起价格战，降低渠道利润。它不仅使得其他渠道成员的利益受损，导致他们对该企业产生不信任感，对经销其种子失去信心，甚至放弃经销该企业的种子。而且，混乱的价格还将损害企业的品牌形象，失去消费者的信任与支持，同时也给竞争品牌以可乘之机。

(2)渠道恶性窜货的控制

窜货主要是由企业分销渠道管理上存在漏洞引起的。企业可从以下几个方面避免或将窜货的影响降低到最低程度。

①建立规范、合理和稳定的价格管理体系。在确保销售渠道中各个层次各个环节的种子经销商都能获得相应利润的前提下，积极主动加强监控，如果某区域销量或价格有明显变化，应该及时找出原因，检查有无窜货现象发生。对于自己有零售终端的经销商要严格出货管理，根据经销商的出货对象，规定严格的价格，控制好每一层级的利润空间，以防止经销商跨越其中的某些环节进行窜货。

②信息沟通渠道要畅通。窜货行为除了种子企业外就数被窜货地区的经销商了，他们往往第一个发现问题，所以应有一个畅通的渠道能让他们及时地反馈信息、沟通信息，以便及时掌控市场窜货情况。

③种子外包装实行区域差异化。在不同的区域市场上，相同的种子采取不同的外包装形式，通过对产品不同外包装的识别，在一定程度上控制窜货。

④种子推广与种子经销有机统一。蔬菜种子的销售与其他产品不一样，每个新品种一般需要经过 2～3 年的推广时间才能进入销售成长期，才能获得较大的利润。在实际工作中，经常出现推广新品种的人无法获得以后在该地区的经销权，致使这些人产生一定的报复心理而恶意窜货。因此，在新品种推广期就要确定，谁推广谁就获得该品种在该地区的经销权，实现良种推广和经销的有机统一。

⑤允许退货，与种子经销商共担风险。为防止经销商在处理滞销、积压种子时而发生窜货乱价行为，企业应建立与经销商共担风险的制度。在不影响种子价格的情况下，企业可以分品种、分经销商、分销售区域制定相应的政策。

(四)渠道管理的生命周期

种子的市场生命周期一般为 5～10 年，随着种子产业的发展和科技进步，种子的生命周期有不断缩短的趋势，在渠道管理中配合种子的生命周期，适时改变其在某个生命周期的渠道管理，也是使销售效果倍增的有效策略之一。

在引入期，由于农民不熟悉新品种的种植技术和它的特性，不可能广泛接受新品种。此时，需要企业进行强有力的促销活动。在这一阶段，经销商往往表现为忠诚度不高，举棋不定，也很难与之沟通。因此，在该阶段，需要企业强化与经销商的沟通，给予经销商适当的获利空间以建立和维持关系。

种子进入成长期，销量迅速增长，经销商的信心增强，为巩固前一阶段的推广效果，渠道管理主要应关注两个问题：一是确保有足够的渠道成员以保证充分的市场覆盖率；二是注意其他竞争产品对渠道成员的影响。

到了成熟期，由于竞争者的不断加入，市场竞争更加激烈，容易造成种子市场的价格混乱，经常出现种子好卖但赚不到钱的情况，经销商的信心开始动摇。此时，渠道管理的重点是增强对渠道成员的激励机制，确保产品对渠道成员的吸引力，减少竞争对手的冲击。

种子进入衰退期后，甚至在成熟期，种子企业就应开始对下一代新品种进行开发，以占得市场先机。因此，在这个时期，企业要加强与经销商的沟通，稳定营销渠道，保证企业的持续发展。

案例与训练

1. 案例：北京德农种业有限公司是中国种业的大型种子企业。依靠获得的郑单958的经销权，在短短时间内迅速成长为国内一家知名的种子企业。进入市场时，采取"一地一商"的办法，在当地找到一个合适的负责人，销售人员本地化，在当地办理分公司。公司规范市场价格，销售政策，把北京德农的管理理念，企业文化贯彻到每个分公司。通过规范管理，规范操作，很快在中国种业市场上占有一席之地。

(1)请分析该公司种子分销渠道采取了哪些策略？

(2)根据你对该公司的了解，对他们的分销渠道有什么好的建议？

2. 案例：内蒙古大民种业有限公司对销售渠道的管理比较成功，首先大民种业在选择中间商时比较谨慎，经过调查研究，考察分析后，一般在一个地区只设一个有资金实力、有销售网络、销售能力强的代理商，采取高价位，高返利政策，给代理商以高的利润回报，代理商只要做大民代理就能多挣钱，为此出现争做代理的现象。大民种业对代理商配以广告、报纸宣传、在销售高峰期派促销员无偿协助代理商促销。定期对代理商的销量做统计、评估，严格监督代理商的窜货、乱价行为。若发现有窜货、乱价，除经济处罚外，还会取消其代理资格。公司有完善的代理商档案，定期开会，与代理商研讨销售方案，重奖销量大，遵守管理规定的代理商，通报受处罚及取消代理资格的代理商。这一系列措施，极大地提高了代理商积极性，形成代理商之间互相监督、评比，自我管理，大家共同完善了管理体系。

(1)请分析该公司在种子分销渠道管理方面采取了哪些策略？

(2)你认为在哪些方面给还可以改进完善？

学习心得

第七章　种子促销策略

内容提要

1. 种子促销组合策略
2. 种子广告策略
3. 种子人员推销策略
4. 种子营业推广策略
5. 种子公共关系策略

促销是促进销售的简称，是指以人员或非人员的方式沟通企业与消费者之间的信息，引发刺激消费者的消费欲望和兴趣，使其产生购买行为的活动。

在复杂多变的市场经济中，信息沟通显得越来越重要，种子企业只有不断地寻找供求双方信息，才能有针对性地组织营销活动。种子企业也必须不断地向消费者传递有关信息，影响其思维方式和消费习惯，促进消费者采取购买行为，以促进种子企业的发展。因此，促销活动是企业整体营销活动的重要组成部分，促销可发挥五个方面的作用：

1. 传递信息

种子企业通过促销活动，可以及时将产品有关信息传递给用户和消费者，扩大产品"知晓度"。

2. 展示特点

在市场上有同类产品激烈竞争的情况下，彼此之间可能只有较小的差别。种子企业通过促销活动，突出宣传本企业产品的特色、优点，使用户和消费者能进一步认识到购买本企业产品，能得到的特殊利益。

3. 激发需求

种子企业通过富有感染力的宣传活动，可以刺激消费者的求新、求优等欲望，激发他们的需求，促使购买行为的产生。

4. 建立信誉

种子企业通过促销活动，可以提高产品和企业的知名度，可使更多的消费者对产品和企业产生信任感，有利于企业在用户和消费者心中树立良好形象。

5. 扩大销售

企业通过促销活动，可以有效扩大产品销售，提高企业的市场份额，取得较好的经济效益。

第一节　促销组合策略

一、促销组合

对于许多种子企业而言，问题的关键不是要不要促销，而是选择怎样的促销手段进行促销。常用的促销方式主要有人员推销、广告、营业推广和公共关系四种。这几种促销方式各有其优点和缺点，在促销过程中，常常根据具体情况，将多种促销方式组合运用。促销组合运用是否得当，直接影响到企业产品流通的速度，关系到种子企业经营的成果。因此，对促销组合必须进行科学决策，才能促进企业发展目标的实现。

种子企业在开展促销活动时采用的促销策略，按作用的方向进行分类，可以将促销活动分为两种——推动策略和拉引策略。

推动策略：种子公司→批发商→零售商→农民
拉引策略：种子公司←批发商←零售商←农民

（一）推动策略

推动策略指用人员推销手段，把品种推到目标市场的一种策略。种子公司采取积极措施把一个品种种子推销给批发商，批发商采取积极措施把种子推销给零售商，零售商再把种子推销给农民。推动策略是以中间商为主要促销对象，通常通过人员推销对中间商的营业推广等形式，说服中间商购买，再层层渗透销售给农民。

（二）拉引策略

拉引策略是指种子公司用非人员促销方式，特别是用广告宣传的方式，刺激农民的需求和购买欲望的策略。即种子企业通过刺激农民对某个作物品种的兴趣和需求，使得他们向零售商要求购买这一品种，零售商就会向该地区种子批发商要求购买品种，批发商又会向种子企业要货。拉引策略以最终消费者即农民为主要促销对象，通常采用大规模广告轰炸和营业推广的方法使农民产生需求，层层拉动购买。

二、影响促销组合的因素

在确定促销组合时应当考虑以下几方面因素。

（一）促销目标

最佳促销组合的确定，要考虑促销目标。同样的促销工具在实际不同的促销目标上，成本和效益会不同。为了不同的促销目标，应有不同的促销组合。如果促销目标是为了提高品种的知名度，促销组合重点就应放在广告和营业推广上，以公共关系宣传为辅；如果促销目标是让农民了解某个品种的特性和栽培方法，促销组合应采用适量的广告，大量的人员推销和某些营业推广；如果促销目标是立即取得某个品种的推销效果，那么重点应该是营业推广、人员推销，并安排一些广告宣传。

(二)促销对象

1. 对种子企业来说

种子企业的促销对象主要是中间商和农民。针对不同的促销对象,种子企业应采用不同的促销组合。

2. 对中间商的促销

采用人员推销、结合购货折扣,推销奖励、销售竞赛等营业推广手段为好,广告一般作为辅助手段。因为通过人员推销与营业推广,一方面,比较容易说服中间商经营本企业产品,另一方面,也能调动中间商的积极性。此外,开展一些适当的公关活动,有利于沟通产销双方的感情,有利于密切双方的合作关系。

3. 对消费者即农民的促销组合

应当针对购买过程设计。在购买过程中的各个阶段,每一种促销手段都会起到不同的作用。

(1)知晓阶段

这一阶段中,广告与公关的作用最显著,而人员推销和营业推广的作用很小。

(2)了解阶段

这一阶段中,广告作用较大,其次是人员推销。

(3)确信阶段

这一阶段中,人员推销的作用最大,其次为广告和营业推广。

(4)购买阶段

这一阶段中,主要是人员推销和营业推广在发挥作用。

(5)重复购买阶段

这一阶段中,人员推销及营业推广的影响力较大,广告也有一定的影响。

(三)产品生命周期

对于一个品种生命周期阶段不同,促销目标也不同,因而要选择不同的促销组合。

1. 新品种导入期

大多数顾客对新品种不了解,促销目标是使顾客认知新品种,应主要采用广告宣传介绍,选派推销人员深入特定顾客群体详细介绍新品种,并采取展销、示范现场会等方法刺激购买。

2. 成长期

促销目标是吸引顾客购买,培养品牌偏好,提高市场占有率,仍然可以广告为主,广告内容应突出宣传品牌和品种特色。

3. 成熟期

促销目标是战胜竞争对手,加强现有的市场地位,必须综合运用促销组合各要素,广告应以提示性广告为主,并辅之以公共关系宣传和营业推广,以提高种子企业的声誉。

4. 衰退期

应把促销规模降到最低限度,节省促销费用,维持一定的利润水平,可采用营业推广方式优惠出售存货。

(四)促销预算

种子企业在制定促销组合策略时,还要考虑促销费用的限制。应根据促销预算安排促销组合。如预算较少，就不能采用费用昂贵的电视广告，可考虑采用其他媒体广告或依赖公共关系与人员推销，也可以使用直接邮寄产品目录、产品说明书、订单等，向顾客传递产品信息。

案例：新疆康地种业有限公司甜菜品种促销策略

新疆康地种业有限责任公司成立于1999年12月，注册资金3 000万元。公司坚持以“科技为先导，资本为支撑，品牌创市场”的经营思想，与国内外大型种业公司和科研机构建立了科技合作和业务往来，着力于机制创新、科技创新、经营创新，树立良好的企业和品牌形象。康地种业有限责任公司实行与国际接轨的企业管理制度，采用现代化的营销手段，市场份额不断扩大。

甜菜种子一直是康地公司主要的产品，公司经营甜菜种子占到新疆市场的81%。通过与德国KWS公司合作，康地公司引进销售的KWS 9308、KWS 9103、KWS 9419等品种一直在新疆市场占有最大份额。从2006年起康地公司开始推出新品种KWS 2409。

KWS 2409甜菜新品种，是标准偏高糖型品种，丰产、抗病、含糖高、抗褐斑病、根腐病、丛根病，2004年、2005年在各地试验表现突出。

康地种业有限责任公司2006年在新疆甜菜主产区推出KWS 2409新品种时，采取了以下促销手段。

1. 广告

在当地电视台播出电视广告。广告内容着重介绍KWS 2409新品种的丰产性、抗病性和在本地试验、示范中的突出表现。广告播出后，在农民中反应强烈，原来当地主栽品种KWS 9103和KWS 9419多年种植后表现产量降低、感病，农民迫切希望有新的抗病品种，因此对KWS 2409非常感兴趣。

2. 人员推销

公司派业务人员对当地经销商宣传介绍KWS 2409新品种特性、公司的销售政策，对经销商的订货及时发货配送。与糖厂原料部业务员一同深入乡村，在原料员与农户签订种植合同时，介绍、宣传新品种的优良特性及种植技术，散发宣传材料。

3. 购货折扣和丰产奖励

对经销商采取经销新品种给予比经销老品种更多的返利，按销售量多少设定返利级别，刺激经销商经销新品种的积极性。

对农民设立丰产奖，鼓励农民种植新品种，采取新的科学管理技术。

4. 品种展示会

康地公司分公司2006年9月邀请当地农业局、种子站、兵团各团场生产科，经销商、种植大户参加甜菜新品种现场会，参观新品种引种试验、示范情况，在当地电视台进行了报道，扩大了宣传面。

第二节 广告策略

一、广告的概念和作用

广告是一种信息传播活动。任何广告的本质属性都是通过一定的媒体,向社会大众传播一种信息。对广告可以定义为:广告是广告主以付费的方式,通过特定媒体,向传播对象传播商品、劳务、观念等方面信息,以期达到一定目标的一种信息传播活动。

在市场经济条件下,广告作为一种有偿的、有责任的信息传播活动,在种子企业的市场营销活动中有着十分重要的作用。

(一)传递信息,沟通供求

商品广告通过各种媒介,把商品特性、品质、价格、使用等方面的信息向社会广为传播。使用者可根据这些信息方便地购买自己所需要的商品。这样,由于商品广告传递了信息,有效地沟通了市场商品供求,使种子企业、经销商、使用者都能从中受益。

(二)激发需求,促进销售

商品广告的主要目的在于引导销售、促进销售。种子企业通过真实、新颖、生动、形象的产品广告宣传,可吸引顾客的注意力,使顾客对企业的产品产生浓厚兴趣,进而激发顾客的需求和欲望,诱导顾客购买行动。

(三)指导消费,促进生产

种子使用者可借助广告的指导,选购和使用他们所需的种子,以满足他们的需要。同时,人们在消费过程中,又会不断提出新的需求,促使种子企业培育、生产出更新更好的品种。

(四)创立声誉,利于竞争

种子企业通过广告宣传,一方面,可以大大提高产品在市场上的知名度、美誉度、树立企业形象;另一方面,种子企业通过广告宣传,可以与竞争者在品质、品种、包装、价格、服务等方面竞争,促进种子企业努力提高产品品质、服务水平。

综上所述,商品广告是企业开拓市场的先导,是沟通供求的桥梁和纽带,是用户购买商品的向导,是种子企业扩大销售,加强竞争的有力手段,是种子企业市场营销的重要工具。

二、广告制作的基本原则

种子企业要将自身及其产品形象深入消费者心里,广告制作必须遵循以下基本原则。

(一)真实性

广告的生命力在于真实。广告的真实性体现在:一方面,广告的内容真实可信;另一方面,广告主与广告产品必须是真实的。种子企业必须依据真实性原则设计广告,这是一种商业道德和社会责任。

(二)社会性

广告的社会性体现在广告必须符合社会文化、思想道德的客观要求。具体地说,广告要遵循国家的有关方针、政策,不违背国家的法律、法规和制度。广告既具有经济信息的传播性,又具有鲜明的思想性。

(三)竞争性

竞争性亦称针对性,即广告对不同的产品,不同的目标市场要有不同的内容,采取不同的表现手法。为适应不同消费者群的不同特点和要求,广告要根据不同的广告对象决定广告的内容,采用与之相适应的形式。

(四)艺术性

广告制作的成功与否,直接影响到广告宣传效果。广告制作中要使用科学与艺术融合的手法,使广告作品达到理想效果,使人受到感染,给人艺术享受。这就要求广告设计要有新颖的构思,生动的语言,鲜明和谐的色彩,广告形式不断创新。

三、广告媒体的选择

报纸、杂志、广播、电视通称四大广告媒体。种子企业要做好广告宣传,必须正确选择广告媒体,使产品信息通过适当的媒体渠道,及时、准确、有效地传递有关信息,达到广告宣传的目的。

在选择广告媒体时应考虑两大类因素:一是媒体之外的因素,二是媒体本身的因素。

(一)媒体之外的主要因素

1. 目标市场

目标市场在哪里,就应选择相应媒体,把广告做到哪里。

2. 广告内容

如需表达动态形象,以电视媒体为宜;如需较多文字,一般选择报纸、杂志为好。

3. 竞争对手

了解竞争对手使用媒体的情况,以便有针对性地确定自己的广告媒体,发挥自己的长处,在竞争中处于有利地位。

4. 广告预算

考虑企业实力,根据预算选择媒体。

(二)媒体本身的主要因素

1. 媒体的特点

各种广告媒体都有优点和缺点,如电视媒体具有收视率高、形象生动、感染力强、传递迅速等优点,电视媒体也存在广告信息时间短、费用昂贵等缺点。

2. 媒体的可行性

每一种媒体都有一定的限制,可能对某些商品广告及其推出方式不适用,种子企业在选择时,一定要对媒体的可行性充分了解。

3. 媒体的寿命

媒体的寿命就是媒体上推出的广告可以和接受者保持的时间长短。一般来说,广播、电视媒体的寿命比较短,报纸、杂志等媒体的寿命比较长。

4. 媒体的灵活性

媒体的灵活性就是在某一媒体上推出广告的可以调整、修正的程度。凡是促进短期销售，推销品种多，并且推销品种多变，价格容易多变等情况下，适宜选择灵活性较高的媒体做广告。

5. 媒体的协调性

媒体的协调性就是媒体与种子企业其他营销活动的协调情况。有些媒体可以和一些营销方法较好地配合(如电视广告可以和公共活动相配合)，而同另外一些营销方法可能就不协调(如电视广告对特定用户的推销帮助不大)。在选择时，也需要加以考虑。

广告媒体的选择是一项比较复杂的工作，必须进行深入的分析、研究，有利于广告作用的充分发挥，取得满意的广告效果。

四、广告预算的确定

种子企业制定广告预算主要有四种方法。

(一)目标任务法

目标任务法就是首先确定广告目标(如销售增长率、市场占有率等)，再确定达到此目标所要完成的任务，然后估计要完成这些任务所需的费用。这种方法从促销目标任务的需要出发决定广告的费用，在逻辑程序上有较强的科学性。因此，被较多地采用。但此法也有缺点，即没有从成本的观点出发考虑广告的费用。

(二)销售比例法

销售比例法就是种子企业按照销售额(销售业绩或预测额)或单位产品销售价的一定百分比确定广告费用的预算。就是按每元销售额提取多少广告费做广告预算或按单位产品售价的若干百分比计算某产品的广告费，制订广告预算。此法简单易行，但颠倒了广告与销售额的因果关系。

(三)竞争对等法

为保持市场竞争地位，可对照竞争对手的广告支出水平确定本企业的广告预算，以形成与竞争对手旗鼓相当，势均力敌的对等局面。在激烈的竞争中，如果不做广告，生意就会被对手抢走时，就必须在广告上达到或超过竞争对手的水平。这种方法缺点是易导致广告大战。

(四)量力支出法

这种方法首先考虑种子企业的支付能力，即根据自身的财力状况，确定广告费用。这种方法在新产品急需向顾客传递信息打开销路时，会因为用于广告方面的费用有限而错失良机，不利于企业执行长期的市场开发计划。

五、广告促销效果评价

以广告传播后销售量的增减量作为衡量广告促销效果的标准。由于很多因素都可影响销售量的变动，所以很难确定广告引起的销量增加的准确份额。了解这一点，有助于企业客观评价广告促销的效果，常用的测定方法有以下四种：

(一)弹性系数测定法

计算公式为：

$$广告弹性系数=\frac{产品销量变动百分率}{广告费用变动百分率}$$

如弹性系数大于1,说明广告效果优;弹性系数小1,说明广告效果差。

(二)广告前后销售比率法

按照广告后销售的增量与广告费用之比,测定广告费效果的大小。公式为：

$$单位广告费增销量=\frac{广告后平均销量-广告前平均销量}{广告费用}$$

(三)销售额增量与广告费增量比率法

根据广告后取得的销售额增量与广告费增量进行对比来测定广告效果。公式为：

$$广告费增量比率=\frac{销售额增量}{广告费增量}\times 100\%$$

(四)广告促销效果的综合评价

由于影响销量的因素很多,所以必须从不同角度考察,然后对各主要因素的满意值和不满意值打分,赋予不同的权重,最后加权平均,进行综合评价。

案例:登海种业公司玉米新品种登海3672的广告促销方案

山东登海种业股份有限公司拥有一流育种水平,是以玉米杂交种育种为主的民营高科技企业。是国家玉米工程技术研究中心,国家玉米新品种技术研究推广中心依托单位,全国种业五十强之一。目前选育的100多个玉米品种在全国28个省市、自治区推广种植。

登海3672玉米新品种是该公司培育的一个中熟、优质、适应性广的优良玉米新品种。2004年、2005年在各地试验、示范,2006年起正式在各地销售。2006—2007年度登海3672玉米新品种在某地区销售工作,采取了以下广告促销的方式。

1. 目标观众

该地区民族主要为维吾尔族、汉族、回族,针对该地区农民的广告,应使用汉语和维语。

2. 广告内容

广告内容突出四点:一是成熟早,可在4月中旬到5月底播种;二是品质优,籽粒金黄,商品性好;三是株型紧凑,耐密植,适应当地播种机械和种植习惯;四是当地小茴香地套种玉米面积大,该品种适宜套种,是首选品种。

3. 广告媒体

(1)电视广告

电视广告在当地农民中收视率极高,生动形象,有较强的表现力和感染力,传播信息快。因此,制订了两个月的电视广告计划,每晚8点至10点播出两次。

(2)售点广告

在所有的经销门点,悬挂广告横幅,张贴广告宣传画,货架上陈列果穗样品、品种资料,张贴“登海良种播天下,致富农民千万家”的广告语。

(3)车身广告

所有送货车辆，车身正面张贴“登海良种”，车身侧面张贴“登海良种播天下，致富农民千万家”的广告语。

(4)传单广告

在城镇集市和各个经销门点散发关于登海3672品种特性和栽培技术的传单广告。

通过以上广告促销，取得了良好的效果，登海3672品种在该地区2007年销量由2006年的30 t猛增到100 t。

第三节 人员推销策略

一、人员推销的特点与作用

人员推销是指企业的销售人员为达到促销目的，主要以对话方式与顾客或潜在顾客接触、介绍、宣传商品，帮助顾客满意购买的活动过程。

作为直接销售方式，人员推销是被企业广泛采纳的一种重要推销手段，具有广告、公关、营业推广等其他促销手段所不及的特点。在企业的营销活动中，起着重要的作用。人员推销与广告、公关、营业推广等其他促销手段相比较，根本的不同在于它是买卖双方面对面沟通的活动。正是基于这种面对面的活动，才形成人员推销的以下特点。

(一)信息的双向沟通

(1)推销人员向顾客介绍所推销品种的特性、品质，把品种的有关信息传递给顾客。

(2)推销人员通过与顾客面对面接触、交谈，获得顾客对品种、对企业和对推销人员本身的态度意见、要求等信息。

(3)及时反馈给种子企业，为生产、经营提供依据。

(二)推销的双重目的

人员推销过程是一个买卖商品的过程，顾客购买产品是为了获得使用价值，对使用价值的需求得到满足。推销人员卖出产品是为了获得价值，增加盈利。可见，人员推销具有满足需求与推销产品的双重目的，两者相辅相成，密切联系。

(三)需求的多样满足

人员推销满足的需求是多种多样的。

(1)推销人员有针对性地介绍、宣传、满足顾客对产品信息的需求。

(2)推销人员以直接销售的方式，满足顾客方便购买的需要。

(3)推销人员通过为顾客提供售前、售中、售后服务，满足顾客对技术和服务方面的需求。

(4)通过推销人员真诚热情的服务，满足心理上的需要。

(四)灵活的推销方式

人员推销的灵活性源于推销人员和顾客之间活跃、互动的关系。

(五)广泛的人员参与

人员推销在企业营销中的地位和作用日益重要，主要表现在以下几个方面：

1. 寻求顾客

人员推销的过程不仅是不断满足现有顾客需要的过程，更重要的是不断寻求新顾客和满足顾客需求的过程。

2. 沟通信息

一方面，顾客从推销人员那里获得企业、品种的有关信息；另一方面，推销人员可以将顾客对企业、品种的意见、建议等信息反馈给企业。

3. 销售产品

销售产品是人员推销的主要目的，推销人员运用推销方法、策略、技巧，顺利地售出产品，使企业盈利。

4. 提供服务

成交不是销售的终结。人员推销不仅将产品销售给顾客，而且还必须向顾客提供一系列的优质服务。

5. 收集信息

推销人员深入市场，能够及时收集产品价格变化、竞争态势、市场动态等重要信息及时反馈给企业。

6. 树立企业形象

推销人员广泛接触经销商、农户、政府人员等，有力地宣传了公司的发展和公司开展的业务。把新技术、新产品带给农民、培训农户，有效地为三农提供服务，实现农民增产增收，增强农民科技意识。同时，增强企业和广大用户的紧密联系，取得政府的信赖，同时也促进了企业经济的腾飞。

二、推销人员的素质

人员推销是一个综合的复杂的过程。它既是信息沟通过程，也是产品交换过程，又是技术服务过程。推销人员应具有以下素质。

(一)思想素质

推销人员要真心地为顾客着想，有强烈的事业心，有很强的责任感，有持之以恒的工作热情；有良好的价值观，讲究职业道德；懂法守法，合法推销。

(二)业务知识

推销人员应具备丰富的有关种子、企业和与营销相关的知识。

1. 企业知识

熟悉企业的经营方针、经营特点、产品种类、服务项目、定价策略、交货方式、付款条件、付款方式。

2. 产品知识

了解本企业和竞争者的产品的性能、用途、价格、使用方法，比较本企业产品的优缺点。

3. 市场知识

掌握市场的发展变化、发展动向、发展趋势，调查清楚当前市场需求以及潜在市场需求的状况，有利于企业确定自己的目标市场。

4. 顾客知识

了解、把握顾客的购买动机、购买习惯、购买条件、购买方法、购买地点，摸清由何人掌握购买的决策权。

5. 经济法律知识

了解国家的各种相关经济活动的法律和法规，要依法经营，避免损害社会和公众的利益。

(三)业务能力

1. 观察能力

推销人员在推销活动中，需要大量的市场调研活动进行信息的收集、处理工作。作为推销人员应该有敏锐的观察能力，发现对企业有利的因素，促进企业产品的销售工作。

2. 创新能力

创新过程必须要同自己的思想做斗争，无所畏惧、相信自己的创造能力，决不因循守旧，循规蹈矩。推销人员只有创造性地运用各种促销方法，才能发展新客户，发现新市场。

3. 社交能力

推销人员可以说是企业的外交家，天天和各种顾客或人员进行沟通、交流。因此，必须具备各种社交的能力，广交朋友。

4. 应变决策能力

在复杂的市场环境中，推销人员推销产品会遇到各种意想不到的事情发生，针对不同的情况，推销人员不能准备一套方案解决面临的问题。销售人员应该在不违背企业原则的条件下，处理相关的问题，达到自己工作的目的。

5. 语言表达能力

良好的语言表达能力，能够清晰、简洁、明了表达推销人员的思想、推销的目的、产品的特性。对顾客产生好的影响，启发顾客，说服顾客，吸引顾客购买。

(四)身体素质

推销工作需要推销人员精力充沛，身体强健。经常出差要求推销人员有良好的身体，能吃苦耐劳。因此，身体强健也是推销人员必须具备的一项素质。

三、推销设计

推销过程可分为七个阶段：寻找顾客、接触前准备、激发兴趣、推销洽谈、处理异议、推销成交、推销服务。其中寻找顾客、接触前准备、激发兴趣是推销成功的前提和基础；推销洽谈、处理异议、推销成交是推销活动的核心；推销服务是推销活动的继续，为以后推销创造良好条件。

(一)寻找顾客

推销人员应该从购买欲望、支付能力、购买决策权等方面寻找潜在顾客，这是推销的第一步。

(二)接触前准备

在推销之前应准备好有关资料。

(1)本企业和品种的资料。

(2)了解客户的需求、个性特征、购买风格等。

(3)本行业竞争对手的品种特点、竞争能力和市场定位等情况,有助于客户比较,促进客户购买,同时也可以了解顾客的反应。

(三)激发兴趣

见到顾客后,推销人员外表服饰、言谈举止,给顾客一个良好的印象,然后交谈中对顾客的需求加以适当的引导,使顾客对本企业的品种产生兴趣。

(四)推销洽谈

推销人员向顾客提供有说服力的资料,强调自己的品种带给客户的利益,让顾客认识到本企业品种的优点,为购买行动打好基础。

(五)处理异议

在推销过程中,顾客可能随时对质量、规格、使用、价格、服务等方面提出疑问,推销人员应该耐心解释说明,消除顾客疑虑,坚定顾客购买信心。

(六)成交购买

在与顾客交谈中,一旦发现顾客语言、表情中有愿意购买的信号时,应该抓住时机,促成购买,这是推销的核心。

(七)推销服务

推销服务是推销活动的继续,为以后推销创造良好条件。

四、推销技巧

人员推销具有很强的灵活性。面对面的交谈,有经验的推销人员善于把握时机,灵活巧妙运用推销技巧,促成推销的成功。在人员推销工作中,主要销售技巧有以下几种。

(一)“刺激—反应”策略

“刺激—反应”策略又称试探性策略,就是推销人员用试探性问话等方法刺激顾客做出购买反应。适用于在不了解顾客具体需求的情况下,推销人员应该事先准备好几套试探顾客需求的方案,刺激顾客购买欲望的谈话方案,运用各种话题加以试探,仔细观察顾客的不同反应。选择顾客做出积极反应的话题深入下去,最终达到成交的目的。

(二)“配方—成交”策略

“配方—成交”策略也称针对性策略,推销人员事先已基本掌握了顾客的某些需求,然后用事先准备好的有针对性的话题与顾客交谈,说服顾客,达成交易。

(三)“诱发—满足”策略

“诱发—满足”策略也称诱导性策略,就是顾客与推销人员交谈前,顾客没有感到或强烈意识到某种需求时,推销人员运用适当方法和手段唤起顾客的需求,诱导顾客通过购买满足顾客的需求。

五、推销人员的管理

(一)推销人员数量的确定

推销人员既不能少,也不能过多,否则,要么完不成任务,要么会造成浪费。确定推销人员规模的方法如下。

1. 销售能力分析法

$$推销人员数目=\frac{预计销售总额}{每人额定销售额}$$

2. 推销人员工作负荷量法

$$推销人员数目=\frac{\left[\left(\frac{现有顾客}{人数}\times\frac{对每个顾客}{平均回访次数}\times\frac{平均每次}{回访时间}\right)\right.}{每个推销人员每年用于推销活动的有效时间}+\frac{\left.\left(\frac{潜在顾客}{数目}\times\frac{对每个潜在顾客}{平均走访次数}\times\frac{每次平均}{走访时间}\right)\right]}{每个推销人员每年用于推销活动的有效时间}$$

(二)推销人员的选拔

1. 选拔的范围

推销人员的来源主要有两方面:一是从企业内部选拔,二是从企业外部招聘。

2. 选拔的原则

①要符合企业工作的性质;②要符合销售人员的规模;③要坚持严格选拔标准;④要运用科学的程序和方法。

3. 选拔的方法

选拔推销人员的方法很多,可采用填写申请表、面试、笔试等方法。填写申请表可了解申请人的年龄、性别、受教育程度、个人经历等情况;面试、笔试可了解申请人知识的深浅、能力强弱、个性特点、工作态度。选拔的方法要便于全面了解申请人的素质,而且要公平、合理。

(三)推销人员的培训

企业对选拔的推销人员进行系统的培训,使他们尽快掌握有关知识、技巧、方法和策略,熟悉业务,为做好推销工作打好基础。

1. 培训内容

①学习党和国家有关的政策、法律、法规;②学习有关企业和品种的相关知识;③学习和掌握有关公共关系方面的知识;④学习关于市场营销方面知识,学习和掌握推销的技巧、方法和语言艺术;⑤学习和掌握推销工作程序和各个环节的业务知识,如签订经济合同,处理经济纠纷,办理销售结算和储运手续等;⑥学习和掌握基本的写作知识,以便能较好地以书面形式将顾客意见、市场调查情况等及时反馈企业,为企业进行营销决策提供依据。

2. 培训方法

对推销人员培训,一般采取集中讲授、现场教学、实践训练三种方法,并有机地结合使用。

(四)推销人员的考核与激励

建立合理的考核制度,有利于管理与激励推销人员的工作,调动推销人员工作的积极性与创造性。主要考核指标有销售量、一年内访问顾客次数、每月访问新顾客次数、年平均订货种子比重的增加率、年销售费用降低率、额定销售完成率等。

在各项指标考核的基础上,对推销人员的工作业绩做出综合评价,做到公平合理符合实际。将推销人员收入与业绩挂钩,及时兑现提成和物质奖励。还可以运用精神激励方法,如带薪休假、带薪旅游、外出参观学习、公司表彰等激励方法。

案例:襄阳正大农业公司玉米品种的人员推销方式

湖北襄阳正大农业开发有限公司是泰国正大集团所属的主要从事农作物种子育、繁、销一体化的大型现代农作物种子企业,从国外引进全套自动化玉米种子加工设备,严格按照ISO 9001质量标准进行质量控制。"正大牌"玉米种子推广到全国十多个省区,成为国内知名品牌,是"中国种业50强"单位。

该公司生产的正大春玉米(中原单32)品种是一个早熟粮饲兼用玉米品种,2004年、2005年在新疆某地区复播种植,表现非常好。该公司业务员在新疆做市场调查时了解到了这一情况,并且知道该地区复播面积达100多万亩,将这一情况汇报给公司。

正大公司对这一情况很重视,派出一名经验丰富的销售主管到该地区负责中原单32玉米品种推广销售。该主管拜访了该地区农业局、种子站,了解行政部门对该品种的推广意见。用了10多天走访了各县市种子部门,宣传介绍正大公司概况,介绍公司严格的生产加工管理体系。

通过交流沟通,这位主管了解到,该地区对中原单32玉米品种需求量很大。由于正大种子在内地作为高质高价种子销售,而该地区玉米种子一直是低价位市场,主管担心高价位种子在该地区无法销售,所以该地区准备赴甘肃、宁夏套购散装种子。

该主管一方面向顾客说明正大种子是在严格的质量管理控制体系下生产加工出来的,有可靠的质量保证。另一方面经过与公司协商,按需方要求,将原来2 kg小包装改成50 kg大包装,并且不进行包衣处理,这样大大降低了成本,达到双方都能接受的价格。经过洽谈,这位主管代表公司与各单位签订了10个车皮600 t中原单32玉米种子的供货合同。

第四节　营业推广策略

营业推广,也称销售促进,就是企业运用各种短期诱因,鼓励消费者和中间商购买、经销(代理)企业产品或服务的促销活动。营业推广是除人员推销、广告宣传、公共关系以外的,能有效激发消费者购买和提高促销效率的一种促销活动。营业推广有以下特点。

1. 营业推广促销效果显著

营业推广只要能选择合适的方式,很快就会收到明显效果,不像广告和公共关系需要较长时间才能见效。营业推广适合一定任务的短期促销活动。

2. 营业推广是一种辅助性促销方式

人员推销、广告和公共关系都是常规性的促销方式，而多数营业推广方式都是非规则性的补充促销方式。

3. 多样性、灵活性

营业推广的策略、手段极其繁多，可以因地制宜，适时调整，具有很强的灵活性。

4. 适应性

由于营业推广策略具有多样性和灵活性的特点，所以能适应竞争对手的攻击，采取与众不同的手法予以反击。

一、确定目标

营业推广目标由基本市场营销目标衍生出来。营业推广的特定目标根据目标市场的不同而有所差异。针对消费者而言，目标包括鼓励消费者更多地使用产品和促进大量购买，争取未使用者使用，吸引竞争者品牌的使用者使用等。针对零售商而言，目标包括吸引零售商经营新的品种和维持较高水平的存货，鼓励他们销售滞销品种，抵制各种竞争性的促销影响，建立零售商的品牌忠诚度，获得新的零售商的合作与支持。针对推销人员而言，目标包括鼓励推销人员支持一种新品种，激励推销人员寻找更多的潜在顾客，刺激推销人员推销滞销品种。

二、选择方法

有许多不同的营业推广方法可以用来实现不同的目标，选择营业推广方法必须充分考虑市场类型，营业推广目标等因素。

（一）种子企业针对消费者市场的营业推广

向消费者推广目的在于各种方式的诱导，提高产品的知名度和鼓励消费者购买。主要有以下几种方式。

1. 赠送样品

种子企业生产一定数量的小包装种子样品，作为赠品免费送给农民，样品可以在零售店领取，目的在于宣传新品种，刺激顾客购买。另外，为鼓励顾客常来购买、多购买，赠品可以是宣传企业及产品的一些小物品。

2. 赠送优惠券

公司发放一定数量的优惠券给顾客，顾客凭优惠券在规定的期间内购买公司产品，公司给顾客一定比例的优惠措施。

3. 价格折扣

可以采用价格折扣，也可以采用数量折扣。

4. 有奖销售

公司对种植大户、经销大户、忠诚客户在一定的时期给予物质奖励或现金奖励，鼓励他们重复购买。

(二)针对中间商的营业推广

1. 购货折扣

公司依据顾客提货的数量或付款的方式给予经销商现金或数量的折扣。

2. 经销津贴

公司依据顾客提货的数量给予经销商现场会、广告、运费等方面的现金或实物补贴政策。

3. 销售竞赛

对销售量大的客户进行各个方面的鼓励或奖励。如发奖金、组织参观考察、颁发公司荣誉证书等。

4. 联合广告

公司与客户共同设计产品的广告宣传,扶持经销商的宣传工作,促进公司产品的销售。

5. 提供服务

公司对分销渠道上的经销商应该提供优质、高效、快速的服务,保证消费者的利益,提升顾客的价值。让经销商、顾客感到购买公司的产品是一种精神的享受。

6. 订货会和现场展示会

有组织、有计划地进行订货会和产品的展示会,招揽顾客。订货会和现场展示会可以是公司组织召开,也可以由经销商组织召开,种植大户也可以组织召开订货会和现场展示会。目的是扩大影响,提高销售量。

三、制订方案与实施

(一)制订营业推广方案要确定营业推广促销诱因的大小、参与者的条件、时机选择、营业推广的总预算等

1. 诱因大小

营销人员必须确定公司营业推广方案成本合理、效益和效果最佳的诱因规模。要想取得促销成功,一定规模的最低限度的诱因是必需的。通过考察销售成本增加的相对比率,可以确定最佳诱因规模。

2. 参与者条件

制订方案的另一个重要内容就是决定参与者的条件。通过确定参与者的条件,卖家可以有选择地排除那些不可能成为产品固定使用者的人。

3. 时间的长短

制订方案需要决定营业推广促销时间的长短。如果时间太短,一些顾客可能无法重购或太忙无法利用促销的好处。如果时间太长,则消费者可能认为是长期有好处,使优惠待遇失去效力。

4. 时机的选择

营业推广的时机和日程要根据整个地区的市场营销战略研究和评估,另外,时机和日程的安排要使生产、分销的时机和日程协调一致。

5. 营业推广促销的预算

①自下而上的方式。根据全年营业推广活动内容,所运用的营业推广工具及相应的成

本费用确定营业推广总预算。

②按习惯比例确定各项预算占总预算的比率。

(二)营业推广方案的实施

1. 预试营业推广方案

虽然营业推广方案是在经验基础上制订的,但仍应经过预试以确认所选用工具是否适当,诱因规模是否最佳,实施的途径效率如何。面向消费者市场的营业推广能轻易地进行预试,可邀请消费者对几种不同的可能的优惠方法做出评价,给出评分,也可以在有限的地区范围内进行试用性测试。

2. 实施营业推广方案

实施计划包括前置时间和销售延续时间。前置时间是从开始实施这种方案所必需的准备时间。它包括:最初的计划工作、设计工作、材料的邮寄分送,与之配合的广告准备工作,销售现场的陈列,现场推销人员的通知,购买和印刷特别赠品等。

3. 评价营业推广结果

可用多种方法对营业推广结果进行评价。评价程序随着市场类型不同有所差异。如在测定零售商促销的有效性时,可根据零售商销售量、商店货档空间的分布和零售商对合作投入等进行评估。还可通过比较销售绩效的变动测定对消费者促销的有效性。在其他条件不变的情况下,销售的增加可归因于营业推广的影响。

案例:2016 年度锦棉种业棉种促销方案

新疆锦棉种业有限责任公司是农七师在原农七师种子公司基础上,将农七师优良的种子产业资源进行整合(由农七师农科所、农七师种子公司及各团场),组建成集种子科研、良繁、生产、加工、销售为一体的现代化种业公司。

锦牌棉种一直是锦棉种业的优势产品,为做好 2016 年度销售工作,制订了以下促销方案。

一、对经销商的订货会

1. 召开经销商订货会

向经销商介绍棉花品种的生产加工情况,分析销售形式,公布公司销售政策。

2. 代销铺货

鉴于种子供大于求的销售形势,对信誉良好的经销商实行预付 20%货款铺货代销,以便迅速占领市场,扩大销售。

3. 价格折扣

按经销商的销量大小,给予价格折扣,销量达到 50～100 t,优惠 0.1 元/kg,达到 100～150 t,优惠 0.2 元/kg,达到 150～200 t,优惠 0.3 元/kg,以提高经销商积极性,扩大销售量。

4. 对经销商提供统一的广告宣传牌和品种宣传资料

二、对农民的促销方案

1. 对购买一定数量锦牌棉种的农民,赠送技术服务手册和挂历。

2. 销售季节在乡镇集市设立销售宣传点,展示宣传产品,扩大农民知晓度。

3. 设立丰产奖励。对种植面积在 50 亩以上,籽棉单产达到 400 kg 以上农户实行奖励。

4. 承诺免费技术咨询服务,设立服务热线。

三、对销售人员实行推销奖励，收入与业绩挂钩

通过以上措施，锦棉种业顺利完成了 3 000 t 棉种的销售目标。

第五节 公共关系策略

一、公共关系的概念与作用

企业市场营销活动不可能孤立地存在和发展，它不仅要处理好与组织内部成员之间的关系，而且必须处理好与组织外部有关社会公众之间的关系。商品经济越发展，它与社会公众之间的联系和相互依赖性也越强。生产经营者既要在市场上销售自己的产品，又要从市场上购买所需要的各种生产资料，这必须要与消费者、供应商、中间商、金融保险机构、政府部门以及其他社会公众发生联系。公共关系的研究和运用，已成为现代市场营销活动不可缺少的重要策略。

所谓公共关系，就是企业或团体利用传播媒体和传递技术为在社会公众心目中树立良好的企业形象和声誉，建立和谐的人事气氛，消除不良的影响，争取社会公众的理解和支持，所开展的有计划、有组织的各种促销活动。

(一)公共关系的特征

公共关系作为现代社会的一种管理职能和管理科学，具有以下特征。

(1)公共关系是一定的社会组织与其相关的社会公众之间的相互关系。这里包含三层含义。

①公共关系的主体是一定的组织，如企业、机关、团体等。

②公共关系的对象既包括外部的顾客、竞争者、新闻界、政府有关部门及其他社会公众，又包括企业内部的职工、股东。这些公关对象构成了企业公共活动的客体。

③公共活动的媒介是各种信息沟通工具和大众传播渠道。

(2)公共关系的目标是为企业广结良缘，在社会公众中创造良好的企业形象和社会声誉。良好的企业形象和声誉是企业无形的财富，是企业富有生命力的表现，也是公关的真正目的所在。企业以公共关系为促销手段是利用一切可以利用的方式和途径，让社会公众熟悉企业产品，以便促进产品的顺利销售。

(3)公共关系的活动以真诚合作、平等互利、共同发展为基本原则。公共关系以一定的利益关系为基础，这就决定了主客双方必须均有诚意，平等互利，并且协调、兼顾企业利益和公众利益。

(4)公共关系是一种信息沟通，是创造“人和”的艺术，它是一种长期活动。

公共关系是企业以及与企业相关的社会公众之间的一种信息交流活动，追求的是企业的内部和企业外部人际关系的和谐统一。公共关系着手于平时努力，放眼于长远打算。公共关系的效果不是短期行为所能达到的。企业要树立良好的社会形象和信誉，不能拘泥于一时一地的得失，而要追求长期稳定的战略性关系。

(二)公共关系的作用

1. 建立和维护企业的良好信誉和形象

企业信誉是市场竞争力的重要表现。企业信誉不但是企业文明经商,职业道德的反映,而且也是企业经营管理水平、技术水平、工艺设备、人才资源等素质的综合反映。良好的企业形象是企业无形的资产和财富,公共关系的主要任务就是使公众在对企业了解的基础上,采用一系列社会活动沟通与公众的关系,如提供可靠的产品,维持良好的售后服务,保持良好的社会关系,维护社会公众利益等,树立企业的良好形象。

2. 收集各种信息

收集各种信息是公共关系工作的重要职责之一。信息主要有两大类。

(1)产品形象信息

收集公众对企业产品在价格等方面的反映,对该产品优点、缺点的评价及改进等方面的建议。

(2)企业组织形象信息

收集公众对企业组织机构是否健全,企业人员素质如何,管理水平的高低,企业服务质量的好坏的评价。

3. 建立企业与顾客的信息双向沟通

信息对现代企业是至关重要的。企业通过良好的公共活动,利用一切媒介与社会公众进行信息双向沟通。一方面,向社会公众传播企业有关生产经营状况发展进度与前景,新产品开发等信息;另一方面,又把社会公众对企业的反应信息反馈回来,以此改善和提高企业形象以及改良产品的决策依据,生产或销售确实能够满足消费者需求产品,并借此进一步密切企业与社会公众的关系。

4. 提供咨询建议

公共关系部门要把收集到的各方面信息经过整理分析,向管理部门提供有关的咨询建议,使领导决策者能及时了解企业在社会公众中的状况,以便做出正确的决策。如公众对本企业的知名度和可信度的评价,公众对本企业政策和行为的评议。

5. 开展社会交往,协调与外界的关系,教育引导员工协调好企业内部关系,增强企业内在的凝聚力

企业与外界公众进行各种交往、沟通使企业与外界达到相互协调为企业创造良好的外部环境,建立企业广泛的联系,争取得到社会各界对企业的理解和支持。公共关系肩负“内求团结,外求发展”的任务。它包括企业与内部的关系、企业与外部的关系两个方面。一个企业要顺利发展,内部必须充满生机和活力。而活力的源泉,在于企业全体员工的智慧和创造力。良好的创造力有利于企业人员创造力的发挥。因此,公共关系部门要教育引导企业的每一位员工重视企业形象,开展公共关系的教育培训工作,使企业内部形成和谐统一、向上奋进的气氛,以利于企业开展市场营销活动。

二、公共关系的活动方式

种子企业在市场营销活动过程中,由于品种开发与营销状况不同,发展阶段不同,所处营销环境不同,以及社会公众的类型、特点和要求不同,会使种子企业市场营销处在不同的

发展势态中。因此，企业应根据不同的目的和任务，采取不同的公关活动方式。

(一)拓展型公关

种子企业为提高自身及企业品种的知名度和美誉度，或者推销新品种、开拓新市场等目的而开展的公共关系活动。如召开记者招待会、新闻发布会，举办大型展销会、展览会等。

(二)维系型公关

维系型公关是一种经常性的公共关系活动方式，是种子企业为了巩固和维持现有的知名度和美誉度，通过不断地向社会公众传播有关营销组织和品种方面的信息，以加深社会公众对种子企业的了解和认识，增进对企业的感情。常见的活动是举办开业周年纪念会。

(三)防御型公关

这是企业为了预防和减少不利的营销环境因素的影响，而开展的针对性较强的公共关系活动方式。例如，某些公众对营销组织及其产品有不满情绪或对本企业与某些单位的关系有些紧张，某些市场可能被竞争对手抢占等，这些问题如不及时处理会酿成大祸。因此需要尽快利用公共关系，弄清情况，查明原因，然后对症下药，开展有针对性的防御性公共关系的活动，同时及时调整营销组织的结构和经营方式，以适应外部环境的变化，更好地满足社会公众的要求。

(四)矫正型公关

当种子企业营销活动的某些方面受到公众误解，使其形象受到损害时，为了消除公众的误解，矫正被歪曲的形象，就需要采取矫正型公关活动方式。在开展这一活动时，首先应取得新闻媒体的理解，通过举行记者招待会或新闻发布会等形式，利用新闻媒体传播正确的信息，以恢复企业应有的形象；其次要开诚布公地向社会公众说明事实的真相，甚至敞开大门让公众走进来监督，重新了解和认识企业。

案例1:新疆康地种业的公共关系促销方案

新疆康地农业科技发展有限责任公司由原来的兵团种子公司改制而来。经过近10年的发展，康地公司生产的油葵、甜菜、玉米种子在全疆市场占有重要地位。

康地公司正向与国际接轨的各项管理制度与流程稳步前进，着力于机制创新、科技创新、经营创新。康地公司某地区分公司为做好2016年销售工作制订了公共关系促销方案。

一、公共关系促销目标

维持消费者对康地公司的信心，在现有的和潜在的顾客中建立康地公司和产品的优良声誉，吸引更多的消费者。

二、制订公共关系促销行为方案

1. 公关促销的工作主题

(1)康地公司每年投入大量资金用于科研，有很强的研发能力，公关促销使公众知晓公司的科技实力。

(2)康地公司对种子品质精益求精，追求高品质。使用康地种子有品质保证，可以取得好的收益，正如康地公司广告语所说“播康地种，走康庄道”。

(3)康地公司以“服务农业、造福农民”为经营宗旨，反映出康地公司对社会的责任感。

2. 公关活动的方式

(1)召开新品种现场展示会

在9月份召开新品种现场会，邀请当地农业主管部门、种子站，经营商和农民代表参加，参观康地公司最新育成品种的种植情况，介绍康地公司在育种科研方面的进展，并且邀请新闻单位参加，进行报道。

(2)举行座谈会

在年底举行座谈会，与经销商座谈，介绍公司发展情况，总结分公司工作，培训营销知识，征询经销商意见，双方进行沟通，融洽双方关系。

(3)种植技术服务

在作物种植管理和病虫害防治的关键时期深入农民当中，宣传介绍农业技术知识，并在当地电视台播出，为农民服务，深受广大农民欢迎。

案例2

美国迪卡公司今年决定到新疆发展业务，在乌鲁木齐市设立了新疆办事处，并获得玉米品种制种、销售资质。

迪卡公司根据新疆玉米市场特点，选择饲用抗玉米螟A品种进入新疆玉米市场。该品种生育期适合北疆沿天山一带种植，产量高于本地主栽品种10%左右。该品种实现本地制种。公司2019年计划该品种在新疆销售量达到1 500 t，请根据新疆玉米销售市场现状，设计该品种在新疆北疆地区促销方案。

学习心得

第八章 种子网络营销

内容提要

1. 我国农资电商发展现状
2. 种子网络营销存在的问题与解决途径
3. 种子企业入驻电商平台的流程
4. 种子企业电商平台入驻运营

2015 年为农资电商元年，国务院提出“互联网＋”行动计划后，“互联网＋农业”被视为电商的最后一片蓝海，一时间涌现出了一大批农资电商，种类和数量如雨后春笋。据统计截至 2016 年 12 月份，中国已经超过四成企业开展在线销售与采购，“互联网＋”与传统产业融合加速。2017 年中国企业在线销售、在线采购的开展比例分别达到 45.3%和 45.6%。在各主流互联网营销渠道中，电子商务平台推广、搜索引擎营销推广使用率分别为 55.1%和 48.2%。电子商务平台、搜索引擎、即时聊天工具长期占据企业互联网营销推广渠道的前三位置。目前不管是城市还是乡村，互联网已经取代电视、报纸等传统媒体，成为居民获取信息的第一途径。

虽然种子、农资等网络营销发展相对滞后，但随着互联网的发展及普及，新生代网络化农民的增加，种子网络营销具有巨大的市场和发展空间。

第一节 我国种子、农资电商发展现状

一、国内种子、农资电商发展基本情况

1. 跨界电商进军农资电商领域

如京东商城的京东农资和淘宝网的农村淘宝。农村电商创业项目获得风投青睐：如赶街网、一亩田、村村乐、大地珍宝网、农医生、我会种、91 农业、农宝网、社员网等，站在“互联网＋”农业的风口，都获得了不同规模的资本融资。

2. 农资龙头进军电商

目前在种子领域有：云农场（圣丰种业）、智农网农信商城（大北农）、阿哥汇（奥瑞金）、爱种网（荃银、隆平、敦煌等 11 家种子公司和中国种子协会等共同组建）和隆商通（隆平高科）

等。在农药领域有：农一网（辉丰股份）、田田圈（诺普信）、蜻蜓农服（克胜集团）、龙灯电商（龙灯化工）、雅本化学（雅本化工）等。在化肥领域有：中国购肥网（鲁西化工）、哈哈农庄（新都化工）、农商1号（金正大）、史丹利、新洋丰和司尔特等自建电商平台。

同时，农产品营销领域和农业传媒网站都陆续进军农资电商。如中农网、中农易迅、中粮我买网、农合网、一亩田、千米网、新农堂和中国惠农网等农产品营销电商网站，以及益农信息社12316（中文传媒）、191农资人（191论坛）、农药信息网（中国农药第一网）、金农商城（中国化肥网）和农资商城等农业传媒网站。

二、种子、农资电商主要模式

1. 京东、淘宝的农资电商模式

京东农资为B2C（企业对消费者）模式，农村淘宝为C2C（个人对个人）第三方交易平台模式。主要以农村消费品市场带动农资市场，此两家拥有一流的电商经验和物流网络，并着力打造农村物流网店和招商农资资源，发展势头迅猛，目前已有不少种子企业和产品入驻。

2. 以天辰云农场、诺普信田田圈为代表的综合农资电商模式

主要打造集农资、技术、金融、物流、农产品为一体的农业生态圈模式。如天辰云农场为云农场、丰收汇、乡间货的、测土配方、农技中心的综合体；诺普信开发的有田田圈、农集网、农发贷等众多平台，通过2015年的村站建设和地推模式，目前在农资电商平台拥有一定的影响力，有不少种子企业也已入驻。

3. 以农一网为代表的垂直电商O2O（在线离线/线上到线下）模式

主要以农资龙头企业自身产品为主，依托经销网络下沉，线上线下相结合的模式。爱种网、农商1号、中国购肥网、史丹利电商平台、阿哥汇、大北农等种肥药大型企业自建的电商模式都属于此类，其中爱种网目前在种业圈影响力较大，国内主要种子企业都已入驻。

4. 以赶街网为代表的农村生态圈电商模式

主要围绕农村本地生活服务、电子商务和农村创业三大板块提供便民服务，如益农社、村村乐等，目前入驻种子企业较少。

5. 以金农商城、农医生为代表的信息技术流农资电商模式

主要以农业相关信息、农技技术为流量吸引载体，拉动用户关注，形成消费。如191农资人、农药信息网、我会种、91农业都属于此类型。目前此类电商主要业务为农药、化肥，种业类信息和产品较少。

6. 以一亩田为代表的农产品电商模式

主要以农产品产销信息对接、农村创业、农业众筹等形式为主。如千米网、社员网等，另外，京东、苏宁易购、腾讯网、众筹网都有农业板块，目前种子业务涉足较少。

在电商智库电子商务研究中心发布的《2017年度中国农村电商发展报告》中对2017年农村电商行业进行数据分析解读，目前农村电商主要电商类型和商家包括：①综合平台电商：京东、云集、农村淘宝、拼多多、苏宁等；②农资电商：云农场、一亩田、田田圈、草帽网等；③农产品电商：买菜网、链农、美菜等；④网络品牌电商：三只松鼠、百草味、新农哥等；⑤生鲜电商：小农女、我买网、本来生活、田田圈等；⑥信息服务类：村村乐、智农通、中农网等；⑦农业众筹：有机有利、京东众筹、淘宝众筹、苏宁众筹等。

三、目前种子、农资电商发展中存在的问题

1. 仓储物流难成体系

种子、农资电商的核心是物流。因种子、农资有常年生产、集中使用的特殊属性，交易频率低，价格波动大，仓储和资金使用规模大、效率低，同时种子、农资属于单位体积价值较低的大宗商品，无法通过快递来运送，只能通过现代化物流手段才能实现及时合理的配送。目前我国农村物流体系落后，运力资源很难整合，各农资电商虽在大力布局农村物流，但仍不成体系，外加客单量少，配送成本远远高于传统渠道。

2. 产品价格没有优势

除物流成本高外，因担心传统渠道受价格冲击，种子、农资上游企业和电商的合作多是貌合神离，除无法拿到优惠的出厂价格外，销售价格也是受到种子、农资企业限定，很难以节约流通环节，降低成本的电商核心价值去和传统渠道竞争。

3. 技术服务难以配套

种子、农资销售实际上是技术加产品的综合体。各农资电商的农业技术服务团队人才欠缺，虽都有农技服务板块，但大多都是趋于理论的复制粘贴，在生产上没有实质性指导意见。

4. 交易习惯一时难以改变

目前各家农资电商的推广模式都是对上多对下少，多通过和政府媒体合作宣传造势，面向农业生产一线开展的推广业务并不顺畅。同时由于种子、农资市场产品赊销情况严重，电商技术服务跟不上，以及农民对电商信任度不够，导致很多农资电商即使有交易都是在线下，线上交易不多。

5. 盈利模式有待突破

目前很多种子、农资电商还处于投入探索阶段，都未找到合理的盈利模式，要改变农民的消费习惯和传统渠道经销模式也需要一个过程。

四、农资电商发展给种子营销带来新的挑战和机遇

1. 信息透明度增加，代理模式将会改变

在农资电商推广的影响下，未来种子行业的经销模式将会改变，产品性能和价格的信息透明度将增加，层层加价的代理模式可能会不适应市场需求。

2. 以经销商为中心变为以种子公司为中心

以往种子市场的营销模式都是围绕经销商来推广的，包括观摩、宣传、推广、订购等，都要保证经销商合理的利润，经销商环节是生产企业对接消费者的必经之路，而随着土地流转速度的加快、互联网技术的进步及资料大数据的应用，未来种子生产企业完全有能力通过种子市场大数据分析直接管理到种子生产面积、发布信息、技术服务等各个环节，营销效率将得以大幅度提高。

3. 重推销向重种子质量转变

顾客从经销商转变为种植户，需要种子企业重视优良品种的选育推广、品种高产栽培方

式的配套以及种子质量本身的提高。

4. 农资跨界合作将成趋势

随着土地流转的加速和农资电商的渗透，未来农资销售将是种子、化肥、农药、技术为一体的综合服务，产品只是营销的一部分。

五、传统种业发展农资电商营销的路径

1. 借力农资电商平台，加强合作

以开放的心态，与有实力和农资营销经验的电商（如京东农资、农村淘宝、爱种网和云农场等）寻求合作，借助农资电商平台推广公司及品种，与影响力较大的电商平台合作。采取线上线下相结合的模式，经销渠道和电商渠道双轨并行，由种子企业在保护传统经销渠道价格体系的基础上，制定电商销售价格，如单独做电商包装，可供种田大户采购，以起购量限制、租地合同复印件、用种时供货等要求，由公司承担物流配送服务实地核实。另外，种子也可以和电商平台的金融服务对接，解决种田大户购种资金不足的问题。

2. 充分利用移动终端加强手机端宣传推广和技术服务

由种子生产型企业向技术服务型企业转变。建设种子企业手机 App，开通微信公众号、官方微博等自媒体，以媒体型或者服务型的软件面向用户。

3. 开展农业生态圈的跨界经营

通过农资电商的资源匹配，种子企业可以增加与化肥、农药企业合作，提供作物解决方案和种植方案，形成种、肥、药套餐销售，使得良种配良法，好种配好肥药，让种子企业品种得到更好的利用和推广，并产生新的利润增长点。

诺普信建立了田田圈，已在全国建立 300 多家合作店面，并计划建立 10 000 家直营店面，从线上推进线下交易。未来，还将吸引 100 多家企业进驻平台，实现种子、农药和肥料一体化经营。

4. 重视大数据的分析应用

充分挖掘农资电商营销数据，凭借一整套基于互联网的售后服务（CRM＋大数据分析）以及多产品经营，极大地提高了客户的黏性，留住了客户，实现营销策略和销售模式智能化。

第二节　种子网络营销平台入驻与运营

对于种子企业来说，农资电商营销已经成为种业绕不开的坎。虽然目前农资企业（种子、农药、化肥）建立的传统渠道短期内仍具有优势，专业的推广人员短期内还不会流失，但传统的线下渠道面临着巨大的挑战。

目前，占据全球 20％市场的种业巨头杜邦先锋与阿哥汇签署了战略合作协议，正式入驻阿哥汇电商平台，并在辽宁开始了市场交接。中国种子集团公司已入驻京东农资频道。爱种网除了 10 家股东单位外，先后与先正达种衣剂、中化化肥、秋乐种业、京研益农、皖垦种业、常林肥业等国内外农资巨头签约入驻，中国人保、中央气象台、中国邮政等“国”字号企事

业单位也成为爱种网的战略合作伙伴，涵盖农资产品交易、农技信息服务和农民融资保险的农业大数据平台框架初步建立。农一网上线 3 年累计销售额近 9 亿元，发展 800 余家工作站，7 万余名有效代购，拥有行业优质的农资供应和一流的技术服务、遍布全国的工作站渠道网络。国内众多大型种企已经开始了种子电商之路。

国内种业企业如何才能加快步入种子电商之路：

第一，选择合适的农资电商平台入驻。目前种业企业没有必要都自己建立电商平台，毕竟电商平台开发运营投入巨大，涉及电商运营方方面面业务也比较复杂，一般种业公司难以承担。目前与农资电商平台合作入驻是最佳的选择。

第二，种业公司可以发挥地缘和技术服务优势，进一步转型成为电商平台的落地服务商，更好地发挥自身优势。

第三，注重培养懂管理、懂运营，更要懂互联网的人才。而且要做到全公司的培养，让整个公司的人都习惯用“互联网思维”来工作。

目前，国内具有较大影响力的农资电商有：京东农资、淘宝农村、云农场、阿哥汇、爱种网和农医生等平台。我们以京东农资电商平台为案例来了解种子网络营销平台入驻与运营流程。

一、京东农资电商平台简介

2015 年 8 月，京东农资频道(http://nong.jd.com/)正式上线，为中国首家采取自营农资方式的综合电商，为全国亿万农民提供种子、农药、化肥、农具等农资产品的电商服务。京东农资从优选的国内外农资品牌中挑选正品农资产品，为广大农民朋友提供京东物流的送货上门服务，以及分期付款、京东白条和保险等金融服务，免受假货之虞和奔波筹款之累，并上线京东农资频道移动版，让线上线下的贴身农技指导服务成为可能。

从 2015 年初开始，已有国内多家农资知名企业与京东达成合作协议并入驻京东农资频道、发展农资农业产业合作，其中包括中国种子集团有限公司、北京京研益农科技发展中心、北京燕化永乐生物科技股份有限公司等。在农资频道正式上线以前，由中国复合肥领军品牌金正大与中国农业产业发展基金共同投资 20 亿元打造的农资电商平台“农商一号”已于 2015 年 7 月 16 日先期入驻，并以“旗舰店”的形式正式落户农资频道。

2017 年与农一网进行战略合作，强强联手利用农一网拥有行业优质的农资供应和一流的技术服务、遍布全国的工作站渠道网络，整合双方农资供应链和渠道，在有机高产农产品的推广，利用高科技和大数据进行精准的用药施肥等多方面进行探索合作，引领互联网农资领域的发展。

京东农资频道目前开通种子、农药、肥料、农用机械、饲料、兽药、养殖机械和农资服务中心等频道(图 7-1)。

在京东自营标准化体系下，京东农资电商平台通过覆盖全国的物流网络，构建了一个封闭可追溯的农资供应链体系，为农资企业构建一个品牌建设、产品展示、营销推广并与用户交互的平台，实现农资市场信息对称透明化、平衡供求对接、智慧化管理的价值，让农资企业与经销商、代理商建立网上的供销关系，直接、实时地掌控经销商、代理商的库存和销售数据，针对整合经销商、代理商做到有的放矢，并且与农资企业联合线上及线下的推广及服务

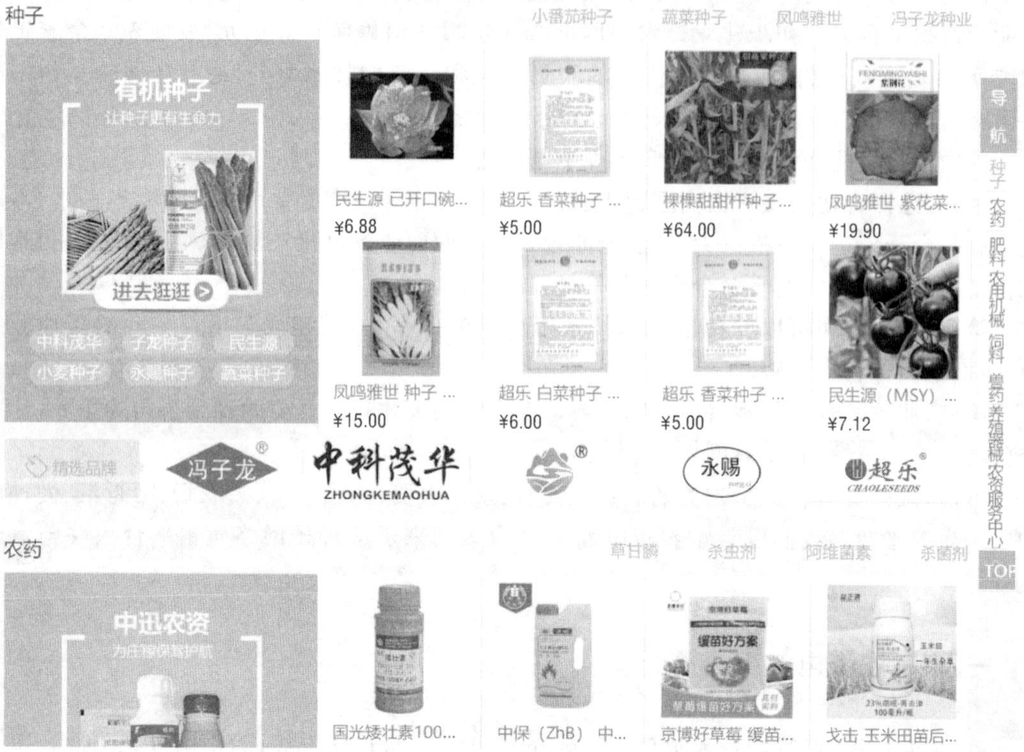

图 7-1　京东农资频道界面

力量，甄选优质品牌和保险公司承保等方式，打消农民消费顾虑，全力开发和培育中国农资电商市场。同时根据农民所在区域的不同，京东为农民筛选适用于当地的农资产品，将产品介绍、价格、用户评价等信息全方位地展示给农民。既保证农民买到质优价低的农资产品，同时也帮助农民获取更多关于农业生产方面的信息。与此同时，京东的产品源头是通过和种业企业直接采购的合作方式，最大程度的保障了产品质量，利用已有的物流网络优势，构建了一个封闭可追溯的供应链体系，保障农民所购买的产品都是从农资生产企业直接购进。此外，京东农资将和农资企业一起打造“京东农技服务平台”，实现农技专家在线上以及田间地头的技术指导，而这些都将直接造福农民和农村经济。

二、种子企业入驻流程

国内种子企业入驻京东农资电商平台，可直接点击频道首页右上角“我要入驻”，按照入驻流程（https://zhaoshang.jd.com/p/flow/view? menuId=1）提示注册入驻。

平台入驻分以下几个阶段：

阶段一：入驻前准备

01 了解招商信息

1）品牌：京东枚举的重点招募品牌、您也可以推荐优质品牌给京东，部分类目不限定品牌招商。
2）企业：合法登记的企业用户，并且能够提供京东入驻要求的所有相关文件，不接受个体工商户。
3）资质要求详见：《京东开放平台招商基础资质标准》及各类目资质标准。

02 准备资质材料

1）点击查询入驻所需资质和费用。
2）准备的资料请加盖开店公司公章（鲜章）。
3）如申请材料缺少，会退回给您重新提交，建议您事先准备齐全资料，一次性通过审核。

03 开通京东钱包

1）提前开通京东钱包可在入驻审核后的开店任务中直接使用，注册京东钱包及钱包实名认证预计需2个工作日，建议您提前准备。开通京东钱包不影响您店铺入驻资质的提交及审核。
2）点击查看京东钱包注册入口。
3）点击查看开通京东钱包操作指南。

阶段二：入驻申请

01 注册账号

1）在进入入驻流程前，请注册京东个人用户账号，用于入驻关联。
2）进入京东用户中心，验证手机和邮箱，以保证您入驻信息的安全。
3）进入商家入驻页面，点击"我要入驻"，进入入驻流程。

02 填写公司信息

1）确认入驻协议、查看入驻须知。
2）录入开店联系人的信息，便于在入驻过程中遇到任何问题，我们可以第一时间联系到您。
3）填写公司信息，包含营业执照、组织机构代码和经营信息。

03 填写店铺信息

1）填写店铺信息，包含店铺类型、经营类目和品牌。提交公司和类目品牌相关资质。点击查看入驻所需资质。
2）选择您希望使用的店铺名称和域名。

04 签署合同提交入驻申请

确认在线服务协议，提交入驻申请。

阶段三：审核

01 资质初审

1）资质真实有效。
2）规模达到入驻要求。
3）授权有效，链路完整。
4）生产、经营范围、产品安全性 资质完整 符合国家行政法 规许可要求。
5）审核周期：7个工作日。

02 招商复审

1）招商复审，审核周期：5个工作日。
2）店铺授权，大概3个工作日。

03 审核进度查询

商家可查询入驻审核进度。入驻过程中的重要信息，我们会以邮件形式发送至您在入驻联系人信息中填写的邮箱。

阶段四：开店任务

01 联系人和地址信息维护

1）联系人信息：完善不同管理角色联系信息。
2）常用地址维护：退换货地址信息填写维护。

02 账号安全验证

账号安全验证：设置账号绑定手机、邮箱（可用于重设找回密码）。

03 缴费开店

1）在线支付平台使用费、质保金，完成缴费。点击查看资费标准。
2）京东确认缴费无误。
3）店铺状态变为开通，您可以登录商家后台开始正常经营。点击查看开店指引。

三、企业入驻运营

可进入京东商家学习中心(https://sale.jd.com/act/glxToqyYCUbK.html)系统学习和咨询交流。

入驻电商平台训练

训练任务:注册京东,在商家学习中心认真学习和交流种子企业入驻平台和运营相关知识;联系一家种子企业,帮助企业办理入驻和初期运营相关业务;与企业沟通制订网络营销产品策略、价格策略、促销策略、产品视觉设计、产品物流和技术服务等运营方案,最终帮助公司实现开张运营。

学习心得

第九章　种子营销管理

内容提要

1. 种子市场的准入的有关规定
2. 种子市场营销管理
3. 种子纠纷的处理方法

任何种子企业(或经营单位)要经营种子,都必须依法取得市场准入资格,才能进入种子市场开展经营活动。种子营销活动和企业其他经营活动一样,需要运用计划、组织及控制等管理职能和手段对其进行有效的管理,以保证种子营销活动合法、有效地开展,最终实现种子营销目标。

第一节　种子市场准入的有关规定

《中华人民共和国种子法》及配套规章的颁布实施,标志着我国种子产业进入了一个有法可依、规范发展的新阶段。

除 2016 年 1 月 1 日实施的最新《中华人民共和国种子法》以外,国务院和农业部颁布的有关种子市场准入和管理的规章还有:2004 年 7 月修订的《农作物种质资源管理办法》、2013 年 1 月修订的《中华人民共和国植物新品种保护条例》、1997 年 3 月农业部发布的《进出口农作物种子(苗)管理暂行办法》、2005 年 3 月发布的《农作物种子质量监督抽查管理办法》、2016 年 8 月 15 日起施行的《主要农作物品种审定办法》、2016 年 8 月 15 日起施行的《农作物种子生产经营许可管理办法》、2017 年 1 月 1 日起施行的《农作物种子标签和使用说明管理办法》、2017 年 5 月 1 日起实施的《非主要农作物品种登记办法》、2017 年 11 修订的《农业转基因生物安全管理条例》和《农业转基因生物标识管理办法》等。与种子管理有关的国际条约有:《国际植物新品种保护公约》《粮食和农业植物遗传资源国际公约》《生物安全议定书》、WTO 的《实施卫生与植物卫生措施协定》和《国际植保公约》等。

一、种子质量管理与控制制度

(一)我国种子质量管理

1. 种子管理体系

我国种子管理工作由农业农村部种子管理局负责,组织全国各省、市、地、县种子管理站，形成全国种子管理体系。主要承担：拟订种子产业发展战略、规划，提出相关政策建议；起草有关种子方面的法律、法规、规章和标准，并监督执行；指导种子管理体系建设，承担种子生产经营及质量监督管理工作；组织农作物种质资源保护和管理，承担农作物种子（种苗）、种质资源进出口的审批工作；组织农作物品种管理，拟订农作物品种审定和农业植物新品种保护的办法、标准，承担农作物品种审定、登记和农业植物新品种授权、复审工作，组织、指导品种退出工作；审查核发农作物种子生产经营许可证，提出外商投资种子企业的审查意见；开展种子质量监督抽查、种子检验员和种子检验机构考核管理等。

2. 种子质量检验体系

自“九·五”计划以来，国家连续实施“种子工程”和“优粮工程”项目，投资建设了181个种子质量检测（分）中心。目前共有通过省部两级考核的省、市、县种子检验机构超过351家（加上未通过考核但也开展检测工作的机构达上千家），明显改善了种子质量检测条件，基本形成了我国种子质量检验体系骨架。种子质量检验机构依法开展种子质量监督检验、委托检验和仲裁检验，在强化种子市场监管、保护知识产权、确保农业生产用种安全等方面发挥了重要的技术支撑作用，我国种子质量水平和企业质量意识大幅提高。

3. 种子质量抽查监督

为了增强种子生产者和经营者的种子质量意识，维护种子使用者的权益，打击经销伪劣种子的活动，由县级以上人民政府农业行政主管部门组织有关种子管理机构和种子质量检验机构对生产、销售的农作物种子进行扦样、检验，并按规定对抽查结果公布和处理，对种子品质合格单位给予表彰，对种子质量不合格单位发出停止销售处理通知，并按规定给予一定行政处罚，有效制止伪劣种子上市坑农害农行为。

（二）种子质量控制

欧美各国主要采用种子标签的真实性、种子质量的最低标准、植物品种保护法、种子认证和种子法规等种子质量管理控制体系，来确保农业用种的种子质量。我国种子质量控制法规体系主要体现在《中华人民共和国种子法》《农作物种质资源管理办法》《中华人民共和国植物新品种保护条例》《农作物种子质量监督抽查管理办法》《非主要农作物品种登记办法》《农业转基因生物安全管理条例》和《农业转基因生物标识管理办法》等法规中的相关规定。

同时，种子质量认证是目前种子企业加强质量控制普遍采用的途径。

二、种子经营许可制度

2016年8月15日起施行的《农作物种子生产经营许可管理办法》对农作物种子生产经营许可证的申请、审核、核发和监管做出明确规定。县级以上人民政府农业主管部门按照职责分工，负责农作物种子生产经营许可证的受理、审核、核发和监管工作。申请领取种子生产经营许可证的企业，应当具有与种子生产经营相适应的设施、设备、品种及人员，符合本办法规定的条件。

（一）申请领取主要农作物常规种子或非主要农作物种子生产经营许可证的企业，应当具备以下条件：

（1）基本设施。生产经营主要农作物常规种子的，具有办公场所150 m^2 以上、检验室

100 m^2 以上、加工厂房 500 m^2 以上、仓库 500 m^2 以上；生产经营非主要农作物种子的，具有办公场所 100 m^2 以上、检验室 50 m^2 以上、加工厂房 100 m^2 以上、仓库 100 m^2 以上。

(2)检验仪器。具有净度分析台、电子秤、样品粉碎机、烘箱、生物显微镜、电子天平、扦样器、分样器、发芽箱等检验仪器，满足种子质量常规检测需要。

(3)加工设备。具有与其规模相适应的种子加工、包装等设备。其中，生产经营主要农作物常规种子的，应当具有种子加工成套设备，生产经营常规小麦种子的，成套设备总加工能力 10 t/h 以上；生产经营常规稻种子的，成套设备总加工能力 5 t/h 以上；生产经营常规大豆种子的，成套设备总加工能力 3 t/h 以上；生产经营常规棉花种子的，成套设备总加工能力 1 t/h 以上。

(4)人员。具有种子生产、加工贮藏和检验专业技术人员各 2 名以上。

(5)品种。生产经营主要农作物常规种子的，生产经营的品种应当通过审定，并具有 1 个以上与申请作物类别相应的审定品种；生产经营登记作物种子的，应当具有 1 个以上的登记品种。生产经营授权品种种子的，应当征得品种权人的书面同意。

(6)生产环境。生产地点无检疫性有害生物，并具有种子生产的隔离和培育条件。

(7)农业部规定的其他条件。

(二)申请领取主要农作物杂交种子及其亲本种子生产经营许可证的企业，应当具备以下条件：

(1)基本设施。具有办公场所 200 m^2 以上、检验室 150 m^2 以上、加工厂房 500 m^2 以上、仓库 500 m^2 以上。

(2)检验仪器。除具备本办法第七条第二项规定的条件外，还应当具有 PCR 扩增仪及产物检测配套设备、酸度计、高压灭菌锅、磁力搅拌器、恒温水浴锅、高速冷冻离心机、成套移液器等仪器设备，能够开展种子水分、净度、纯度、发芽率四项指标检测及品种分子鉴定。

(3)加工设备。具有种子加工成套设备，生产经营杂交玉米种子的，成套设备总加工能力 10 t/h 以上；生产经营杂交稻种子的，成套设备总加工能力 5 t/h 以上；生产经营其他主要农作物杂交种子的，成套设备总加工能力 1 t/h 以上。

(4)人员。具有种子生产、加工贮藏和检验专业技术人员各 5 名以上。

(5)品种。生产经营的品种应当通过审定，并具有自育品种或作为第一选育人的审定品种 1 个以上，或者合作选育的审定品种 2 个以上，或者受让品种权的品种 3 个以上。生产经营授权品种种子的，应当征得品种权人的书面同意。

(6)具生产环境。生产地点无检疫性有害生物，并具有种子生产的隔离和培育条件。

(7)农业部规定的其他条件。

(三)申请领取实行选育生产经营相结合、有效区域为全国的种子生产经营许可证的企业，应当具备以下条件：

(1)基本设施。具有办公场所 500 m^2 以上，冷藏库 200 m^2 以上。生产经营主要农作物种子或马铃薯种薯的，具有检验室 300 m^2 以上；生产经营其他农作物种子的，具有检验室 200 m^2 以上。生产经营杂交玉米、杂交稻、小麦种子或马铃薯种薯的，具有加工厂房 1 000 m^2 以上、仓库 2 000 m^2 以上；生产经营棉花、大豆种子的，具有加工厂房 500 m^2 以上、仓库 500 m^2 以上；生产经营其他农作物种子的，具有加工厂房 200 m^2 以上、仓库 500 m^2 以上。

(2)育种机构及测试网络。具有专门的育种机构和相应的育种材料，建有完整的科研育种档案。生产经营杂交玉米、杂交稻种子的，在全国不同生态区有测试点 30 个以上和相应的播种、收获、考种设施设备；生产经营其他农作物种子的，在全国不同生态区有测试点 10 个以上和相应的播种、收获、考种设施设备。

(3)育种基地。具有自有或租用(租期不少于 5 年)的科研育种基地。生产经营杂交玉米、杂交稻种子的，具有分布在不同生态区的育种基地 5 处以上、总面积 200 亩以上；生产经营其他农作物种子的，具有分布在不同生态区的育种基地 3 处以上、总面积 100 亩以上。

(4)科研投入。在申请之日前 3 年内，年均科研投入不低于年种子销售收入的 5%，同时，生产经营杂交玉米种子的，年均科研投入不低于 1 500 万元；生产经营杂交稻种子的，年均科研投入不低于 800 万元；生产经营其他种子的，年均科研投入不低于 300 万元。

(5)品种。生产经营主要农作物种子的，生产经营的品种应当通过审定，并具有相应作物的作为第一育种者的国家级审定品种 3 个以上，或者省级审定品种 6 个以上(至少包含 3 个省份审定通过)，或者国家级审定品种 2 个和省级审定品种 3 个以上，或者国家级审定品种 1 个和省级审定品种 5 个以上。生产经营杂交稻种子同时生产经营常规稻种子的，除具有杂交稻要求的品种条件外，还应当具有常规稻的作为第一育种者的国家级审定品种 1 个以上或者省级审定品种 3 个以上。生产经营非主要农作物种子的，应当具有相应作物的以本企业名义单独申请获得植物新品种权的品种 5 个以上。生产经营授权品种种子的，应当征得品种权人的书面同意。

(6)生产规模。生产经营杂交玉米种子的，近 3 年年均种子生产面积 2 万亩以上；生产经营杂交稻种子的，近 3 年年均种子生产面积 1 万亩以上；生产经营其他农作物种子的，近 3 年年均种子生产的数量不低于该类作物 100 万亩的大田用种量。

(7)种子经营。具有健全的销售网络和售后服务体系。生产经营杂交玉米种子的，在申请之日前 3 年内至少有 1 年，杂交玉米种子销售额 2 亿元以上或占该类种子全国市场份额的 1%以上；生产经营杂交稻种子的，在申请之日前 3 年内至少有 1 年，杂交稻种子销售额 1.2 亿元以上或占该类种子全国市场份额的 1%以上；生产经营蔬菜种子的，在申请之日前 3 年内至少有 1 年，蔬菜种子销售额 8 000 万元以上或占该类种子全国市场份额的 1%以上；生产经营其他农作物种子的，在申请之日前 3 年内至少有 1 年，其种子销售额占该类种子全国市场份额的 1%以上。

(8)种子加工。具有种子加工成套设备，生产经营杂交玉米、小麦种子的，总加工能力 20 t/h 以上；生产经营杂交稻种子的，总加工能力 10 t/h 以上(含窝眼清选设备)；生产经营大豆种子的，总加工能力 5 t/h 以上；生产经营其他农作物种子的，总加工能力 1 t/h 以上。生产经营杂交玉米、杂交稻、小麦种子的，还应当具有相应的干燥设备。

(9)人员。生产经营杂交玉米、杂交稻种子的，具有本科以上学历或中级以上职称的专业育种人员 10 人以上；生产经营其他农作物种子的，具有本科以上学历或中级以上职称的专业育种人员 6 人以上。生产经营主要农作物种子的，具有专职的种子生产、加工贮藏和检验专业技术人员各 5 名以上；生产经营非主要农作物种子的，具有专职的种子生产、加工贮藏和检验专业技术人员各 3 名以上。

(10)种子检验条件和生产地点无检疫性有害生物，并具有种子生产的隔离和培育条件。

从事种子进出口业务的企业和外商投资企业申请领取种子生产经营许可证，除具备本办法规定的相应农作物种子生产经营许可证核发的条件外，还应当符合有关法律、行政法规规定的其他条件。

三、植物(种子)检疫制度

农作物种子、苗木是重要的生产资料，直接用于种植，其传播病、虫、草害的风险很大，历史上许多病、虫、草害的传播蔓延都是因为调运未经检疫的种子、苗木引起的。因此，种子、苗木的检疫历来都是植物检疫的重点。

(一)植物(种子)检疫机构

农业农村部主管全国农业植物检疫工作，其执行机构是所属的植物检疫机构。各省、自治区、直辖市农业主管部门主管本地区的植物检疫工作；县级以上地方各级农业主管部门所属的植物检疫机构负责执行本地区的植物检疫任务。

(二)植物(检疫)检疫证书的签发

(1)省际调运种子、苗木等繁殖材料及其他应施检疫的植物、植物产品，由省级植物检疫机构及其授权的地(市)、县级植物检疫机构签发植物检疫证书；省内种子、苗木及其他应施检疫的植物、植物产品，由地(市)、县级植物检疫机构签发植物检疫证书。

(2)植物检疫证书应加盖签证机关植物检疫专用章，并由专职植物检疫员署名签发；授权签发的省际调运植物检疫证书还应当盖有省级植物检疫机构的植物检疫专用章。

(3)植物检疫证书式样由农业部统一制定。证书一式四份，正本一份，副本三份。正本交货时随货单寄运，副本一份由货主存留、一份交收货单位或个人所在地植物检疫机构(省际调运寄给调入省植物检疫机构)，一份留签证的植物检疫机构。

四、种子标签和使用制度

标签是指种子经营者在销售种子时向种子使用者提供的特定图案及文字说明。种子标签制度的实质是要求种子经营者真实标明种子的质量，给使用者充分的选择权利。种子标签具有种子合格证和使用说明书的作用。种子法第四十六条第二款第二项规定，质量低于标签标注的伪劣种子，这是判定种子质量合格与否的最核心原则，这与过去实行的“种子质量合格证”制度完全不同，过去是将强制性种子质量标准规定的要求作为唯一的判定依据，而现在实行的是种子标签真实制度，真实原则成为判定种子质量合格与否的最主要依据。拥有合法的标签是商品种子合格的基本条件，是合法销售商品种子的最低要求。

根据 2017 年 1 月 1 日起施行《农作物种子标签和使用说明管理办法》对种子标签的有关要求，农作物种子标签应该标注以下内容：

(1)作物种类、种子类别、品种名称。

(2)种子生产经营者信息，包括种子生产经营者名称、种子生产经营许可证编号、注册地地址和联系方式。

(3)质量指标、净含量。

(4)检测日期和质量保证期。

(5)品种适宜种植区域、种植季节。

(6)检疫证明编号。

(7)信息代码。

属于下列情形之一的，种子标签除标注本办法第六条规定内容外，应当分别加注以下内容：

(1)主要农作物品种，标注品种审定编号；通过两个以上省级审定的，至少标注种子销售所在地省级品种审定编号；引种的主要农作物品种，标注引种备案公告文号。

(2)授权品种，标注品种权号。

(3)已登记的农作物品种，标注品种登记编号。

(4)进口种子，标注进口审批文号及进口商名称、注册地址和联系方式。

(5)药剂处理种子，标注药剂名称、有效成分、含量及人畜误食后解决方案；依据药剂毒性大小，分别注明“高毒”并附骷髅标志、“中等毒”并附十字骨标志、“低毒”字样。

(6)转基因种子，标注“转基因”字样、农业转基因生物安全证书编号。

种子使用说明是指对种子的主要性状、主要栽培措施、适应性等使用条件的说明以及风险提示、技术服务等信息。使用说明应当包括下列内容：

(1)品种主要性状。

(2)主要栽培措施。

(3)适应性。

(4)风险提示。

(5)咨询服务信息。

除前款规定内容外，有下列情形之一的，还应当增加相应内容：

(1)属于转基因种子的，应当提示使用时的安全控制措施。

(2)使用说明与标签分别印制的，应当包括品种名称和种子生产经营者信息。

第二节　种子市场营销管理

种子市场营销管理是对企业已经确定的市场营销战略和市场营销策略进行组织、实施的过程，以确保已定的市场营销战略和各项策略的实现。

种子市场营销管理主要包括种子市场营销组织建设、市场营销计划制订与执行、营销人员与客户管理和市场营销活动控制工作环节。

一、种子市场营销组织建设

种子营销活动是种子企业中有组织的营销人员进行的活动，合理的种子营销组织可以有效地促进种子营销人员的协调与合作，保证种子营销工作的顺利完成。每个种子企业都应该根据市场竞争的特点和自身的实际情况，建立一支在结构和功能上都高效运行的种子营销组织。

(一)企业营销组织的构建方法

营销组织的构建必须建立在调研分析的基础上。必须调查和评价现有的营销机构的设置与用户采购方式是否适应，找出营销组织中的薄弱环节，在此基础上调整或改进机构设置，重新确定和优化各部门的职责范围。

营销组织的建设除建立必要的组织结构外，还需要建立完备的协调机制，只有这样才能发挥企业营销组织的整体功能。现代企业的协调机制主要通过结构技术性协调方式和制度性协调方式实现。

结构技术性协调方式是指通过建立有效的营销各部门的信息沟通渠道，加强组织横向协调和调整，实现高效率管理。制度协调方式是通过制定管理制度、规章进行协调的方式。

(二)种子企业营销组织的主要形式

种子营销部门内部的组织结构有多种形式，种子企业可根据其经营规模和范围组织自己的种子营销部门。

1. 职能式组织

职能式组织是企业按照需要完成的工作，组织营销部门，是种子企业最常见的组织形式。当种子企业的规模较小、或种子产品种类较少，或者种子产品的营销方式大体相同时，按照市场营销职能设置组织结构比较有效。如某种子企业的组织结构就是按职能分为营销中心、人力资源部、财务部、研发部、生产中心、品管部、业务公司等。

该类组织的优点是管理的幅度较宽、层次少、分工明确，即行政管理简单，易于管理。缺点是当企业规模和经营范围扩大到一定程度时，又嫌分工过粗，因为没有一个部门能对某个具体的种子产品的整个市场营销活动负全部责任，所以就有可能造成某些种子产品或市场被忽视的情况发生。

2. 地区式组织

地区式组织是按照种子销售区域划分营销部门。规模较大和销售区域广的种子企业，适合采取这种组织形式。此外，由于不同地区的气候、土壤条件和种植结构不同，使得种子用户所处的特定地域条件与种子产品的销售有密切的对应关系。因此，种子企业除了设置职能部门外，还应按照地区范围大小和不同地区农业种植结构的差异性，分层次地设置区域性经理，层层负责，分片包干。区域或地区经理负责掌握本地区的种子营销环境情报，制订长、短期营销计划，并负责贯彻执行。

地区式组织的优点是能够通过区域销售网络使种子产品迅速打入各地市场，有利于发挥每个地区的优势。其不足之处是营销队伍庞大，营销费用开支较大，所以只有当种子企业的规模达到一定程度后，才适宜采取该类组织。

3. 产品式组织

当种子企业经营的种子产品种类较多、产品差异很大时，为了避免职能式组织的缺点，可采用产品式组织，以实行专业管理和销售。即在职能式组织的基础下，增设种子产品经理，负责制订种子产品的营销计划和策略，并付诸实施。其基本做法是，由一名种子产品经理负责，下设几个产品线经理(如棉花种子、玉米种子、蔬菜种子产品线等)，根据需要也可在产品线经理之下再设几个具体产品经理负责各具体的产品。

产品式组织的优点是产品经理能够将产品营销组合的各要素较好地协调一致起来，并能够及时地对其所管产品的市场变化做出积极、灵敏的反应。但该类组织也存在一些缺陷，如缺乏整体观念、部门冲突和多头领导等。

案例

丰乐种业公司成立了行政、财务、管理、研发、物流五个职能中心，严格经济核算，堵塞"跑、冒、滴、漏"，把费用降下来，把利润做上去。并组建瓜菜、水稻、玉米经济作物等七个专业公司，在此基础上，已设立水稻、玉米两条产品线经理，还将设立20条产品线，以增强各自独当一面的作战能力，提高营销绩效。

4. 矩阵式组织

这是将职能管理与专项管理结合起来，进行种子营销管理的一种组织形式。矩阵式组织是职能式组织与产品式组织相结合的产物，它是在原有的按直线指挥体系组成垂直领导系统的基础上，又建立起一种横向的领导系统，两者结合起来就组成一个矩阵。

矩阵式组织的优点在于能加强企业内部门间的协作，能集中各种专业人员的知识、技能，又不增加人员的编制，组建方便，适应性强，有利于提高工作效率。矩阵式组织的缺点主要表现在双重领导，过于分权化，稳定性差和管理成本较高。

5. 事业部式组织

当种子企业产品种类和市场都很多，企业规模需要进一步扩大时，企业可把主要产品部门升格为独立的事业部。事业部是一种相对独立的利润中心，它对总公司有利润责任，但同时也具有有关影响营销利润的各种内部因素的决策权。各事业部内往往都设有比较齐全的职能部门，包括市场营销部门。如中种集团承德长城种子有限公司就实施事业部建制，设立有粮食种子事业部、油料种子事业部、果林草种事业部、种苗工程事业部等。

(三)营销组织管理应该注意的事项

1. 明确各部门职责、建立沟通和信息交流的工作机制

2. 建立强有力的种子市场营销队伍

企业应招聘和使用高级市场营销人员，并在种子营销活动的实践中将市场营销观念灌输给各部门和每一位员工。企业应考虑雇佣市场营销专家，尤其是在一流的市场营销企业中工作过的专家。

3. 加强企业内部培训

种子企业为了把市场营销观念、技能灌输给经理和员工，需要对高层管理人员、部门经理、代销人员、销售人员、生产人员、研究开发人员进行全面、系统的营销培训。

4. 寻求咨询专家的帮助

咨询专家应在帮助企业转变为市场导向型方面具有很多的经验。

5. 建立现代化的市场营销制度

训练经理们用市场营销思维进行工作，一个卓有成效的方法就是建立一种现代化的市场导向型的计划制度，用计划的形式迫使经理们考虑市场营销环境、机会、竞争形式和其他各种因素。

6. 建立年度市场营销评奖制度

企业应鼓励各业务单位提交年度最佳市场营销活动报告，通过对这些报告的评审，企业可评出最佳市场营销人员，并对其进行奖励。

二、种子市场营销计划制订与执行

销售工作的基本法则是制订销售计划和按计划销售。销售计划既应有切实可行的销售目标,还应有实现这一目标的方法。然而,许多种业企业在销售计划管理上存在一系列问题:①无明确的年度品种的市场开发计划;②销售目标不是在准确分析市场需求和有效组织企业资源的基础上制订的,而是根据以往或其他企业的销售结果进行确定;③销售计划没有按地区(生态区)、客户、品种、年度进行分解,从而使计划无法具体落实;④各分公司、分销商的销售计划是与公司讨价还价的结果;⑤只有目标数字,没有实施方案,没有业务指导。

没有明确的市场开发计划和明确的实施方案,企业的销售工作就失去了目标,这样,企业便无竞争力,经营风险很大。如 2001—2003 年,国内很多种子公司前期认为水稻种子数量偏紧,急于高价采购,结果造成后期退货量很大,大量积压,这正是无计划销售导致的必然结果。

(一)种子营销计划的编制

虽然不同的企业种子营销计划格式会有所不同,但计划的基本内容基本一致。大多数种子营销计划编制包含以下步骤。

①分析市场状况和企业种子营销中存在的问题,并进行系统归纳分析;

②形成市场营销目标和战略;

③制订行动方案;

④预测经费;

⑤拟订方案实施的保障措施;

⑥编制营销计划。

编制的种子市场营销计划一般由以下几部分内容组成。

1. 计划实施摘要

计划实施摘要类似内容提要,即对主要营销目标和措施做概括的说明,便于企业的管理者很快掌握计划的核心内容。

2. 种子营销状况分析

这是计划正文的第一部分,主要包括种子市场需求、种子产品种类、竞争对手、分销渠道、营销环境变化等有关背景资料的分析,以及企业内部资源、技术和能力的情况分析。

3. 市场机会与威胁、优势与劣势分析

4. 种子市场营销目标

营销目标是营销计划的核心部分,是在上述分析的基础上制订的,也是制订下一步营销策略的行动方案的基础。营销目标一般都是采用数字指标进行衡量,可以分为财务目标和营销目标。

5. 种子营销战略

实现营销目标的战略思想和方法手段。包括目标市场的选择、市场定位、营销组合、分销渠道、促销手段、营销费用等方面的战略决策。

6. 行动方案

营销战略需要转化为具体的活动程序,所以还必须为各种营销战略制定具体的、系统化的整体实施方案。整个行动计划可以采用列表的形式加以说明。

7. 营销预算

营销目标实际上是要实现的利润目标，而营销预算即一张实质性的预计损益表。企业营销预算一经上级管理部门批准后就成为种子各项营销活动的重要依据。

8. 营销控制

种子营销计划的最后一部分是对营销计划执行的控制。通常是将计划规定的目标和预算按月份或季度分别制定，三级管理者按月或季度检查营销目标的完成情况，并根据情况采取必要的奖惩措施以保证营销计划的顺利完成。

(二)种子营销计划的执行

种子营销计划的执行，是将种子营销计划转化为具体行动并达到既定目标的过程。一个营销计划必须得到有效的执行才能体现它的价值。

营销计划的执行过程，包括六个相互制约的步骤，即制订行动计划、建立组织建构、决策和报酬制度、开发人力资源、协调管理、审计和奖惩。

1. 制订行动计划

为了有效地实施种子营销计划，必须制订详细的执行方案，即计划执行具体安排，包括人员配备、目标分解、资源分配、时间要求等。方案应尽可能详细，明确计划执行的关键环节执行策略和目标任务，并将执行这些决策任务的责任落实到各个有关部门和每一个人。

2. 建立组织建构

种子企业的组织在种子营销计划执行中有决定性的作用，组织将计划执行的任务分配给具体的部门和人员，明确规定职权界限和信息沟通渠道，使企业内部的各项决策和行动协调一致。

3. 决策和报酬制度

决策和报酬制度直接关系到计划执行的成败。如种子企业对种子营销人员工作绩效评估和报酬制度，如果仅以短期的经营利润为依据，则营销管理人员的行为必定趋于短期化，也不会有为实现企业长期战略目标而努力的积极主动性。所以种子企业必须制订合理的报酬制度，使种子营销人员个人发展与企业的长远发展紧密结合起来。

4. 开发人力资源

种子营销计划最终是由企业内部的工作人员执行的，所以人力资源的开发非常重要。这涉及人员的选拔、培养、提拔、考核和激励等问题。人力资源的开发关键是能够留住人才、人尽其才，并建立以人为本的管理方式。

5. 协调管理

市场营销计划的执行过程必须得到企业各个部门的通力合作。成功的营销执行取决于企业是否建立了一套科学高效的运行管理制度，同时部门领导在企业中的协调管理能力也十分重要。

6. 审计和奖惩

营销计划在计划执行完毕之后，一般会进行审计核算，对照计划目标，根据完成情况兑现奖惩承诺。

三、种子市场营销活动控制

市场营销控制是对营销战略和计划的效果进行衡量和评估，并且采取修正措施以确保营销目标实现的过程。

市场营销控制有四种类型：一是年度计划控制，二是盈利能力控制，三是效率控制，四是战略控制。

（一）年度计划控制

年度计划控制的目的是确保所确定的销售利润和其他目标的实现，年度计划控制包括以下内容。

1. 制订标准

制订标准即根据营销计划，合理确定本年度各个季度的销售目标和利润目标。

2. 绩效测量

按照确定的各季度的销售目标和利润目标，及时监测实际实现的销售目标，并对照预期目标进行比较。

3. 因果分析

及时研究营销计划执行中出现的问题，以及发生偏差的原因。

4. 整改方案

及时采取最佳的改正方案，努力使计划执行效益与计划保持一致。

在计划控制过程中，企业管理人员可以运用销售分析、市场占有率分析、市场营销费用及销售额比率分析、财务分析、客户态度跟踪这五种绩效工具，以核对年度计划目标的实施全过程。

1. 销售分析

销售分析就是对比、衡量和评估计划销售目标与实现销售之间的差距，找出存在的问题、差距和原因。

对比、衡量与评估的方法有两种：第一种是衡量不同因素对出现销售量差距的影响程度；第二种是审核导致销售量差距的具体地区，即根据计划销量与实际销量的差距，分析造成销售量差距的哪种产品和哪个地区，从而进一步查明原因。

案例

某公司年度计划规定某种产品销售 2 000 kg，每千克 2 元，总销售额定为 4 000 元，年内实现销量 1 500 kg，且售价降为 1.6 元/kg，总销售额为 2 400 元，比计划销量额减少 40%，中间差距 1 600 元，原因是销售价格下降和销售量减少，但二者对销售额的影响程度是不同的，计算如下。

销价下降的差距：

$$(1\,500\times2)-(1\,500\times1.6)=600(\text{元})$$

销售减少差距：

$$(2\,000\times2)-(1\,500\times2)=1\,000(\text{元})$$

从结果可知，2/3 的差距是由于没有当年完成销售计划造成的，销售额减少 1 000 元。要分析销售量减少的原因，是销售人员的推销努力程度不够，还是竞争对手进入了同一市场，还是目标市场的需求发生了变化，根据分析结果制订整改方案及措施。

2. 市场占有率分析

销售分析只能证明企业本身的销售业绩，不能反映企业在市场上的竞争地位，只有市场占有率分析才能显示出企业竞争地位的变化。市场占有率的分析要从多方入手，例如：某公司销售额的增长，可能是由于营销绩效较其他竞争对手有所提高，也可能是由于整体客观经济环境的改变，使市场上所有的公司全都受益，而某公司和竞争对手之间的实力对比关系并无变化，甚至还可能出现销售额虽增长而市场占有率下降的情况。市场占有率的分析，还要考虑营销环境因素对同行业的所有企业的影响方向和程度往往不同，新的竞争者进入本行业市场致使所有企业的销售额下降，企业为提高利润而采取的某些措施导致市场占有率下降等。

市场占有率分析一般有以下三种方法。

(1)整体市场占有率分析

整体市场占有率指企业的销售额(量)占同行业销售额(量)的百分比，通过销售额(量)计算，可以反映企业间在争取客户方面的竞争能力和地位的变化，但必须要以单位销量或销售额表示市场占有率。

(2)目标市场占有率分析

目标市场占有率分析指企业销售额(量)占企业目标总销售额(量)的百分比，对于一个企业一般很重视目标市场占有率，企业可通过不断开发新产品或强化销售手段，以提高目标市场占有率。

(3)相对市场占有率

相对市场占有率指企业销售额(量)和几个最大竞争者的销售额(量)的百分比。

案例

某企业有 30％的市场占有率，但其中最大的竞争者企业市场占有率分别是 20％、10％、10％，那么就形成了 30％对 40％的市场占有率的局面，则该企业的相对市场占有率应是 30/40×100％＝75％，一般情况下相对市场占有率高于 33％就可认定为实力较强的企业。

相对市场占有率分析还需要参照以下四个方面的变化。

①顾客渗透率。指购买本企业产品的顾客占顾客总数的百分比。

②顾客忠诚度。指顾客购买本企业产品的平均数与其购买同种产品总量的百分比。

③顾客选择性。指顾客购买本企业产品的平均数占其购买其他企业产品平均数的百分比。

④价格选择性。指本企业产品的平均价格与其他企业产品的平均价格的百分比。

3. 营销费用分析

企业的年度计划控制不但要保证销售和市场占有率要达到计划目标，同时还要确保营销费用不超支，通过采用确定一个市场营销费用占销售额比率作为标准，然后进行检查对照的方法。

全年市场营销费率(如营销费用占销售额30%),可以细分为以下五项指标:①销售人员费用占销售额的15%;②广告费用占销售额的5%;③其他促销费用占销售额的6%;④营销调配费及调研费占销售额的1%;⑤销售管理费用占销售额的3%。对于以上的各项费用率,企业在年度计划制订时往往提出一个控制范围幅度,如在运行中超出了这个幅度,就应该认真查找原因,立即纠正。

4. 财务分析

市场营销的管理者应对不同的费用对销售额的比率和其他的比率要进行全面的财务分析,决定企业如何采取行动,以获取最大的盈利。

5. 顾客态度追踪分析

任何一个企业无论在什么情况下,都应集中所有的精力使顾客满意。营销的目的就是赢得顾客并且留住顾客,企业的产品和服务要达到让顾客无可挑剔。因此,企业在营销活动中必须要做到。

①认真听取顾客对企业产品及服务的口头和书面意见;

②建立顾客档案,在售前、售中、售后热情的咨询服务;

③建立对顾客定期回访制度,出现问题及时解决,以百分之百的热情弥补工作中可能存在的万分之一的失误。

通过上述做法:企业要赢得顾客,留住顾客,使自己的产品在市场上经久不衰,有效地提高市场占有率,为企业获利。

(二)盈利能力控制

企业应该衡量不同产品、不同销售区域、不同顾客群体、不同渠道、不同订货规模的获利能力,获利能力大小对市场营销组合决策者有直接的关系。

1. 市场营销成本分析

市场营销成本是指市场营销活动中的各项费用支出。市场的营销成本直接影响着企业营销的利润。因此,企业不仅要控制销售额和市场的占有率,更重要的还要控制营销成本。

市场营销成本包括如下内容。

(1)直接营销成本。包括销售人员工资、差旅费、交通费、通信费、奖金、业务招待费、办公费等。

(2)促销费用。包括广告费、产品资料费、奖品赠品费、现场展示费。

(3)仓储费用。包括库房租金、折旧、保险、存货成本、利息等。

(4)运输费用。包括长途、短途运输费用,转货费,托运费等。

上述成本和企业生产成本构成了企业的总成本,直接影响企业的经济效益,其中有些成本与销售额直接相关,称为直接成本;有些与销售额无直接关系,称为间接成本,有时二者也很难划分。

2. 盈利能力分析

盈利能力的控制在市场营销管理中占有十分重要的地位,企业获取利润是最终的目的,我们在对市场营销成本进行分析后,就应重点分析盈利能力的指标。

(1)销售利润率

一般情况下企业把销售利润率作为评估企业获利能力的主要指标之一,但同行业企业间的负债比率不大相同,而对销售利润率的评估通常与同行业平均水平进行评比,所以在评估企业获利能力时最好能将利息支出加上税后利润，这样将能大体消除由于负债经营而支付的利息对利润水平产生的影响，销售利润率的计算公式为：

$$销售利润率=\frac{税后息前利润}{产品销售收入净值}\times 100\%$$

用这样的方式计算在同行业间衡量营销水平才有可比性，才能正确地评价市场营销效率。

(2)资产收益率

$$资产收益率=\frac{税后息前利润}{资产平均总额}\times 100\%$$

3. 净资产收益率

净资产是指总资产减去负债总额后的净值，净资产收益率是衡量企业偿还债务后的剩余资产的收益率。计算公式为：

$$净资产收益率=\frac{税后利润}{净资产平均余额}\times 100\%$$

其分子不含利息支出，因为净资产不包括负债在内。

4. 资产管理效率，可通过以下比率来分析

(1)资产周转率

$$资产周转率=\frac{产品销售收入净额}{资产平均占有额}\times 100\%$$

这项指标是衡量企业全部投资的利用效率，资产的周转率高就说明投资的利用效率高。

(2)存货周转率

$$存货周转率=\frac{产品销售成本}{存货平均余额}\times 100\%$$

这项指标是说明一个时期内存货周转次数。一般地说存货周转率次数越多说明存货水平越低，周转快，资金利用率高。

资产的管理率与获利能力密切相关。资产管理率高，获利能力相应的也高。这可以从资产收益率与资产周转率及销售利用率的关系上表现出来。其实资产收益率就是资产周转率和销售利用率的乘积。计算公式为：

$$资产收益率=\frac{产品销售净额}{资产平均占有额}\times\frac{税后息前利润}{产品销售净额}=资产周转率\times 销售利润率$$

(三)效率控制

1. 销售人员的效率

企业各地区销售经理要记录本地区内销售人员的以下指标。

①每个销售人员每天的销售访问次数(地点、客户)；

②每次销售访问的时间及销售的产品范围；

③每次销售访问的效益及订单；

④每次销售访问的成本(含招待成本)；

⑤每个销售期间的销售对象(老客户、新客户);

⑥每个销售期间的流失客户;

⑦销售成本与销售额百分比率。

从上述记录分析中可发现一些重要信息,如销售人员的销售访问次数是否太少,每次销售时的过程太多,招待费太高,每次销售中的订单太少及流失客户多,发展新客户少等。企业应尽快做出改善,促使营销工作取得实质性改进。

2. 广告效率

广告是企业宣传产品促进营销的一种工具,测定和控制广告效率也不是件容易的事。为了测定广告的沟通效果和销售效果,应做好以下统计。

①媒体类型,每个媒体工具接触千名购买者所花费的广告成本;

②客户对每个媒体工具的注意、联想和百分比;

③顾客对广告内容的效果和意见;

④广告前后对产品态度的衡量;

⑤受广告影响而引起的询问次数。

通过上述指标分析整理就能为控制和提高广告效率提供依据。

3. 促销效率

为改善销售促进的效率,企业应做好如下统计。

①由于优惠政策而提高销售的百分比;

②每一销售额的陈列成本;

③有奖销售及赠券回收的百分比;

④因示范而引起的询问次数。

同时企业还应观察不同营销推广手段的效果,使用最有效的促销手段。

4. 分销效率

分销效率是指对企业的存货水准,仓库位置及运输方式进行分析和改进,从而达到最佳配置,寻找最佳运输方式和途径。

控制的目的在于提高人员的推销、广告、销售促进和分销等市场营销活动的效率。市场营销者必须重视若干个关键比率,这些比率充分表明了市场营销组合因素的功能执行的有效性,以及如何引进某些资料以改进执行状况,从而确保市场营销组合的有效性。

(四)战略控制

战略控制的目的是确保企业战略、目标、政策和策略与市场营销环境和企业内部资源的变化相一致。战略控制的重要工具是市场营销审计。市场营销审计是定期对企业营销环境、经营战略、目标、计划、组织、营销赢利能力和营销组合等进行全面、系统审查和评价的过程。现代企业面对的营销环境变化频繁,企业原有的战略和目标经常很快就因环境的变化而过时。因此,每个种子企业都有必要建立一种“营销审计”制度,定期对企业经营的方向性问题做出评价和判断,及时发现问题,也及时发现机会,提供给企业决策部门做参考。

第三节　种子纠纷处理的办法

种子纠纷是种子营销管理中经常发生的问题,处理不当往往会给企业造成很大的负面影响，所以在市场营销管理中要高度给予重视。

种子纠纷可分为非质量纠纷和质量纠纷两类。非质量纠纷是指在种子生产经营活动中因合同中有些条款履行不当而产生的纠纷；质量纠纷是指可能由种子质量问题造成作物减收或绝收等事故而产生的纠纷。其中，非质量纠纷可以通过现有的法律法规进行协调、处理解决，而质量纠纷因为需要对事故责任进行界定，专业性较强，事故处理相对比较复杂。

一、造成种子质量事故的原因

（一）品种问题

《中华人民共和国种子法》规定，对主要农作物品种实行审定制度，非主要作物在大多数省实行登记制度，这是保证优良品种推广的先决条件。部分种子企业为牟取暴利，在新的销售区域没有做完品种试验的情况下盲目推广，或将未审定的品种组合大量销售，因品种的特性不稳定而出现大面积减产的现象，引发种子质量事故。

（二）假种子

一是以假充真，用劣质种子冒充优良品种，表现为品种不真实，名不副实。此类问题对生产造成的损失最大，它改变了消费者最初的栽培目的，往往不能获得所需的产品。消费者必须改种，才能达到最初目的，但这样既误农时，又会造成损失。

二是"张冠李戴"，用滞销的近似品种代替市场紧俏品种。消费者虽然也能够获得所需产品，但因成熟期、产量、抗病性、商品性等品种特征特性不同，往往导致"早熟变晚熟、大果变小果"，影响产品上市期、产量及商品性，使生产者蒙受较大的经济损失。

三是掺假种子，在市场紧俏品种种子中掺入外观形态与本品种相似的种子，播种后最常见的问题是生长高低不齐，植株多样化，成熟期迟早参差，主要性状及商品性失去典型性，产量降低，抗病性降低。

（三）劣种子

劣种子主要是指在生产上使用了种子质量未达到国家规定的质量标准或种子标签上标明的质量标准的种子，从而引发种子质量事故，如纯度、发芽率、发芽势、净度和含水量等不达标。出现劣质种子的原因是：一是在灾害性年份及多雨寡照的生长季节里，生产的种子容易出现播种质量下降的问题；二是在生产过程中制种亲本不纯，生产技术规程执行不力，种子质量检测技术落后造成的；三是在运输、贮藏、加工过程中保管不当造成的；四是使用存放时间过长、丧失生活力或发芽率较低的陈旧种子，导致播种不出苗、出苗差等问题。

（四）误导宣传

一是种子标签不规范，包括品种是否审定，标示不清，包装物上的图形与品种特征严重不符，必须标注的内容如品种名称、净重、生产经营许可证号、生产地点、生产日期及质量指标等严重缺项，纯度、净度、发芽率及水分四项重要指标没有按标准填写等；二是冒牌销售，有些不法企业冒充他人品牌，把自己生产或不按正常渠道套购的非标牌种子装入自制的知名品牌的包装袋内进行销售，获取高额利润；三是有些蔬菜种子企业不考虑品种本身的适应性、抗病性，为了扩大销售，在公司的宣传画、宣传册等宣传资料和包装袋上夸大宣传，强调优势，回避品种的缺点，出现问题，关门走人；四是有些企业纵容经销商为了诱骗菜农购种，不向购种户如实说明该品种的特征、特性及栽培要点，片面夸大品种的优点，不介绍缺点及注意事项。如将耐病品种夸大成抗病，露地品种夸大成保护地也能栽培等，误导消费者。遇到上述情况，就要根据产品介绍及经营者向消费者的承诺进行认定，如果承诺了没有实现，应参照假劣种子质量事故进行处理。

二、造成非种子质量事故的原因

非种子质量事故是指种子质量合格，因非种子质量因素（如气候因素、栽培因素等）造成蔬菜减产、使用者减收甚至绝收的蔬菜生产事件。此类事件一旦发生，或影响巨大，或上访告状，纠缠不清。造成非种子质量事故的原因主要有以下几种类型。

（一）异常的气候条件

异常的气候条件主要指长期不适宜的光照、温度、湿度和自然灾害（如暴雨、冰雹、干旱）等自然因素造成的非种子质量事故。如长时间阴雨，光照不足，作物易徒长，瓜类蔬菜很难坐果；如夜间气温高于 23℃则马铃薯不能形成块茎，喜温作物感受 4℃的低温则发生冻害，狂风暴雨造成作物倒伏，引发病害；雹灾、风灾、旱灾、水灾等自然灾害造成作物减产甚至绝收。

（二）栽培措施不当

茬口、耕地、播种期、浸种、催芽、苗龄、种植密度、灌溉、植株调整、采收时间等人为因素都能造成缺苗断垄、减产或品质下降。不抗病的品种重茬或迎茬都会造成减产，对水肥要求严格的品种重茬或在贫瘠的地上种植也会影响产量和品质；部分蔬菜如甘蓝播期过早，易造成先期抽薹，植株早衰；种植密度过大不仅易落花落果，还影响果实着色；把喜沙壤土的作物播种在黏重土壤上，或把不耐盐碱的蔬菜播种在盐碱地上，都会造成作物减产；甜瓜需授粉结实，在没有辅助授粉的情况下自花授粉能力较差，大棚栽培甜瓜因没有昆虫则需人工授粉等。

（三）肥害和药害

施肥不当或施用了劣质化肥，就会造成肥害。施用化学除草剂、生长调节剂不当，或施用了劣质的除草剂、生长调节剂，就会造成药害。肥害和药害都会造成作物减产，诱发非种子质量事故。例如，施肥方式、种类、元素比例不当都能影响作物产量和品质，如番茄缺钙脐腐病严重，瓜类偏施氮肥品质下降等，激素使用方法、时间、浓度不当，也直接影响产量和商品品质，如番茄喷施激素不当，易形成畸形果等；喷洒除草剂的喷雾器，未清洗干净又接着喷洒杀菌剂、杀虫剂等，或长期大量施用除草剂，使土壤累积大量除草剂，或施用除草剂的时间太迟，使作物幼苗发生药害，给蔬菜生产造成损失。

（四）病害

种子带菌是造成作物生产非种子质量事故的一个重要原因。随着种子商品化程度的不断提高，蔬菜种子实现了专业化生产，由于我国还没有把种子带菌量作为种子质量的检测指标，制种户有时会把感病株上的种子采进来，跟正常株的种子混合后，使种子大范围带菌。这样的种子播种后，一旦出现有利于病害发生的环境条件，地里就会出现病害大流行。因此，种子企业必须对自己销售的种子进行消毒。

（五）生态差异

种子在适宜的生态环境下才能正常生长发育，超出适宜区域就不能正常发育，主要受光照、温度、纬度、海拔、土质等因素影响。如华南型黄瓜是短日照作物，只能在低纬度南方作春季栽培，不能作秋季栽培，也不能在高纬度的长日照地区栽培，但华北型黄瓜，不但可在北方长日照地区栽培，也能在南方短日照地区作春、秋季栽培；西、甜瓜不能种植在黏质低洼易涝地上，否则不是僵苗就是瓜小、不甜、品质差。

三、处理种子质量纠纷的原则

（一）积极应对

出现种子质量纠纷时，企业不要千方百计掩盖，应马上成立由公司领导和专业技术人员组成的纠纷处理领导小组。如事故范围发生较广，可下设几个应急小组。设立电话专门接线员和专门接待人员，昼夜值班，提高办事效率，以应对危机。要主动与当地农业技术员、农民代表和新闻媒体沟通联系，尽快向公众说明真实情况，促使双方互相理解，消除公众的疑虑与不安。沟通要有诚意，态度要诚恳，说明情况和真相时要诚实。由于质量危机对企业的影响十分巨大，企业领导者必须果断决策，平息事端，尽量把因纠纷给企业造成的损失降到最低程度。

（二）保存证据

种子企业在所有的经营合同中都要明确质量责任，要建立完整的质量档案，所有销出去的种子都要能查到质量检测结果，由哪个制种户生产，种子保管的条件怎样等，销出去的每批种子都要留有样品，作为今后一旦发生质量纠纷的证据。经销商经销的每批种子也要留有样品，作为今后处理种子质量事故的依据。保存好了证据，就能使我们在处理种子质量纠纷中做到心中有数。

（三）界定责任

一旦有菜农反映种子质量问题，蔬菜种子经营企业就要与种子管理站取得联系，首先要如实记录受害情况，并保护好现场和证据，做出现场勘验、鉴定和证明，以免错过了最佳鉴定时机。其次要请种子站迅速组建事故鉴定专家组，专门对种子质量问题进行裁定，确定蔬菜生产减产、绝收是否由种子质量引起，还是非种子质量事故，并估算蔬菜生产的实际损失。如果确定为非种子质量事故，责任应由农户自己承担。农户只有依靠自己抗灾、生产自救、政府减灾赈灾、参加农业保险、提前技术预防、改善农业生产条件等措施来补救。

（四）现场鉴定

现场鉴定按2003年7月8日农业部发布的《农作物种子质量纠纷田间现场鉴定办法》执行，由种子质量事故当事人提出申请，田间现场所在地县级以上地方人民政府农业行政主管部门所属的种子管理站组织实施。现场鉴定由种子管理站组织育种、栽培、种子管理、植保、气象、土肥等方面的专家组成专家鉴定小组实施，专家组名单应征求申请人和当事人的意见，参加鉴定的专家应是有高级专业技术职称和专门知识及工作经验，从事相关专业工作5年以上，并执行严格的回避制度。专家组人数应为3人以上的单数。鉴定组现场鉴定实行合议制，鉴定结论以专家鉴定组成员半数以上通过有效，专家组成员应在鉴定结论上签名。

种子管理机构应当5天内将现场鉴定书交付申请人。申请人对现场鉴定有异议的，应在收到鉴定书15天内向原受理单位上一级种子管理机构提出再次鉴定申请，并说明理由。上一级种子管理机构对原鉴定的依据、方法、过程等进行审查，认为有必要和可能重新鉴定的，应重新组织专家鉴定。

(五)估算损失

对于侵权所造成的损失有两种：一种是直接损失，另一种是间接损失。要制订科学的赔偿办法，赔偿管理办法应明确规定哪些是种子的直接损失，哪些是种子的间接损失，对种子的赔偿范围要具体化。要把种子生长到正常植株细分为几个阶段，然后按照发育阶段确定赔偿的范围、标准。如种子发芽率低时，应以是否播种为标准。没有播种的只负责种子的种价和一定的误工损失，而不应该赔偿其他的损失。对种子赔偿的计算方法要科学化，对于用工量、劳资等，应根据当地生产力的发展水平进行概算。种子赔偿一定要细化，这样种子经营者和当事人双方不至于产生较大的分歧，有利于问题的及时处理。

(六)依法处理

种子质量事故发生后，当事人和种子经营者应本着友好协商、长期合作的态度，通过调解解决种子质量问题，这样双方均可减少不必要的支出，对双方均有利。如双方坚持各自的观点，调解无效时，当事人可请田间现场所在地县级以上地方人民政府农业行政主管部门所属的种子管理站调处，也可请当地的镇政府或村委会出面协商解决。若当地行政部门无法解决，就起诉到田间现场所在地的人民法院，由人民法院判决。判决后，败诉方不服判决者，可向上一级法院上诉。

案例与训练

2018年某公司任务、目标

(一)工作目标

1. 完成1.5万～2万亩玉米制种任务，实现种子发芽率、净度、纯度达标，总产6 000～8 000 t。

2. 销售公司销售玉米种子2 500～3 000 t。

3. 其他职能部门为实现公司生产与销售目标提供认真的服务，保证生产与销售工作正常有序进行，坚持首问负责制。

4. 其他公司销售玉米种子4 000 t。

5. 科研所：完成新品种试验、示范项目；提供3组、5个材料(早、中、晚熟玉米组合或新品种)；完成试验、示范项目。

(二)队伍建设目标

1. 按照公司的任务、目标，进行定岗、定责、定任务。

2. 按照工作业绩选拔、使用、聘用岗位工作人员，定薪以业绩贡献确定，保持工作人员的稳定性。

3. 加强员工企业文化教育，严肃工作纪律，严厉惩处违规和无作为人员。实行教育、警告、留用察看、解聘处理员工的违规行为。

4. 队伍建设按照公司产品与服务的延伸，把公司员工以外的客户、合作者纳入公司发展战略管理之内，联合一切资源为公司经济发展服务，按照价值规律运行，更新或发展公司客户与合作者。

(三)薪酬

实行基本工资＋效益工资＋奖励工资＋特殊奖励，同时，销售部对销售管理又做了以下补充规定。

1. 2018 年 1 月 1 日开始,《工作日志》填写工作内容、联系人姓名、电话、当天费用。

2. 2017 年 12 月 31 日止,没有提货或提货后没有回收货款者,停止发货。相关事宜由管理服务中心协调处理。

3. 2018 年 1 月 1 日开始,为提高货款回收,降低应收款,实行现款发货。各销售区调整处理陈货,更换客户、清理销售网络。

4. 2018 年 1 月 1 日开始,销售员按公司财务规定办理提货、收款、交款手续。按规定办理借款、费用报销手续。

5. 销售区按时间、按阶段填写《工作管理体系》文件内容;学习、整理《工作制度体系》文件,按规定规范工作行为;制订《工作考核体系》,完善公司内部管理,完善对销售渠道建设的考核。监督公司职能部门的服务,选用公司长期发展的客户,建立自己的销售网络。

6. 销售区按规定与财务部、开票员核对账目,清理陈欠款、陈货、坏账、死账、赖账,个人借款或账目。

7. 销售人员没有按《工作日志》填写者,原因不明,杳无音信者,按旷工处理。累计天数达到 10 天者,解除销售工作岗位,交管理服务中心处理。不能按月报账者,按时将材料传回公司,否则当月费用自理,财务不予报销。

8. 违反财务制度,不履行提货或发货手续者,停止后续经营活动。违反者写检查报公司备案处理。挪用货款、贪污货款、合伙诈骗货物或货款者开除公司,移交司法处理。

9. 工作业绩达不到公司规定,收不抵资,阶段考核不合格的销售员解除销售工作岗位。

10. 违反公司产品价格、产品销售区的销售员,暂停发货,待发生事件处理结束后恢复发货。相关经济损失由责任人承担。

11. 违反公司产品价格、产品销售区的客户,销售员及时处理,保持市场的稳定。

12. 销售人员当月的费用清单要详细记录。记录不全、伪造者费用自理,公司不予报销。

13. 公司鼓励全员参与公司产品销售工作,提成执行公司相关办法。

14. 考核指标:种子 40%,肥料搭档 40%,管理 20%。

请为该公司制订一份 2018 年市场营销计划书。

学习心得

第十章　种子销售服务技巧

内容提要

1. 成功销售自己，快速适应种子营销工作
2. 产品销售的过程与技巧
3. 种子人员推销的技巧
4. 种子门店销售的技巧

第一节　成功销售自己

如果你希望成为成功的职业销售人，那么你需要一个高的起点，那就是把自己销售给一家优秀的企业。

一、销售自己，谋取理想职位

现代社会是一个完全竞争的社会。同样一个人，具有同样的专业能力，但是起点不一样，结局的差别就非常大。如果你打算在这个职业上有所收获，你就必须慎重考虑你的起点。

我们经常看到很多国际知名企业，他们的销售人员在进入这些公司之前，和其他人并没有什么区别，然而为什么这些人能够比较容易获得成功呢？

首先，这些企业在长期的发展过程中，积累了一套适合社会发展的运作模式，在这个模式里，不仅可以取得好的业绩，同时还能持续保持它非凡的创新能力。

其次，这些企业的自我发展能力特别突出。一个新的员工一进入这个集体就将受到严格的训练，而且这些训练是他们凝聚多年经验的精华，经训练合格后方能有资格成为一线的销售人员。

再次，在这些企业，你的收入水平、选拔任用等人事行为上有它的独到之处。你不必担心你的能力没有回报，也不用过分担心你的职务是否能够提升。

对一个销售人员来说，判断一个企业是否真正优秀主要是看它的发展能力。如果企业和员工能够同时进步，并且能够给予员工适当的机会，我认为就值得你在这里一显身手。

要成为一名成功的销售人员，必须经过以下三个步骤。

第一步：销售自己——把自己销售给一家优秀的企业。

一家优秀的企业应该具备以下两点:一是能够提供更适合客户的产品,二是能够提供销售人员展开业务的良好机制。

第二步:经营自己——做优秀的销售人员。

无论多么辛苦劳累,销售人员如果不能够签单回来,就不是一个优秀的销售人员。客户不买产品,而竞争对手的产品销的很快,相比你就成了弱者,就不是优秀的销售人员。优秀的销售人员具有使客户满意的技巧。

第三步:提升自己——做成功的销售人员。

优秀不等于成功。成功的销售人员不仅让客户满意,而且让自己满意。

成功的销售人员具有让自己满意的艺术。寻求一家适合自己事业发展的公司,对国内的从业人员来说,并不是个简单的问题。目前国内公司良莠不齐,尽管很多,产品很丰富,市场也非常大,也正因为如此,把自己销售给优秀的公司也就显得尤为重要。

二、适应新的环境

刚刚进入新的企业,很可能职位较低,除了适应新的工作外,你还要做许多其他的事情。

在公司内部,销售人员和其他职员一样,都是企业的员工之一,是组织的一分子。当你独自面对客户时,你用你的诚意和智慧与客户达成了交易。但是,你需要记住的是:你销售的产品的说明书是由公司的广告部完成的,你的样品是由公司的工人生产出来的,你的产品是由设计部门设计出来的,你的业务技能是由公司的老销售人员培训出来的,甚至你的客户是他们为你介绍的。没有他们,你也不可能在这里从事你的销售事业,你们是一个团队;你需要他们的支持。你的业务能力再强,如果你没有公司、同事和上司们的支持,你永远做不出好的业绩来。

作为团队的新成员,你需要花一段时间去沟通,调整自己的思考方式,逐步让大家所接受。

三、准确判断你的新同事

从现在开始你要认真观察,准确判断,在观察和判断的基础上采取行动。

你所处的是一个全新的环境,不要急于采取行动。你现在还不知道你的同事有什么喜好,有哪些避讳,你们之间从来没有发生过什么事情,如果不顺利,你还会遭到同事的反感。所以,在其他人接受你之前,你需要用非常友好的方式和对方认识。

刚到一个自己喜欢的公司,内心的激动和理想在你的心中澎湃,容易使你表现出一种冲动的情形。而这些表现在同事们看来,你是个急不可耐的人,是容易冲动且缺乏自制力的人。我建议你不要刻意表现自己的积极,也不要轻易去找你的上司。公司一般会给新员工安排了正式的学习和培训课程,这时候公司对你的情况还是处于不清晰的状态,但是公司又希望你能够更快融入集体中。所以,不要急于表现出你内心的冲动,因为同事和上司不希望一个新来的员工给他们带来不必要的麻烦,你只要按部就班地融入这个集体中就行了。

每个人的性格都不一样,你所在的环境也是如此。不要期望每个人都是喜欢你的人,但是,你要喜欢他们。

四、心存感激之情

怀着感激的心态去和你的同事进行交往。你清楚你进入这个集体非常不容易，你从前学习的知识、你的经验将在这个集体内实现，感激你的人事主管录用了你，感激你的上司给你的机会，也感激其他同事，因为有了他们，这个充满着朝气的团队在快速向前奔去，感激他们能够让你加入进来，并帮助你实现你的梦想。

五、交往技能

（一）记住对方的名字

记住对方的名字，下次见面的时候能正确的称呼。在一个新的企业和面对一个新客户一样，你需要一些交往技巧。初次见面的时候要记住对方的名字和称谓，关注其他同事对对方的称呼，下次见面能够准确地叫上对方的称谓。中国人在称谓上的喜好各不相同，有的受西方的影响比较大，有的则喜好称呼官名。

（二）不要吝惜你的赞扬

恰到好处地称赞对方是你获得认同的开始。人人都希望获得认同，这样可以缩小双方之间的差异性，彼此欣赏。称赞人也需要学习，你只有关注对方，你才能获得对方的用心所在，对方用心思的地方就是你值得称赞的地方。称赞的语气不要过度夸张，是一种发自内心的感受，否则效果会适得其反的，对方会认为你很虚伪。

尽管是在一个办公室，低头不见抬头见，你也不要吝惜赞扬、欣赏和致谢。称赞和欣赏你的同事能够获得同事之间的友谊，你的业务开展很多是在同事的协助下进行的，你需要他们的真心帮助。

（三）诚信是交往的基础

无论是你的家人、朋友，还是客户、同事，没有人喜欢一个不诚实守信的人。

诚：对与你交往的人你必须做到真诚，欺瞒不是成功人士的能力。

信：守信用，重承诺是中国人评价商人的最重要的标尺。

不要试图虚伪地在你的同事、上司面前表现你的“智慧”，你是一个将要获得成功的人，你希望每个人都尊重你，首先你必须尊重别人。任何虚伪只能表现在你的嘴上，但却掩饰不住你的眼神，还有你那并不是演员的身体语言。

你认可同事的同时，也获得了同事的认可，你可以和他们融洽的交谈，他们也会很积极地回应你所提出的问题。

你现在要展示的是你的工作态度和能力。

一个用心的销售人员会把生活中的每件事当作是销售的一种形式，并不是刻意地要用一种与众不同的方式展现自己。

你的工作伙伴，如财务人员、企划人员、你的上司和同伴，你需要和他们建立工作上的紧密联系，让他们喜欢和你一起工作。工作是一件很愉快的事情，你充满朝气，你的热情会感染每一个人。你不是一个人在工作，你是团体中的一员。

第二节　种子销售的过程与技巧

一、销售的八个步骤

如果你是一位门店的销售员，客户会主动地走进你的店，你可以向他销售你的商品，答复他的询问，客户购买后离开，这当然是一种销售的过程。但是，作为一位专业的销售人员，你的工作范围要更广，你必须要从主动寻找客户开始。销售的过程我们可以分为八个步骤。

(一)销售准备

没有妥善的准备，你无法有效地进行如产品介绍，以及销售区域规划的工作。在销售准备的步骤中，你要学会：

1. 成为专业销售人的基础准备
2. 销售区域的准备
3. 开发准客户的准备

(二)接近客户

好的接近客户的技巧能带给你好的开头。这个步骤中，你要学会：

1. 直接拜访客户的技巧
2. 电话拜访客户的技巧
3. 销售信函拜访的技巧

(三)进入销售主题

掌握好的时机，用能够引起客户注意以及兴趣的开场白进入销售主题，让你的销售有一个好的开始。这个步骤中，你要学会：

1. 抓住进入销售主题的时机
2. 开场白的技巧

(四)调查以及询问

调查的技巧能够帮你掌握客户目前的情况，好的询问能够引导你和客户朝正确的方向进行销售的工作。同时，你透过询问能找到更多的资料，支持你说服你的客户。这个步骤中，你要学会：

1. 事前调查
2. 确定调查项目
3. 向谁做事实调查
4. 何种调查方法
5. 调查重点
6. 开放式询问技巧
7. 闭锁式询问技巧

(五)产品说明

在这个步骤中，你要学会：

1. 区分产品特性、优点、特殊利益

2. 将特性转换利益技巧

3. 产品说明的步骤及技巧

(六)展示的技巧

充分运用展示技巧的诀窍,能够缩短销售的过程,达成销售的目标。这个步骤中,你要学会:

1. 如何撰写展示词

2. 展示演练的要点

(七)建议书

建议书是位无声的销售员。任何一个销售人员都不能忽视它的重要性,特别是要销售较复杂的理性产品。在这个步骤中,你要学会:

1. 建议书的准备技巧

2. 建议书的撰写技巧

(八)成交

与客户签约缔结,是销售过程中最重要的了,除了最后的缔结外,你也必须专精于销售时每一个销售过程的缔结。每一个销售过程的缔结都是引导向最终的缔结。这个步骤中,你要学习:

1. 缔结的原则

2. 缔结的时机

3. 缔结的技巧

七个技巧,分别是利益汇总法、"T"字法、前提条件法、成本价值法、询问法、"是的"法以及哀兵策略法。

二、销售的技巧

(一)做好准备工作

销售人员真正和客户面对面的时间是非常有限的,即使你有时间,客户也不会有太多的时间,实际上大多数时间是用在准备工作上。做好准备工作,能让你最有效地拜访客户;能让你在销售前了解客户的状况;帮助你迅速掌握销售重点;节约宝贵的时间;计划出可行、有效的销售计划。

1. 销售人员的基础准备

销售人员的基础并不需要你口吐莲花,也不需要你名牌加身。专业的销售人员的基础首先是将自己销售出去。前面我们已经介绍了怎样将自己销售给一家合适的企业,作为一名销售人员,我们可以从身、心及训练三方面入手,将自己推销出去。下面是一些有关销售人员的形象和基本礼仪的注意点。

(1)穿着打扮

头发:头发最能表现出一个人的精神状态,专业的销售人员的头发需要精心的梳洗和处理。

耳朵:耳朵内须清洗干净。

眼睛：眼屎绝不可以留在眼角上。

鼻毛：鼻毛不可以露出鼻孔。

嘴巴：牙齿要干净，口中不可留有异味。

胡子：胡子要刮干净或修整齐。

手部：指甲要修剪整齐，双手保持清洁；想象一下你握住别人一只脏手时的感觉。

衬衫领带：衬衫要及时更换，注意袖口及领口是否有污垢；衬衫、领带和西服需要协调。

西装：西装给人一种庄重的感觉，西装的第一纽扣需要扣住；上衣口袋不要插着笔，两侧口袋最好不要放东西，特别是容易鼓起来的东西如香烟和打火机等。记住西装需要及时熨整齐。

鞋袜：鞋袜须搭配平衡，两者都不要太华丽，鞋子上不小心粘上的泥土要及时清理，否则当你进入会客场所时感觉不好，同样还会降低客户对你的好感。

名片夹：最好使用品质优良的名片夹，能落落大方地取出名片。

笔记用具：准备商谈时会用到的各项文具，要能随手即可取得。避免用一张随意的纸张记录信息。

(2)职业礼仪

好的装扮，若能加上好的礼仪，将更能赢得客户的好印象。礼仪是对客户的尊重，你尊重客户，客户也会尊重你。

握手：迎上客户的同时伸出自己的手，身体略向前倾，眼神看着客户的眼睛。握手需要握实，摇动的幅度不要太大。时间以客户松手的感觉为准。

站立商谈的姿势：站着与客户商谈时，两脚平行打开，之间 10 cm 左右，这种姿势比较不易疲劳，同时头部前后摆动时比较能保持平衡，气氛也能较缓和。

站立等待的姿势：双脚微分，双手握于小腹前，视线可维持较水平略高的幅度，气度安详稳定，表现出自信的态度。

椅子的座位方法：多半从椅子的左侧入座，紧靠椅背，上身不要靠着椅背，微微前倾，双手轻握于腿上或两手分开放于膝上，双脚的脚后跟靠拢，膝盖可分开一个拳头宽，平行放置；若是坐在较软的沙发上，应坐在沙发的前端，如果往后仰则容易显得对客户不尊重。

商谈的距离：通常与较熟客户保持的距离是 70～80 cm，与较不熟悉的客户的谈话距离是 100～120 cm。站着商谈时，一般的距离为两个手臂长。一站一坐，则距离可以稍微拉近，约一个半手臂长。坐着时约为一个手臂长。同时保证避免自己的口气吹到对方。

视线的落点：平常面对面交谈，当双方对话时，视线落在对方的鼻间，偶尔可注视对方的双目，当诚心诚意想要恳请对方时，两眼可以注视对方的双目，虽然双目一直望着对方的眼睛能表现你的热心，但也会出现过于针锋相对的情景。

递交名片的方法：一般名片都放在衬衫的左侧口袋或西服的内侧口袋，也可以放在随行包的外侧，避免放在裤子的口袋。出门前要注意检查名片是否带足，递交名片时注意将手指并拢，大拇指夹着名片以向上弧线的方式递送到对方胸前。拿取名片时要用双手去拿，拿到名片时轻轻念出对方的名字，以让对方确认无误。拿到名片后，仔细记下并放到名片夹的上端夹内。同时交换名片时，可以右手递交名片，左手接拿对方名片。

座位的入座方法：会客室的入座一般没有一定的常规可循，因此，当客户进来时站立起来，遵循客户的指示入座。乘坐出租车时客户的位置一般为出租车的后座，坐火车一般以客户坐顺行方向的靠窗座位为标准。

手的指示方法：当需要用手指引样品或者模型或接引客人指示方向时，食指以下靠拢，拇指向内侧轻轻弯曲，指示方向。

坚信自己的产品能够给客户带来利益，否则你不可能真正认同你的工作。将一个适合客户的产品带给客户，销售工作的本身是赋予了我们这一内涵的。但往往进入销售行业的人会被客户的表面态度，产品的绝对优良品质所击败。世界上没有永远的拒绝，也没有最好的产品。所有的一切紧紧围绕一个原则，什么样的客户需要什么样的产品，不要以为你的产品和对手的产品在功能上无法相提并论，但是你产品的价格和适应性、你的服务，还有你自己，都能够为客户找到合适而且合算的理由。用心去经营你的产品，这是你的兴趣所在，你的客户接受了你的推荐而获得了相应的利益，这有什么不让自己愉快呢？相信自己一定要做到，一定能做到。

2. 了解销售区域的状况

公司一般都规划好了销售人员的销售区域，有些会把潜在客户名单交给销售人员；有些则没有明显的区域划分，如保险业及多数的直销业，没有销售区域的销售人员应该自行规划合适的销售区域，因为没有一个重点的销售区域，你将无法有效地开展你的销售计划。

(1)了解客户行业状况

不同的产品或服务有不同的适用行业，如果你是企业种子销售人员，需要了解经销商的分布状况、规模及经营状况。通过对区域内的行业状况调查，你可以知道客户的重点分布区域，或者其他分布比较均匀区域。

(2)了解客户使用状况

客户喜欢你的产品还是竞争对手的产品？客户为什么选择竞争产品？企业原有的客户状况如何？了解企业原有客户可以继续做好服务及发现新的商业机会。通过曾经在这个区域做过的同事，你可以比较快地了解这个区域的客户使用状况。

(3)了解竞争状况

区域竞争的品牌有哪些？代理商的选择如何？有多少个代理商？其服务对比你的服务有什么区别？价格的差异有多大？客户对竞争产品的口碑如何？竞争企业的人员数量如何？详细了解这些状况，有助于你准备你的说词，研究应对的策略。

一个新的区域一般不可能在短时间了解详细，需要你不断地深入。浅尝辄止，不去研究区域内客户的变化，你的业绩也就不可能稳固和扩大。

(4)把握区域潜力

前面我们初步了解了区域的特点，除了有助于我们了解竞争者之外，另外一个目的就是能把握你区域内的销售潜力；只要能把握住市场潜力，就能准确地制定出销售目标。

3. 寻找一批潜在客户

对销售区域有个初步的了解之后，你需要通过各种途径去寻找你的潜在客户，并拜访。你对潜在客户了解得越多，就越能增加你的信心。信心是会感染的，客户感受到你的信心，也会对你产生信心。

4. 制订你的销售计划

一份好的销售计划，要求你知道在你的销售区域里更快地找到合适的潜在客户，并明确拜访客户的步骤，以达成销售目标。

依计划行事是专业销售人员必备的素质,需要销售人员不断摸索计划的有效性。计划不如变化,但专业的销售人员在计划中却能够充分体现这种变化。刚开始从事业务销售工作的业务新手,不要急于对计划提出过高的要求,按照一定的步骤进行训练,将计划和行程做详细的比较,当你具备了一定经验时,你的销售计划同样可以完美无缺,你的时间的使用效率自然会大大提高,业绩你也就不用担心了,所谓一切尽在掌握。

知而行,行则知。销售是一个循序渐进的过程,当你的心理承受力增大,你的希望一次一次实现时,失败对你已经不重要了,这一次的失败避免了下一次犯同样的错误。来吧,我们一起为我们能够理解自己,为了自己的每一次进步,也为自己将要创造的业绩奋进。

(二)了解你的产品

作为销售人员,你的工作是透过你的商品给客户带来利益,协助客户解决问题。因此,你必须刻意地、主动地、从更广泛的角度,专精你的商品知识。

商品的价值在于它对客户提供的效用,因此,专精商品知识不是静态的熟记商品的规格与特性,而是一个动态的过程,你要不断地取得和商品相关的各种情报,你从累积的各种情报中筛选出商品对客户的最大效用,能最合适地满足客户的需求。

只有详细了解产品,产品蕴含的价值才能通过你自己的销售技巧体现出来。

1. 产品的构成

一个产品的构成要素如下:

(1)产品名称,产品系列

(2)物理特性,包括规格、颜色和包装

(3)功能

(4)科技含量,产品所采用的技术特征

(5)销售价格体系和结算体系

(6)运输方式

客观了解你所销售的产品是你在客户面前表现自信的一个基础条件。

2. 产品的价值取向

产品的价值取向是指产品能给使用者所带来的价值。构成产品使用价值的几个因素为:

(1)品牌

品牌是确立客户购买决策的重要因素,在众多的产品品牌中,你销售的产品的品牌形象、市场占有率是否处于有利的地位。

(2)性价比

通过产品说明书的性能参数可以确定产品的性能,性价比是客户确定投入的依据。

(3)服务

服务不仅是售后服务,而且包括整个销售过程中你给客户带来的信心和方便。

(4)产品名称

一个好的产品名称能给客户带来一种亲和度。对销售人员来说产品的名称并不能由销售人员来确定,但潜在客户获知产品的名称是通过销售人员来表述的,如何将产品的名称通过你的语气表现出信心和亲和力,是销售人员必须训练的技巧。

(5)产品的优点

优点是产品在功效上(或者其他方面)表现出的特点。如传真机有记忆装置,能自动传递到设定的多数对象。

(6)产品的特殊利益

特殊利益是指产品能满足客户本身特殊的要求,如转基因抗虫棉新品种能够解除种植户防治棉铃虫的困扰。

产品价值的综合取向是客户产生购买行为的动机。不否认客户的购买动机都有不同,真正影响客户购买的决定因素就是带给客户的利益的价值取向。只有综合价值的某一方面或多方面能够满足客户的需求,客户才会购买你的产品。

3. 产品的竞争差异

基于一个基本的市场原则,市场竞争的存在性,我们可以对同类产品做比较性分析(表9-1)。

表 9-1 竞争产品分析

比较项目	竞争产品					
	产品 1		产品 2		产品 3	
	描述	得分	描述	得分	描述	得分
产品名称						
规格						
美感						
颜色和包装						
功能						
科技含量						
价格						
结算方式						
运输方式						
服务						
代理商						
品牌						
广告投入/效果						
区域内员工人数						
市场占有率						
市场变化						
上月回款						
客户满意度						
其他						

注:评分标准可以自行设定。尽可能对产品的多项指标进行分析。

把产品分析做透,自然你就了解了客户在选择产品时的诸多影响因素,这个表你还可以根据自己所需要掌握的信息进行删减,做到每一项分析都有价值,能说明一定的问题。找出产品可能的利益点,在对客户进行接触后你就能够找到客户需求的重心。

产品分析是销售人员长期进行的工作,它不是企业一个部门或者是其他某个人的事情。也不可能在短时间做出有价值的产品分析,只有在不断地寻找潜在客户的过程中,通过接触和了解，你才能真正懂得你所销售产品的价值取向，你也会拥有更多的客户。

没有竞争的产品，销售人员不会有什么价值。正因为竞争非常激烈，销售人员在自己的业务生涯中始终保持竞争力，才更有意义。

（三）客户异议的处理技巧

客户异议是指你在销售过程中客户对你的不赞同、提出质疑或拒绝。如你要去拜访客户，客户说没时间；你询问客户需求时，客户隐藏了真正的动机；你向他解说产品时，他带着不以为然的表情……，这些都称为异议。

1. 客户异议的种类

（1）真实的异议

客户表达目前没有需要或对你的产品不满意或对你的产品抱有偏见，例如：从朋友处听到你的产品质量有问题。面对真实的异议，你必须视状况采取立刻处理或延后处理的策略。

（2）假的异议

假的异议指客户用借口、敷衍的方式应付销售人员，目的是不想真诚地和销售人员会谈，不想真心介入销售的活动；或异议并不是他们真正用意所在。

（3）隐藏的异议

隐藏的异议指客户并不把真正的异议提出，而是提出各种真的异议或假的异议；目的是要借此假象达成隐藏异议解决的有利环境，例如客户希望降价，但却提出其他如品质、外观、颜色等异议，以降低产品的价值，而达成降价的目的。

2. 处理异议的原则

（1）事前做好准备

“不打无准备之仗”，是销售人员战胜客户异议应遵循的一个基本原则。销售人员在走出公司大门之前就要将客户可能会提出的各种拒绝列出来，然后考虑一个完善的答复。面对客户的拒绝事前有准备就可以心中有数，以从容应付。

（2）选择恰当的时机

美国通过对几千名销售人员的研究，发现好的销售人员所遇到的客户严重反对的机会只是差的销售人员的1/10。这是因为，优秀的销售人员对客户提出的异议不仅能给予一个比较圆满的答复，而且能选择恰当的时机进行答复。懂得在何时回答客户异议的销售人员会取得更大的成绩。

（3）争辩是销售的第一大忌

不管客户如何批评我们，销售人员永远不要与客户争辩，因为，争辩不是说服客户的好方法，与客户争辩，失败的永远是销售人员。一句销售行话是：“占争论的便宜越多，吃销售的亏越大。”

（4）销售人员要给客户留“面子”

销售人员要尊重客户的意见。客户的意见无论是对是错、是深刻还是幼稚，销售人员都不能表现出轻视的样子，如不耐烦、轻蔑、走神、东张西望、绷着脸、耷拉着头等。销售人员要双眼正视客户，面部略带微笑，表现出全神贯注的样子。并且，销售人员不能语气生硬地对客户说：“你错了”“连这你也不懂”；也不能显得比客户知道得更多：“让我给你解释一下……”“你没搞懂我说的意思，我是说……”这些说法明显地抬高了自己，贬低了客户，会挫伤客户的自尊心。

3. 客户异议处理技巧

(1)忽视法

所谓"忽视法",顾名思义,就是当客户提出一些反对意见,并不是真的想要获得解决或讨论时,这些意见和眼前的交易扯不上直接的关系,你只要面带笑容地同意他就好了。

(2)补偿法

当客户提出的异议,有事实依据时,你应该承认并欣然接受,强力否认事实是不明智的举动。但记得,你要给客户一些补偿,让他取得心理的平衡,也就是让他产生两种感觉:一是产品的价格与售价一致的感觉;二是产品的优点对客户是重要的,产品没有的优点对客户而言是较不重要的。如客户提出某小麦品种不耐白粉病,你可承认品种这一缺陷,并让客户认识到该小麦品种的品质和价格在市场中具有优势,而白粉病在生产中通过施药很容易防治。

(3)太极法

太极法用在销售上的基本做法是当客户提出某些不购买的异议时,销售人员能立刻回复说:"这正是我认为你要购买的理由!"也就是销售人员能立即将客户的反对意见,直接转换成为什么他必须购买的理由。

我们在日常生活上也经常碰到类似太极法的说辞。例如,主管劝酒时,你说不会喝,主管立刻回答说:"就是因为不会喝,才要多喝多练习。"

太极法能处理的异议多半是客户通常并不十分坚持的异议,特别是客户的一些借口,太极法最大的目的,是让销售人员能借处理异议而迅速地陈述他能带给客户的利益,以引起客户的注意。

(4)询问法

销售人员在没有确认客户反对意见重点及程度前,直接回答客户的反对意见,往往可能会引出更多的异议,让销售人员自困愁城。而透过询问,能够把握住客户真正的异议点,从而从容化解客户的异议。

(5)"是的……如果"法

屡次正面反驳客户,会让客户恼羞成怒,就算你说得都对,也没有恶意,还是会引起客户的反感,因此,销售人员最好不要开门见山地直接提出反对的意见。在表达不同意见时,尽量利用"是的……如果"的句法,软化不同意见的口语。用"是的"同意客户部分的意见,再"如果"表达在另外一种状况是否这样比较好。

请比较下面的两段对话,是否感觉有天壤之别。

A:"你根本没了解我的意见,因为状况是这样的……"

B:"平心而论,在一般的状况下,你说的都非常正确,如果状况变成这样,你看我们是不是应该……"

A:"你的想法不正确,因为……"

B:"你有这样的想法,一点也没错,当我第一次听到时,我的想法和你完全一样,可是如果我们做进一步的了解后……"

养成用B的方式表达你不同的意见,你将受益无穷。

(6)直接反驳法

在"是的……如果"法的说明中,我们已强调不要直接反驳客户。直接反驳客户容易陷于与客户争辩而不自觉,往往事后懊恼,但已很难挽回。但有些情况你必须直接反驳以纠正客户不正确的观点。如客户对企业的服务、诚信有所怀疑时；客户引用的资料不正确时。出现上面两种状况时，你必须直接反驳，因为客户若对你企业的服务、诚信有所怀疑，你拿到订单的机会几乎可以说是零。反而，如果客户引用的资料不正确，你能以正确的资料佐证你的说法，客户会很容易接受，反而对你更信任。

使用直接反驳技巧时，在遣词用语方面要特别的留意，态度要诚恳、对事不对人，切勿伤害了客户的自尊心，要让客户感受到你的专业与敬业。

(四)达成协议的技巧

1. 把握达成协议的时机

在销售场合，我们要随时关注成交的信号，成交信号是客户通过语言、行动、表情泄露出来的购买意图。客户产生了购买欲望常常不会直言说出，而是不自觉地表露其心意。客户的购买信号有以下三种：

(1)语言信号

客户询问使用方法、售后服务、交货期、交货手续、支付方式、保养方法、使用注意事项、价格、新旧产品比较、竞争对手的产品及交货条件、市场评价等。

(2)动作信号

客户频频点头、端详样品、细看说明书、向销售人员方向前倾、用手触及订单等。

(3)表情信号

客户紧锁的双眉分开、上扬、深思的样子、神色活跃、态度更加友好、表情变得开朗、自然微笑、客户的眼神、脸部表情变得很认真等。

2. 达成协议的技巧

(1)利益汇总法

销售人员把先前向客户介绍的各项产品利益，将特别获得客户认同的地方，一起汇总，扼要地再提醒客户，加重客户对利益的感受，同时要求达成协议。利益汇总法是销售人员经常用到的技巧，特别是在做完产品介绍时，可运用利益汇总法向关键人士提出订单的要求，另外书写建议书做结论时，也可以运用这项技巧。

(2)前提条件法

难免有时候会碰到一些较真的客户，他要求你按照确切、严格的标准提供产品或服务。这时适当给客户一定的压力，促使客户加速做决定，同时能测出客户心理底线，如果客户仍然不能做出正面的决定，表示客户所期望的仍大于你目前所提供的。

(3)价值成本法

当你销售的是能为客户改善工作效率、增加产量或降低成本的商品或服务时，你可选择运用成本价值法来做成交的手法，它能发挥极强的说服力。

(4)证实提问法

证实提问法就是提出一些特殊问题，回答对方这些问题之后，就表明其更加感兴趣而且愿意继续深入下去。你提出证实性问题时，其实是在寻找给你正面激励的答案。如销售人员："陈主任，你看是周一给你送过来，还是周二比较方便？"这项策略是向潜在客户提供多个都对销售有利的选择。

很多销售人员极度畏惧直接向客户开口要求订单，他们害怕客户会拒绝。这样比只是提出一项建议要好得多，因为建议有可能被对方一口否决。提供选择有助于客户思考什么对自己有好处，以及实际上需要什么。事实上，当你对客户有一定把握的时候，简单而直接地提出订单要求，让客户有一个简单回答或处理的机会就可以把订单签下来。

(5)哀兵策略法

当销售人员山穷水尽，无法成交时，由于多次的拜访和客户多少建立了一些交情，此时，若你面对的客户不仅在年龄上或头衔上都比你大时，可采用这种哀兵策略，以让客户说出真正的异议。你知道了真正的异议，有如“柳暗花明又一村”，你可确确实实地掌握住客户真正的想法，只要能化解这个真正的异议，你的处境将有 180 度的戏剧性大转变，订单将唾手可及。如：

业务员：白总经理，我已经拜访你好多次了，总经理对本公司的玉米新品种也相当的认同，价格也相当合理，你也听朋友夸赞过本公司的售后服务，今天我再次地拜访你，不是向你销售产品的，我知道总经理是业界的前辈，我在你面前销售东西实在压力很大，大概表现得很差，请总经理本着爱护晚辈的心怀希望总经理一定要指点一下，我哪些地方做得不好，让我能在日后改善。

白总经理：你不错嘛，又很勤快，对新品种的特性能了解得非常清楚，看你这么诚恳，我就坦白告诉你……

业务员：报告总经理，你实在是位好的经营者，今天真是又学到了新的东西……我一定说服公司尽可能地达到你对产品价格要求。

第三节　种子人员推销的技巧

人员推销是一种传统的促销方式。人员推销是指企业通过派出销售人员与一个或一个以上可能成为购买者的人交谈，做口头陈述，以推销商品，促进和扩大销售。现在很多种子企业采用按区域人员推销的促销策略，种子营销工作的专业毕业生很多是从事这项工作。从事种子人员推销工作除了具备专业知识和营销基本知识之外，还必须了解农民消费的特点和掌握一定工作技巧。

一、农民消费行为的特点

(一)农民是典型的“理性经济人”，注重种子品质

农民是“理性经济人”，他的任何决策是经过了周密的“成本—收益”分析。对于农民而言，购买种子时，需要分析所购买的种子在将来能带来多大的收益，种子是否优质、高产、抗病，易于日常管理。高品质的种子即使购买成本较高，但其给农民带来的收益是较大的，并且管理成本也是较低的，种子的品质在一定程度上决定了农民的种植利润，所以，理性的农民非常看重种子的品质。

(二)农民是典型的风险规避者，具有高度的品牌忠诚度

面对风险，农民采取的态度往往是风险最小化，即使这种选择的结果未必会带来利润最大化。因此，这种规避风险的特性，常常使相对保守的农民对某一品种或品种的某一特性特别了解，并形成对某一品牌的偏爱，不容易接受新的品种(除非新品种性状表现非常优秀)，对使用过的(或特别了解的)好品牌保持着较高的忠诚度。

(三)农民购买种子行为受从众心理的影响,示范效应较强

农民接收的外界信息是非常有限的,这种“信息不对称”使得农户往往一看到种植大户或科技示范户采用某一新品种带来的好处,也会效仿种植大户的行为,购买相同的品种。当一部分农户购买某一品种时,由于从众心理的存在,又会进一步导致其他农户的效仿行为,因此,如果某一品种第一年表现较好,第二年很容易扩大种植。

(四)农民购买种子易受外界影响

普遍而言,农民的文化水平较低,缺乏对种子的专门知识,最多从感官上去辨别种子的质量,如籽粒饱满、纯度、光泽度等。多数情况下,农民的购买行为受个人感情和印象的支配,农民比较依赖专家的建议和相信一些科技示范户的现身说法,易受舆论和广告宣传的影响。

二、影响农民种子产品消费的产品因素

从影响农民种子产品消费因素的调查结果来看,影响其购买行为的因素按照作用大小排序依此为:品牌、服务、舆论、价格、广告和包装。

(一)种子品牌

市场销售的种子有两类品种,一类是“产权品种”,即某个企业研发或买断的拥有产权或独家经销的品种;一类是“大路品种”,即多家或所有种子企业都可以经销的品种。市场经济条件下,品牌意味着信用、客户和利润。农民在选择种子时,非常重视品牌,据调查有60%以上的农民认为品牌是影响其购买行为的关键因素。因为品牌好的种子,意味着高产出,好的产品销路,低廉的管理成本和高额的利润。理性的农民在“成本—收益”分析的基础上,必然会选择好的品牌。因此,注重品牌建设的产权品种是依靠在激烈市场竞争过程中赢得的,它展示的是品质、是诚信、是机制、是服务和强大的市场竞争力。而忽略品牌的品种利润空间不断缩小,生存空间也越来越小。随着种子市场竞争加剧,种子企业将以拥有“产权品种”而重划营销疆界以至重新洗牌。

(二)产品服务

良种承载着密集性科技,要求使用相应的栽培技术、管理技术、加工技术等与之相匹配,而农民的科技素质有可能达不到有关要求,这就要求种子产品的提供者及时进行技术指导。在农民渴求优良品种和优质种子的意识逐渐增强的同时,农民自我保护意识也随之增强。因此,农民购买种子的同时,也是在购买一系列的服务。如果技术服务跟不上,农民首先认为是种子质量有问题,再次留下种子企业不负责任的印象,并会产生较大的发散效应,近而会破坏种子企业的形象。如果种子企业对已售出的种子不跟踪服务、不承担应尽的社会责任,一旦不合格种子流入社会,将会造成农民对该种子企业的强烈反感,从而失去一方的种子市场营销优势。

(三)社会舆论

农民购买种子时表现出典型的从众特征和“非专家购买”特征,这两种特征都可以使舆论对某一品牌种子产生良好口碑,在从众心理的作用下,农民会倾向于对这一品牌的购买;反之,当舆论不利于某一品牌时,农民会减少对这一品牌的购买,以将风险最小化。由于农

民的"非专家购买"特征，农业专家、种植大户、农民合作经济组织、农业产业化龙头企业或农业技术推广部门的建议及其他舆论，都会影响农民对品种和品牌的选择。

(四)种子价格

从调查数据看，仅有40%左右的农民认为价格是影响其购买行为的主要因素，种子价格不是影响购买的决定因素，对于广大农民来说，种子的内在品质、丰产性和有无高效益的回报等因素是最关键的。即使品质高的种子售价高，但广大农民还是相信高品质的品种其回报率也是高的，他们愿意为此付出高价。实际上，高价位的种子销售量并没有因为价格问题而减少，而一些品质差、信誉低的种子即使价格较低，也很少有人问津。

(五)种子广告

农民所接触的种子广告多来自广播、电视和销售商所搞的一些促销活动，这些广告会使农民对新品种有一定的认知，但如果想让农民进一步接受和购买，还需要一定的过程。根据调查，仅有30%的农民受访者认为广告是影响其购买行为的主要因素。虽然广告不是主要的影响因素，但接受调查的农民表示，如果某一品牌的种子能够长期形成巨大的广告攻势，能在一定程度上反映出该种子企业具有较强的经济实力，这会提高农民对该企业和该品牌的信赖程度，从而促进农民的购买行为。

(六)种子包装

种子名称、品牌和包装能否体现出种子的优良品质，是种子使用者能否接受的一个重要方面。很多国内种子生产企业都倾向于制作夸张效果的包装，而国外大型的种子企业则会强调种子的内在品质。

根据调查，种子的包装并不是影响其购买决定的重要因素，认为包装是关键因素的农民仅占20%左右，他们普遍认为种子的内在品质才是最重要的。但是，这不意味着包装是可以忽略的，受访的农民仍普遍认为没有包装的种子的品质是没有保证的，没有品牌就更没有信任感。此外，包装必须符合农民的喜好和要求，如荷兰和以色列的种子生产商在进入国内市场时就碰到了这个问题，他们都对种子包装进行了重新设计后才逐步打开销售市场。

三、种子人员推销的技巧

目前国内种业产品供应链基本特征是企业生产、县级分销和乡镇、村终端消费。承担区域种子推销工作核心是选择种子经销商、建立种子销售渠道。

(一)种子经销商的选择技巧

种子经销商可分为批发商和零售商。

1. 选择零售商时应注意考察的问题

(1)多方了解批发商是否诚信、可靠

(2)了解其是否有较强的销货能力

(3)注意其与其他经销商和零售商的关系

(4)要知道其资金实力及回款能力

(5)看其是否看中了你的种子产品

2. 选择零售商时应注意考察的问题

(1)为人是否诚实可靠、销货能力及资金情况

(2)农民对其信任度如何，是否有坑害农民的情况

(3)与其交易一般是否能做到现款现货，不赊账

(4)判断其是否有一套适应市场终端销售的有效办法

案例

合肥丰乐种业是我国最早的一家种业上市公司，由于起步比较早，在求大于供的情况下，他们依靠各经销商迅速把种子在全国市场铺开。在经销商的选择上主要看资金实力和信誉度，因为他们大多采用现款交易，因此为公司的发展和资金回笼和周转带来很大的好处。但随着种子市场竞争的激烈，每个地区几乎都有丰乐的种子，价格战就在所难免，为了控制价格，稳定局势，丰乐种业采取了在各地区分设分公司直接销售的办法，但这更加损害了经销商的利益，因此他们的种子也就价格越卖越低，量越来越少。看到以上决策的失误，他们现在采取"一地一商"制，努力在一个地区只选一个中间商，保护价格的策略。但以前分销商选得太多，铺的面太大，想扭转局面，并非易事。

通过本案例，我们在选择经销商时一定要慎重，因为一旦做了选择，事后再取消合作，会给工作带来很多的麻烦。

(二)建立区域销售渠道的技巧

建立区域销售渠道要重点注意以下事项。

(1)系统的市场调查是建设好分销渠道的关键，其中对品种、经销商情况、市场情况一定要做全面的调查。

(2)对于新品种在市场没有知名度情况下，销售渠道一般选择几个经销商，待产品扩大市场后再增加经销商。

(3)选择经销商时不能急于求成，因为你一旦选择后，再放弃会给你带来很大损失。

(4)一般一个区域选一至两个信誉好，卖货能力强的经销商，多了则会乱价，即使是选两个经销商也要在销售方面达成一致，否则一个即可。

(5)可以把产品分成几类，让一个地区的经销商来做。一个品种或几个品种只给一个经销商，这样有利于各个经销商为了表现自己的经销能力，真正用心做你的产品。

(6)要重视那些销货能力强的零售商。批发商销货也是通过下面的零售商进行，如果一个批发商的货只是由一到两家零售商去做，那不如直接让零售商去做，不但可以稳定市场，并能在价格上给企业带来更大的利益。

(7)本公司的货一定要掌握在自己的手里。如果货掌握在某个大经销商手里，由于是欠款进货，他拥有了大量的货，自然也就有了主动权，营销人员甚至整个公司都将会被拖进去。

(三)区域种子销售渠道的管理技巧

营销人员建设好渠道后，我们还要决策如何管理好渠道，一般来说，企业不可能直接控制分销渠道，因为种子经销商是独立的经营者，他们有自身的利益追求，他们往往在无利可图或不满意时撤出。

客观上，种子生产企业和中间商之间也存在诸多矛盾，如零售商希望存货尽可能少，以节约空间和减少资金的占用，一旦发生断档，又要求制造商提供紧急订货服务，以抓住市场机会；而频繁供货使生产企业增加了送货成本，特别是小批量紧急送货。又如，制造商希望

中间商全心全意，特别卖力地为自己推销产品，忽视或者干脆拒绝经销商经销其他企业的同类产品；中间商则希望多经销几种可供顾客选择的同类产品，而且要求制造商为自己的产品提供广告促销。这些矛盾导致制造商和中间商相互竞争，在双方的关系中力争取得更大的控制权。但从根本上来说，制造商和分销商的利益又是一致的，二者都是通过将商品顺畅地卖给顾客，才能获得效益，因此又要加强渠道内部各个成员之间的协调与合作。

在管理销售渠道时，我们应做好以下一些工作。

(1)定期对每个渠道成员的工作效能(包括销售量、销售价格、订货量、回款量等)进行评估。

(2)了解中间商的需求，并制定加强与中间商合作的措施。

(3)调整并减少与中间商在业务上的矛盾。采用“利益分享，风险分担”的原则。

(4)保证对中间商及时供货，加强监督，防其窜货。

(5)必要时对分销渠道做出调整。

(6)对于经销效果好的经销商，应给以奖励或优惠待遇。

(7)对于准备放弃的经销商，一定要谨慎。在取消他之前应在当地另选一个经销商，逐渐削弱要放弃的经销商的能力，到一定程度即可取而代之。

(8)建立完善的经销商档案。档案中包括每个经销商的个人情况、销售量、利润额、销售品种、销售价格、订货量、服务水平、农民满意程度、销售竞争企业产品情况、与企业合作情况等。

案例:黑龙江省富尔种业在对销售渠道的管理

富尔种业在选择中间商时比较谨慎，经过多方面调查分析后，一般在一个地区只放一个重信誉、销货能力强的中间商。在销售产品上给中间商较高的利润回报，并与其合作进行广告、报纸宣传，及时选择促销品种开展促销活动。定期对经销商的销货量进行统计、评估，严格监督经销商，对于“窜货”现象给予重罚，公司有完善的经销商档案。在种子会期间，把经销商集中起来，开庆功酒会，与经销商研究探讨销售上的问题，并提出解决办法，奖励一些销货量大的经销商，并把一些给公司带来损失的经销商通报惩罚，这一系列措施，提高了经销商的积极性，大家相互监督，相互管理，共同完善了管理体系。

第四节　种子门店销售技巧

专业学生对种子市场营销职业能力的学习大多是从门店销售技能学习开始的。门店销售是所有销售环节的最末端，是种子产品批发商和零售商的营业场所，门店销售在整个销售体系中有着举足轻重的作用。种子产品门店销售多集中在县、乡镇、村、交通枢纽附近，以及农贸市场，各地建立的综合农资种子市场，面向农民朋友开展种子产品经营服务，部分门店还同时经销农药、化肥等农资产品。

一、做好门店销售的准备

门店销售和其他产品销售渠道一样。首先，必须全面了解和熟悉销售的产品，包括产品的性能、价格、性价比、包装和产品能给消费者带来的特殊利益等，同时，还要了解其他竞争对手相同或类似种子产品门店销售策略；其次，要熟悉和了解种子产品特殊消费群体的农民朋友的购买心理和行为特点；最后，熟悉和了解公司的企业文化和质量管理体系，各项规章制度的要求。一般公司对新到的产品销售人员都会进行一些必要的培训。除此以外，大家初到一家公司工作，还要注意以下几点。

(一)保持良好的心态

要树立顾客就是上帝，我为顾客提供服务的同时，也实现了自身价值的思想，把面向顾客开展营销活动当作走向成功的途径。把顾客当成自己的朋友，帮他们在购买物品时做出最佳选择。同时不能欺骗和冷落顾客，更不能强迫他们购买某种产品。

(二)注意着装和仪容

1. 着装

着装应整洁、大方，颜色力求稳重，不得有破洞或补丁。专卖店营业员上班必须着工衣。工衣外不得着其他服装，工衣内衣服下摆不得露出，非因工作需要，不得在专卖店外着工衣。

上班时间必须佩戴工牌，工牌应端正佩戴在左胸适当位置，非因工作需要不能在专卖店以外佩戴工牌。

2. 仪容

头发应修剪、梳理整齐，保持干净，禁止梳奇异发型。男员工不能留长发，禁止剃光头、留胡须。女员工留长发应以发带或发卡夹住。

种子门店销售主要面向农民朋友服务，着装和仪容要符合他们的审美观。

3. 表情、言谈

待人接物时应注意保持微笑。

接待顾客及来访人员应主动打招呼，做到友好、真诚，给其留下良好的第一印象。

与顾客、同事交谈时应全神贯注、用心倾听。

(三)熟悉业务工作程序

1. 了解工作范围内全部商品知识：种类、单价、特性、厂商、型号、颜色、质地等。

2. 熟悉门店销售的开票、交款、提货等业务流程，顾客异议和投诉的处理程序。

3. 掌握有关支票、挂账、提货单、信用卡的使用。

4. 掌握到货商品的数量、种类、单价与订货单不符时的处理程序。

5. 妥善保管货物，掌握防鼠、防潮、放火、防爆等工作程序，以及农药等有毒有害物品安全保管等注意事项。

(四)训练使用门店销售基本用语

迎客时说“欢迎”“欢迎您的光临”“您好”等。

对他人表示感谢时说“谢谢”“谢谢您”“谢谢您的帮助”等。

接受顾客的吩咐时说“听明白了”“清楚了，请您放心”等。

不能立即接待顾客时说“请您稍候”“麻烦您等一下”“我马上就来”等。

对在等候的顾客说“让您久等了”“对不起，让你们等候多时了”等。

打扰或给顾客带来麻烦时说“对不起”“实在对不起”“打扰您了”“给您添麻烦了”等。

由于失误表示歉意时说“很抱歉”“实在很抱歉”等。

当顾客向你致谢时说“请别客气”“不用客气”“很高兴为您服务”“这是我应该做的”等。

当顾客向你致歉时说“没有什么”“没关系”“算不了什么”等。

当你听不清楚顾客问话时说“很对不起,我没听清,请重复一遍好吗”等。

送客时说“再见,一路平安”“再见,欢迎您下次再来”等。

你要打断顾客谈话时说“对不起,我可以占用一下您的时间吗?”“对不起,耽搁您的时间了”等。

暂时离开柜台时,应说“请您稍等一下”。

重新回到柜台时,应说“真对不起,让您久等了”。

自己疏忽或没有解决办法时,应说:“真抱歉”或“对不起。”

提供意见让顾客决定时,应说:“若是您喜欢的话,请您……”

要希望顾客接纳自己的意见时,应说:“实在是很抱歉,请问您……”

当提出几种意见请问顾客时,应说:“您的意思怎么样呢?”

遇到顾客抱怨时,应仔细聆听顾客的意见并予以记录,如果问题严重,不要立即下结论,而应请主管出面向顾客解说,其用语为:“是的,我明白您的意思,我会将您的建议汇报经理并尽快改善。”

当顾客买不到需要的产品时,应向顾客致歉,并给予建议,其用语为:“对不起,现在刚好缺货,让您白跑一趟,您要不要先买别的牌子试一试?”或“您要不要留下您的电话和姓名,等新货到时立刻通知您?”

不知如何回答顾客询问时,不能说“不知道”,应回答“对不起,请您等一下,我请主管来为您解答。”

当顾客购物离开时,应说:“谢谢光临,欢迎下次再来。”比较熟悉的说:“×××,请慢走!”

二、种子门店销售程序和技巧

(一)迎接

顾客进店必须欢迎,必须面带微笑。打招呼要注意时机,要表现得真诚、自然。销售员须给予顾客自由挑选商品的空间,避免过于积极,以给顾客造成心理压力,而减少购买机会。对进店顾客带有太多物品的应主动上前帮助顾客搬放,并将东西暂放在不影响营业,安全容易观察到的区域。

(二)询问介绍

如发现顾客长时间观察产品,拿不定主意,营业员应主动上前询问顾客需求。营业员应依据顾客的需求,向其推荐并介绍符合其需求的产品,对顾客提出的问题,必须不厌其烦地进行解答。

(三)推荐

当顾客犹豫不决时,可向其推荐符合其需求的产品,帮助顾客做出决定。或当顾客决定购买所需产品时,也可建议他再看一下与所购产品相关的其他产品,特别是那些正在进行促销的相关产品。但服务员在推荐时切不可强迫,每次推荐的产品不可超过两项。强迫或推荐项目过多,都将引起顾客的反感。

(四)开票

当顾客决定购买时，服务员重复顾客所购产品的品名及价格，并提醒顾客进行产品的检验。确定无误后便可开票。将相关票据交给顾客，并指引顾客至收银处付款。在递交现金、发票及货品时要双手呈上，高度重视顾客。

(五)包装

在顾客去收银处付款时，营业员须熟练，小心将小件产品快速包装起来，并放入统一的商品袋中。

(六)交货

当顾客从收银处返回时，营业员在礼貌地向顾客索取提货联后，将产品交给顾客，并提醒顾客再次确认其所购产品。购买的大件产品可帮助顾客搬运到运输车上。

(七)道别、目送顾客

三、门店整理

门店整理包括整理、整顿、清扫、清洁、素养五个工作环节。

(一)整理

随时把工作现场内的所有不需要的东西清理掉，把不常用的东西放远一点，把偶尔使用的东西集中存放，把经常使用的东西放在作业区内。

(二)整顿

定期整理存放的货物，把需要的东西定位放置，定量摆放，方便取用，整齐排布，标识明显。

(三)清扫

每天彻底清除污垢，使用的工具和物品要擦拭干净，清扫设备和工作台。

(四)清洁

随时保持工作区域清洁。

(五)素养

训练员工具有较强的自律精神，遵守作业规则，养成良好的工作生活习惯，自觉动手创造一个整齐、清洁、方便的工作现场。

案例与训练

1. 案例：新玉 24 号是新疆广宇科技发展有限责任公司种子科研所选育，2017 年通过新疆维吾尔自治区审定的商品玉米新品种。

请咨询公司或查阅相关资料，撰写一份产品说明，并在新产品展示厅中对该产品进行推广演讲。

2. 案例：种子生产与经营专业安排有 1 周的合作企业种子门店营销教学实习。请撰写一份种子门店营销教学实习的工作计划，实习结束后撰写一份实习总结，并提出自己种子营销工作中存在的不足和今后应该努力的方向。

学习心得

参考文献

[1] 张亚兵．赢胜种业．合肥：安徽科学技术出版社，2008.
[2] 陈殿元，崔坤．种子营销．2版．北京：中国农业出版社，2012.
[3] 李波．种子营销实务．天津：天津大学出版社，2012.
[4] 孙守钧，魏秀芬．种子市场营销学．2版．北京：高等教育出版社，2015.
[5] 崔坤，李开忠．种子营销．3版．北京：中国农业出版社，2015.